主办：华东政法大学社会管理与公共安全研究中心

中国社会公共安全研究报告

Advances in China Public Security

杜志淳／主编

第 **2** 辑
2013年第1期

 中央编译出版社
Central Compilation & Translation Press

图书在版编目(CIP)数据

中国社会公共安全研究报告. 第 2 辑/杜志淳主编
—北京:中央编译出版社,2013.2
ISBN 978 - 7 - 5117 - 1618 - 7

Ⅰ.①中…

Ⅱ.①杜…

Ⅲ.①公共安全 - 社会管理 - 研究报告 - 中国

Ⅳ.①D63

中国版本图书馆 CIP 数据核字(2013)第 049031 号

中国社会公共安全研究报告. 第 2 辑

出 版 人	刘明清
出版统筹	薛晓源
责任编辑	盛菊艳
责任印制	尹 珺
出版发行	中央编译出版社
地 址	北京西城区车公庄大街乙 5 号鸿儒大厦 B 座(100044)
电 话	(010)52612345(总编室)　(010)52612335(编辑室) (010)66161011(团购部)　(010)52612332(网络销售) (010)66130345(发行部)　(010)66509618(读者服务部)
网 址	www.cctphome.com
经 销	全国新华书店
印 刷	北京瑞哲印刷厂
开 本	787 毫米×1092 毫米　1/16
字 数	249 千字
印 张	14.5
版 次	2013 年 2 月第 1 版第 1 次印刷
定 价	45.00 元

本社常年法律顾问:北京市吴栾赵阎律师事务所律师　闫军　梁勤
凡有印装质量问题,本社负责调换,电话:(010)66509618

编委会

主　任　杜志淳
副主任　杨正鸣　何明升　张明军
编　委　于建嵘　李连江　高小平　王教生
　　　　陆卫东　娄成武　朱正威　佘　廉
　　　　竺乾威　陈振明　倪　星　王永全
　　　　杨　龙　项继权　朱立言　沈忠新
　　　　陈　平　郭秀云　杨正鸣　何明升
　　　　张明军　倪　铁

主　编　杜志淳
副主编　张明军　陈　朋
编　辑　郭秀云　吴新叶　汪伟全
　　　　易承志　陈　朋　郑　谦

投稿信箱：hzggy021@126.com
投稿地址：上海市龙源路555号华东政法大学集英楼B308室

目 录
Contents

主题探讨

2012年上半年群体性事件分析报告
………………………… 华东政法大学社会管理与公共安全研究中心/3

本辑特稿

风险灾害危机连续统与全过程应对体系 ……………………… 童 星/17

本辑话题

不合理上访与信访体制改革研究 ………………… 田先红，贺雪峰/27
论消极治理与农民上访 ……………………………………… 袁明宝/39
涉警信访的实证研究
　　——以A市为例 ……………………………………… 林辉煌/52
上访主体的年龄、性别与社会分层差异分析
　　——基于宜昌市花镇的调查 ………………………… 邢成举/84

研究报告

中国环境维权群体性事件：过程演化与对策分析 ……… 刘晓亮/101
关注恐怖主义受害者 ………………………………………… 李 捷/110

案例分析

群体性事件现实考察与学理分析

——从三起具有"标本意义"的群体性事件谈起 …………… 王赐江 / 123
信息主导：社会稳定预警机制建设的永恒主题
——基于南方 N 县"6·15"事件的个案分析 …………… 肖　飞 / 142
关于目前处置非法集资群体性事件的理性思考
——以 A 市政府化解非法集资群体性事件的行为策略为例 ……… 魏　巍 / 157

学术动态

论网络与群体性事件 ……………………………………… 陈良咨 / 173
市场化进程中的社会风险及秩序重建 …………………… 许远旺，卢　璐 / 186
非政府组织参与公共危机管理：功能转换及其实现 ……… 王金叶，解　蕾 / 196
校车安全事故与政策过程：多源流理论的视角 …………… 刘伟伟，潘晨骊 / 208

主题探讨

2012年上半年群体性事件分析报告*

华东政法大学社会管理与公共安全研究中心

（张明军　陈　朋）

一、2012年上半年群体性事件的总体研判

从粗略的统计数据看，发生在2012年1月至6月的群体性事件大约7.4万起，与去年同期相比增长了1个百分点。简图如下：

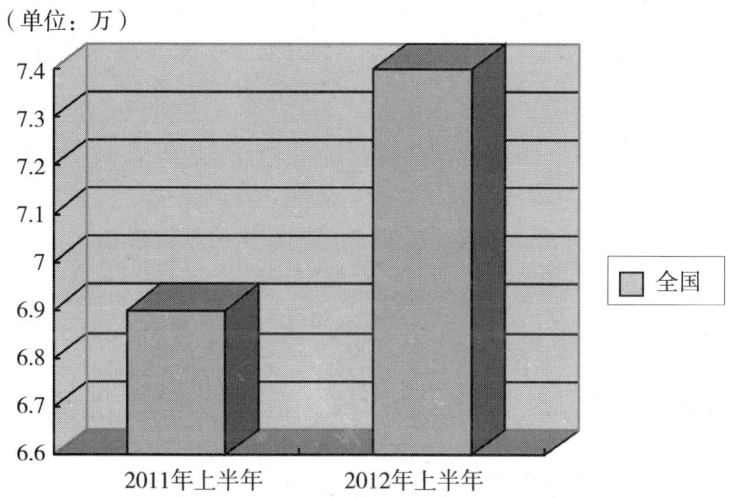

由于目前对群体性事件的认定标准，尤其是统计口径各不相同，因此，会有不同的计算方法，进而得出不同的结果。本研究报告所统计的数据，其计算规则是按照群体性事件发生的累计次数来统计，而不是按照类型划分来统计。比如，同样是征地拆迁引起的群体性事件，在A地区发生了，随后也可能在B地区、C地区，乃至更多地

---

* 华东政法大学政治学与公共管理学院硕士生宋连青对此文数据统计有贡献，在此深表谢意。

区发生，对此，则算作3起乃至多起事件。显然，这种统计方法同有些研究者的计算方法有所不同。这也正是目前对群体性事件精准数字有不同统计结果的重要原因之一。但是，客观而言，以群体性事件发生的累计次数来统计更为合理。这有助于研究者，尤其是政策制定者客观、全面地了解全国群体性事件的基本面貌，从而形成准确判断。

从激烈程度看，总体上与往期的群体性事件大致相当。"场面激烈"和"有失理性"是对这些事件的典型概括。场面激烈，不仅表现为言辞激烈，比如高喊"维护合法权益"、"不要强拆"、"还我工钱"等各种口号，而且还表现为行为暴力，比如冲击国家党政机关、实施打砸抢，甚至是与涉事官员、警察发生严重的肢体冲突。有失理性，则主要是指这些事件的参与者往往不顾个人正当权益的维护和国家政治稳定、社会和谐有序，无原则地、无考虑地采取各种冲突行为，以至于最终不仅没有实现个人权益的维护，而且还带来整个社会秩序的巨大破坏。

尽管可以用"场面激烈"和"有失理性"来形容这些群体性事件，但是客观而言，在所有的群体性事件中，涉及征地拆迁、劳资矛盾的事件，其激烈程度最为明显。这正说明，当前干群冲突和劳资冲突构成了群体性事件的主角。而这两大类型的群体性事件，说到底是"利益"问题，并不是西方国家某些人所讲的涉及政治权力的问题。从这个意义上讲，这些事件都是可以治理的，而不是不可调和的。

同往期的群体性事件相比，2012年上半年群体性事件呈现出一些新特征：

一是新的群体成为主要参与者。一些新面孔成为其主要参与者，比如，青年，甚至是青少年，新生代农民工和中老年女性。青（少）年主要是出现在一些维权型群体性事件中。如6月25日，广东省中山市沙溪一小学生被社会少年殴打，治安员赶到后将该少年控制，期间双方发生撕扯，致其脸部受伤。警方接报后赶到现场处置。该少年亲友到场后情绪激动并聚集在龙山村委会，随后，聚集与围观人员增至300人左右，并与警察发生肢体冲突。新生代农民工和中老年女性则主要出现于劳资冲突。再如1月4日，江西九江海会镇高垅社区新亿通电子厂女工讨要全月工资，老板不出面，几百名女工便堵住公路，阻碍交通。这些事件都以新生代农民工为主。新生代农民工之所以日渐成为群体性事件的主要参与者，固然同其自身的利益诉求，以及企业缺乏合适的诉求表达渠道直接相关，但也同其新的群体特征不无关联。与其前辈不同，新生代农民工学历更高、职业技能更强、接触新事物的欲望更盛、权利意识更明显。他们不仅注重工资待遇，而且也注重自身技能的提高和权利的实现，他们认同更渴望融入城市。在这些因素的多重作用下，再加上社会转型的种种阵痛和有关政策的缺位，难免使他们感觉是在"夹缝中求生存"。这样一来，一旦在生产生活中出现不顺，尤其是利益受损，他们就会选择各种各样的方式去实现、维护自身的权益。这其中自然包括选择组织、参与群体性事件。中老年妇女之所以也参与到群体性事件中，并不完全因为她们是直接的利益受损者，而是她们家人在工厂受到非合理待遇。为维护家庭权益，她们因之参与。但是，她们成为这些事件的主要参与者，不排除她们"打苦情牌"的可能性考虑。因为，同年轻男性相比，中老年妇女，尤其是老年妇女参与这些事件，更容易博得同情，引起政府重视，从而在事件处理上占据有利位置。

二是新的凭借手段不断升级。现代社会，物质技术手段日益更新，在为人们生产生活带来便利的同时，也不断成为参与群体性事件的新凭借。其中，最为突出的是参与者日渐利用网络、手机短信、微博等新媒体，发布参与事件的时间、地点和具体细节等重要信息。网络信息技术的利用，不仅费用低廉，而且简捷便利，更主要的是传播速度快，受众面广。因而，深受群体性事件参与者青睐。同样也是信息技术新产品，原本主要为警察之得力助手的对讲机，亦开始在群体性事件中显露。如在城管治理摊贩的事件中，部分参与者在利用对讲机跟其他参与者保持联系，告知行动过程和方式。如果说借用网络发布信息，是群体性事件信息传播的前奏，那么运用对讲机参与群体性事件，则是事件升级扩态的引擎。在谁拥有信息、谁就占据先机的现代社会，对讲机的使用，无疑是对事件治理的极大挑战。以至有人说，对讲机的出现，又为这场沉重的街头冲突加了一个有点滑稽的注脚。

三是新的权利目标指向日渐凸显。改革开放的深入发展，在激发人们市场意识的同时，也大大激活了久违封闭的权利意识。对于很多人来讲，"这本来就是我的"观念是毋庸置疑的。因而，一旦出现有损或者说阻碍其权利维护的情况，他就会奋起力争。如果没有合适的渠道，他们就会选择体制外的非正常渠道，而这主要就是群体性事件。从2012年上半年群体性事件的情况来看，业主维权类的事件是其鲜明案例。这种维权一方面是出于民主政治权利的维护，如人大政府换届选举中，囿于现行户籍制度的不配套和选举制度设计的漏洞，很多定居在城市社区的居民因不具备当地户籍而不一定有选举资格，从而通过制造事件的方式来维权。另一方面是出于经济方面的维权，如受自2011年开始实施的严格的房地产调控政策的影响，房地产市场一片低迷。低迷的房地产市场促动开发商大打价格战，不惜代价降低价格抛售楼盘。然而，在"降价才是硬道理"的当期楼市销售政策下，先期购买楼盘的不少业主自然难以接受楼盘贬值的现实，尤其是不少开发商在资金紧缺的巨大压力下，开始出现了"跑路"风潮。这些因素的共同作用结果就是接踵而至的业主维权事件，这些事件已经开始从一线城市逐渐向二三线城市蔓延。

二、2012年上半年群体性事件的主要特征

1. 从主要类型看，基于利益诉求的事件和基于理念声张的事件是主体。

按照目前比较科学的分类方法，群体性事件看可分为四类：基于权力指向的事件、

基于利益诉求的事件、基于情绪宣泄的事件、基于理念声张的事件。

基于权力指向的事件。这多发生在少数民族地区，少数犯罪分子在某些势力的唆使下挑战国家政权的暴力事件。从2012年上半年的情况看，这类事件尚未出现。

基于利益诉求的事件。这主要是因具体的经济利益受损而起，其特征是：诉求目标明确——维护受损的经济利益，因此其诉求对象为损害其利益或者能够实现其利益的"利益攸关方"。正因为这类事件具有明确的目标取向，其组织性也相对较强——具有共同的利益诉求，相似的处境、共同的目标，因而很容易组织起来，从而形成较明确的目标选择和行为策略。总体上看，上半年这类事件占70%以上，其中又以劳资冲突为主，如1月4日上午，成都市青白江区，攀钢集团成都钢钒公司（攀成钢）上万员工效仿"川化"举行大罢工，要求涨工资。1月13日昌河汽车数千员工罢工，原因是长安集团没有开职工代表大会，擅自把昌河汽车的品牌资质给卖掉，员工的生存变成问题。

基于情绪宣泄的事件。这些事件主要是因偶然事件引起，参与者直接的利益关联度不大。但是，由于它没有明确的指向，再加上不良情绪的宣泄，参与者的行为极易失控，进而容易形成暴力，因而化解也比较困难。如1月14日早晨，一些连续数日排队但都买不到火车票的市民在深圳火车站售票厅内聚集，随后近百人来到一旁的香格里拉酒店门前堵路，希望铁路部门能解决车票问题。

基于理念声张的事件。参与者的行动目标既不是为了维护和实现自身的经济利益，也不是发泄不满情绪，而主要是为了追求某种理念或者公益事业或者某些权利尤其是政治权利，行动带有较强的主动性。出现这种事件，更多的是反映了公众民主法制意识的不断增强和日益提升。如3月15日，万科深圳旗下四个楼盘约百名业主联动，先后前往梅林原万科中心和深南路孺子牛雕塑前，陈述各楼盘遇到的质量和装修问题。万科重申无法接受任何"没有合同和法律依据的诉求"的立场，并再度声明决不推卸责任，坦诚沟通。

2. 从发生的地区看，华东、华南和西部地区是上半年群体性事件的"主阵地"。

从粗略统计数据看，上半年的群体性事件主要发生地区为华东、华南和西部地区，大约分别占总数的26%、17%和19%。从这些数据看来，上半年的群体性事件主要发生在经济发达地区和经济欠发达地区。经济发达地区的资源比较丰裕，但是在"做大蛋糕的同时如何分好蛋糕"却没有合理的机制，以至于出现了资源越丰富，积累的矛盾也越尖锐。当然，经济发达地区出现比较多的群体性事件，同当地群众的利益诉求、民主意识不断增长也密切相关，但是相对而言，政府与公众互动机制的缺失是最主要的因素。

经济欠发达地区之所以也成为群体性事件的主阵地之一，除了在一般层面上与干群关系紧张、征地拆迁等现实问题有关以外，还同当前的经济形势直接相关。今年以来，受全球经济形势低迷、外贸出口萎缩等因素影响，东南沿海一带不少企业纷纷走向破产，或是订单减少，其结果是原来依存于这些劳动密集型企业的产业工人，不得不返乡就业。然而，大量的产业工人返乡，并不能立即实现就业。漫长的等待就业，沉重的生产生活负担，再加上长期漂移于城市以至于早已不习惯农村生活，极大的挑战了这些返乡产业工人的心理底线，从而构成了群体性事件的心理基础。此外，沿海发达地区的产业转移升级，也在客观上推动了欠发达地区群体性事件的发生频率——从产业经济学的角度讲，沿海发达地区之所以要产业转移，主要是因为某些产业，在这些地区已经趋于饱和了，无论是产业发展的空间，还是基于环境保护的角度。换句话说，发达地区转移到欠发达地区的产业，都是其产能过剩，或者是直接为其淘汰，或者是因环境污染而不得不转移的产业。但是，相对于欠发达地区而言，由发达地区转移过来的产业，却是其极力需要的。为此，其地方政府总是敞开胸襟、热烈欢迎。然而，问题就出在这里。引进这些转移产业，需要征地拆迁，以供给相应的物理空间；需要改善既有产业布局，转移或淘汰本地不需要的产业，以为新的引进产业腾足空间；需要"不可避免的冲击地方环境资源"，以绝对优势吸引"资本进村"。但无论是土地征用，还是环境保护，还是改善本地产业布局，都是目前诱发群体性事件的主要因素。至此，也就不难理解为什么一些欠发达地区的地方政府在费尽周折引进某些转移产业，满怀信心的畅想如何推动地方经济发展的时候，却迎来了群体性事件的当头棒喝。

3. 从空间分布看，群体性事件"进城"的步伐加快，城镇成为事件的集中地。

如果对2012年上半年的群体性事件作一区分，可以发现发生在城乡之间的比例大约是3∶2。

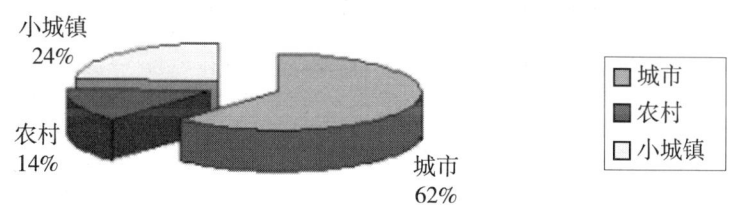

群体性事件的城乡比例

这说明，群体性事件"进城"的步伐在加快，大量群体性事件发生在城镇。总体上看，其主要原因在于：一是同人口流动直接相关。伴随城镇化进程的加速，大量人口，尤其是大批青壮年劳动力流动到城镇。城镇成为人口相对集中的区域，相比之下，留在农村的大多是老弱病残，这种人口结构在很大程度上就为群体性事件发生在城镇奠定了基础。二是同城市集中了相对优势资源有关。虽然在城乡统筹战略的推动下，近几年来农村的基础设施建设、资源调配和生活条件等方面都有了很大改善，但是同城镇相比，依旧处于弱势地位。大量优质资源虽然都集中在城镇，但依旧难以满足日益增长的需求。这样一来，围绕资源供给与需求之间的矛盾就出现了，其严重型态就是群体性事件。5月以来，京籍家长聚集教育部约谈部长即缘于此。三是城镇的空间结构比较宽泛，信息网络比较发达。与农村相比，无论是人际传递，还是信息传播都更方便，而这些要素正是群体性事件的重要依托。在具备这些因素的情况下，城镇自然会更容易爆发群体性事件。

4. 从冲突的形式看，肢体冲突日渐增多，且激烈程度日益增强。

2012年上半年群体性事件的冲突形式多样化特征比较明显，但主要形式仍是静坐、游行、示威、肢体冲突、维权陈述、罢工等等，其中以肢体冲突为主。粗略测算，42%的群体性事件都发生了肢体冲突，除此之外，集体大罢工也是突出形式。

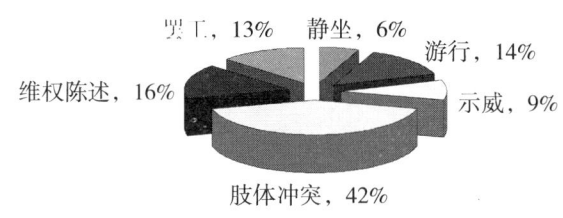

群体性事件的主要冲突形式

这说明，肢体冲突不仅不断增多，而且其激烈程度也在增强。在日益增强的激烈冲突中，最终受伤的往往是事件参与者和政府维稳者。这恰恰证明了：群体性事件中，没有赢家，只有输家，而且是双输。如4月13日，重庆万盛经开区发生人群聚集。重庆市政府称，因利益诉求问题，自4月10日以来，先后在万盛公安分局等地聚集，最多时1万人左右。在聚集过程中，群众与警察发生激烈冲突。

5. 从时间节点看，上半年的两个季度大致相当，这也许说明群体性事件似乎成了一种"常态"。

从上半年群体性事件的时间节点看，第一季度和第二季度大致相当，第一季度比第二季度略高10%。总体上看，平均每天大约发生411起。简单的数据对比，也许本身并无多大深刻含义，但是分析往期群体性事件在同一年度的发生概率看，如果前后时间节点上并无明显分殊，或许可以说明群体性事件成了一种"常态"。

从表面上看，群体性事件的发生像天气一样，复杂、多变，不易找到规律，但实际上并非如此。从政治学的角度看，任何一个社会都处于"释放诉求——满足诉求——释放新的诉求——满足新的诉求"的循环往复之中。然而，一旦当一些群体的诉求未能得以满足，或者表达不畅，就会引发或大或小的群体性事件。古今中外，都是如此。也就是说，发生不同程度的群体性事件，是一个社会的常态。历史上，从未存在没有任何群体性事件的社会。

事实上，真正对公众、社会和执政党造成无以挽回之损失和伤害的乃是暴力事件，而不是群体性事件。对于一个成熟的执政党，尤其是处于社会转型期这样一个复杂形势背景下的执政党来说，国家、政府需要思考的是如何防止群体性事件升级为暴力事件，才是问题的关键。如果我们培养了对群体性事件的常态观，在很大程度上，就能客观、理性、妥善的应对这类事件。

6. 从事件形态看，网络群体性事件日益见涨，网上网下相互交织。

网络群体性事件是上半年群体性事件的显明看点。如4月16日晚，山东师范大学长清校区的考研学生因抢占自习室引发群殴。据悉，校方为解决学生不合理占座的问题，规定学生只能到本学院教室自习。发生群殴事件的教室被分给了一个学院，在这间教室自习的"其他院系的学生"被要求离开，最终引起冲突并导致群殴。这段视频在网上风传，一度引发上万人的围观和讨论。5月23日，浙江云和县常务女副县长遭上访户劫持，此事经网络曝光后，也引发网络围观。事后，腾讯新闻网就《媒体称浙江女副县长系遭上访户劫持》作了一项统计："读完这篇文章后，您心情如何？"结果：高兴5359；感动31；同情169；愤怒502；搞笑237；难过205；新奇63；流汗82。如抛开表意不明、涉嫌"打酱油"的感动、同情、搞笑、新奇、流汗选项，则高兴是愤怒的10.67倍，是难过的26.14倍。这些事件原本是发生在现实生活中，但是经网络曝光后，则成为网络热点，进而成为网络群体性事件，特别是涉及政府官员的事件。

同"现实生活中发生——网络曝光引发大围观——进一步刺激现实事件"的逻辑链条不同，还有一类事件是，先在网络上发生，再出现在现实生活中，进而形成了网上网下相互交织的局面。无论是何种情况，都给事件治理带来了巨大挑战。

网络群体性事件之所以快速增长，主要原因有三：其一，网民数量在日趋增多，网络力量不断扩大。目前，中国的互联网普及率现已攀升至36.2%，网民随处可见。网络介质的宽入口、易操作等特质使其在诸多群体性事件中"大显身手"，这已成显见事实。其二，先期的网络群体性事件不断发酵示范效应。按照制度主义理论的解释，人们的先期行为对后续行为有重大的示范带动作用。也就是说，人们在采取某种行为时，会参照其先期类似行为模式及其结果。如果发现先期行为及其结果没有给自身带来负面影响，甚至是产生正效益，那么他就容易借鉴先期行为，继而采取类似的行为。2011年及以前的网络群体性事件频繁发生，但在政府调控能力极其有限的情况下大多没有得到有效治理，反而甚至被少数网络水军所利用。这种情况的负面效应不断放大，并有蔓延之势。其三，同巨大网络水军异军突起相比，政府应对网络舆情的能力还相当有限，无论是其信息披露的基本理念和敏捷程度，还是具体的工作方式方法，政府应对网络群体性事件的能力还非常薄弱,而这正是诸多网络群体性事件一发不可收拾的重要原因。

三、关于2012年上半年群体性事件的基本结论

1. 当前群体性事件的数量和程度呈现"双高"态势,面对"双高"的群体性事件,决策者需要"紧张"的是如何将其控制在一定范围之内,而不是单纯的思考如何控制其增长。

从数据统计结果看,2012年上半年群体性事件,虽然在性质上,与往期事件没有分殊,但无论是其数量还是其程度,都有很大不同。"双高"是其最好的概括。数量高,说明群体性事件在绝对数值上是递增的,这是对其最直观的反映;激烈程度高,则反映了群体性事件的暴力化倾向日渐显现,这是需要决策者引起重视的。但不管是哪一个方面,都正从侧面反映了当前中国社会转型发展所带来的不能回避的重大现实问题。

尽管当前群体性事件呈现"双高"态势,理应引起高度重视,但也不必过于紧张。因为,对于当今的任何一个国家而言,在发展的过程中出现群体性事件都是无法避免的,它是现代社会发展的客观附带产品。对于后发国家的中国来说,在群众参与的要求日益高涨而现有渠道却难以有效满足的情况下,发生一些群体性事件自然更是无法回避的。更何况从积极意义上讲,一定范围内的群体性事件也有其正能量——促进政府反思决策的科学性和民主性,促动政府与社会实现双向互动。如果盲目、片面的控制群体性事件的发生,或者是没有看到它的积极意义,进而采取有效举措予以经验总结,必将影响政府对待群体性事件的态度和应对策略。

需要决策者"紧张"的是,如何采取有效的应对策略,将群体性事件控制在一定的范畴之内,而不是单纯的控制其数量增长。事实证明,狭隘的试图控制群体性事件的数量,不仅是难以实现的,而且还会引发其他附带问题。

2. "非权力指向"、"维利"仍是定性当前群体性事件的关键词,这正说明群体性事件是可以治理的,而不是不可逆的。

从2012年上半年群体性事件看,它们虽然指责,乃至攻击党政机关,但是其根本指向并不在于政府权力,而是希望通过与政府的"接触",试图引起相关方面的重视。也就是所,其"权力指向"并不明确,"非权力指向"的特征比较明显。与此同时,其"维利"的特性是非常突出的,尤其是经济利益特征明显,即都出于争取和维护经济利益。用一句通俗的话讲就是"因人民币而起的矛盾,也是用人民币可以解决的矛盾"。无论是上半年颇为集中的劳资冲突,还是业主在售楼处抗议,还是反对村干部私

自出售土地,等等,都无不表明群体性事件显明的"维利"特性。

既然群体性事件并不具备"权力指向",而是"维利",那么也说明,它们都是可以治理的,是可以在现有体制的框架内予以妥善解决的。而到底如何解决,则取决于执政党的对待群体性事件的理念和政府的治理技术。

3. 干群矛盾、劳资冲突、争抢紧缺资源是当前群体性事件的三大主要来源。

在"非权力指向"和"维利"的基本特性下,需要明晰的是对其利益诉求进行详尽的分类。从统计数据看,干群矛盾、劳资冲突、争抢紧缺资源构成当前群体性事件的三大主要来源,三者大约分别占群体性事件总量的39%、17%、15%,其余的共占29%。

干群冲突深层次上反映出当前政府的公信力有待提升。劳资冲突的增长,一方面同全球经济形势下滑,导致不少企业外贸订单减少,进而导致用工需求减少不无关联,另一方面则源于工人福利待遇受到影响。为实现转型升级,不少企业开始积极应用新技术,但是新技术的投入并不菲,再加上能源、原材料价格上涨。结果导致不少企业运行成本增大,从而出现企业无力改善工人福利待遇,甚至是早已应该支付给工人的待遇也难以兑现,以至引发工人不满。此外,新生代农民工对工作环境、发展空间的日益重视与现有条件不足之间的矛盾也是导致产生劳资冲突的重要原因。

争抢紧缺资源,不仅体现在本地人口与外地人口为争夺北京放宽异地高考,进而导致本地人口享受北京优质教育资源受到极大挑战这一具有现实影响的重大问题上,而且还出现在行业系统内部,如发生在4月25日的陕西地方电力集团和国家电网陕西省分公司之间的武斗,就是同一行业为争夺电力资源分布而发生的群体性事件。

4. 网络、信息技术等媒介的发展,是诱发乃至扩大群体性事件的重要因素,因此,对群体性事件的治理不能仅仅依靠理念、制度上的更新和拓展,还需要"治理术"的完善。

2012年上半年的群体性事件,鲜明的体现出参与者在积极运用和发挥网络、信息技术等新凭借在事件发生、扩展等方面的作用。然而,这些手段的广泛应用,增加了群体性事件发生的概率和事件化解的难度。

从调研情况看,地方官员对日益发展的信息技术手段在群体性事件中的广泛运用,深表忧虑。客观而言,网络信息社会的到来确实在很大程度上方便了人们获取信息,降低了信息传播的成本,提升了公共事务治理的效率,但是,由于它具有匿名性、非垄断性和扩散性等特征,一条信息的不经意间的传播,很容易形成"蝴蝶效应"。当前,一些群体性事件的发生确实是由于一部分参与者的合法权益受到了损害,而现有的利益诉求表达渠道又难以有效满足其要求,于是他们便采取群体性事件的方式来试图维护自身权益,但也不可避免有人借机宣泄,甚至是专门从事破坏社会秩序的活动。

近期多起事件已经有很清晰的证明。而这些人之所以能参与群体性事件，其中很重要的原因就在于网络、信息技术给其提供了种种便利。

对于突飞猛进的现代技术手段，决策者自然无以回避，更无以阻止。理性的策略便是提升网络安全管理技术水平，完善网络预警及保障体系。具体而言就是，加强信息网络内容监督和网络安全管理的手段和系统建设，充分利用和发挥网络技术手段的重要作用，形成严密、高效的网络舆情智能分析、IP地址备案、网络特定对象管理控制等多种网络管理和技术手段体系；全面查处和清理网上有害信息、非法网站，构建服务于广大上网群众的咨询、求助、意见、建议等联系、沟通、互动的网络平台；及时了解、掌握、引导、梳理网上社情民意，化解网上各种不稳定因素。加大对网络虚拟社会管控手段的技术研发和投入，全面提升网络虚拟社会管理技术手段水平和覆盖层面。

5. 经济发展水平与群体性事件的发生概率和激烈程度具有一定程度的关联性，但不是简单的线性关系。

亨廷顿在其名著《变革社会中的政治秩序》中提到，经济增长、社会发展不仅可能不导致民主，反而有可能导致社会不稳定。这也就是其"现代性产生稳定，而现代化却产生不稳定"的著名论断。这里姑且不去讨论经济发展与民主政治、社会稳定之间到底是否存在相关性，单就亨氏提出的这个命题而言，它具有显见的积极意义。因为，他提出了在现代社会转型发展过程中，人们无以回避的两个重大问题：发展过程与发展结果。如果说，"现代化"指涉的是走向现代的过程，那么"现代性"则是指这个过程所要达到的结果及其本质。

作为后发型的国家，中国目前正处于"现代化"阶段。按照亨氏的论断，也就是处于不稳定的阶段。与此同时，世界经验和理论研究都表明，当人均GDP达到1000美元的时候，人们的消费需求会不断升级，参与意愿将迅速膨胀，尤其是差别日益明显，社会矛盾和冲突将迅速凸显。当前中国的经济发展正处这个阶段。从这个角度讲，出现有悖于社会稳定和谐的群体性事件是客观必然的。由此观之，经济发展水平与群体性事件的发生概率乃至激烈程度之间具有一定程度的关联性。当然，这种关联性不是简单的因果关系，更不是线性关系。

分析全国的数据可以看出，经济发展水平高和经济发展水平低的地区，一般都是群体性事件发生较为频繁，并且激烈程度也较高的地区。经济发展水平处于中间层次的地区，相对而言，其群体性事件的数量和激烈程度则要稍弱一些。比如，从上半年群体性事件的数量和程度看，最多、最激烈的大多集中在浙江、江苏、广东、山东等发达地区，以及四川、云南、陕西等欠发达地区。从经济总量看，这两类地区的GDP分别是最高和最低的。所以，可以得出一个粗浅的结论：经济发展水平与群体性事件之间具有一定程度的关联性。

之所以出现这种情况，可能的主要原因在于：

其一，虽然中央政府一再强调要坚持科学发展，摆脱GDP崇拜，实现经济社会发展的均衡发展，但是在考核机制尚未健全的情况下，一些地方政府仍然以GDP为主导，盲目上项目，尤其是一些重大项目在上马之前不进行充分、认真的论证，更不进行风险评估，想当然的认为只要推动了经济发展，群众就会从中得到实惠，进而也会满意。但实际上，随着经济社会的快速发展，群众对发展的理解也日趋理性化：不仅要金山银山，更要绿水青山。这样一来，一些表面上看有助于促进地方经济发展的项目，实际上并不为群众所欢迎，所以，最终不可避免的出现"经济搞上去了，但是稳定风险也增加了"的尴尬局面。

其二，经济发展会在无形之中提升公众的民主法制意识，但是政府依旧没有实现治理方式的积极转变。结果，一方面是公众民主法制意识的快速提升和积极要求，另一方面却是政府仍然沿用过时的、很不适宜的"管、控、压"治理方式，从而导致公众的参与需求同政府现有的治理方式之间出现了严重的偏差。在利益诉求表达渠道尚不健全的情况下，采取非理性的群体性事件的方式来表达诉求的情形自然会出现。

其三，一些欠发达地区虽然极力推动经济社会发展，但是囿于资源短缺、交通不便、信息不畅等多种因素的共同作用，其经济社会发展水平依然不高。而群众对经济社会发展的期许却不低。在"绩效是政府合法性之天然要素"的情况下，公众难免对当地政府持以消极态度。此时，若再遭遇地方官员腐败、不作为，或者是其他任何不利于群众建构对政府积极形象的情况出现，爆发群体性事件是不言自明的。

本辑特稿

风险灾害危机连续统与全过程应对体系

童 星*

一、连续统解释框架:"风险—灾害(突发事件)—危机"

灾害是一个古老的话题。千百年来人类一直面临各种灾害的侵袭,对灾害的抗争与反思也从未停止过。在长期灾害研究的过程中形成了三种学术传统,相应地也产生了三个核心概念:一是"工程—技术"传统,相应的核心概念是"灾害"(disaster),其研究者大多来自自然科学与工程技术学界,持乐观主义态度,坚信可以通过工程技术(engineering)、教育(education)和执行(enforcement)来预防和控制灾害;二是"组织—制度"传统,相应的核心概念是"危机"(crisis),其研究者基本来自管理学界,也持乐观主义态度,坚信通过加强组织管理、完善制度设计可以预防、识别、隔离、处理和控制危机;三是"政治—社会"传统,相应的核心概念是"风险"(risk),其研究者主要来自社会科学界,他们不相信有一个宿命的美好前景在等待着人类,前途是否光明完全取决于当代地球人的选择。

在我国政府的工作语言以及法律法规中,则常常使用"突发公共事件"即"突发事件"的概念。其实这里的"突发事件"基本上等同于西方国家所谓的"灾害",按照斯托林斯(Robert Stallings)的说法,灾害不应仅仅被看做自然的或技术的风险,还应是基于社会正常运行的例外。[①] 然而在我国,"天灾人祸"的成语早已有之且深入人心,所以一旦讲到灾害,大都想到的是自然灾害,外加属于人祸的"火灾"。本文将在

---

* 童星,南京大学政府管理学院教授、博士生导师。主要研究领域:社会学理论、社会问题和社会发展、社会管理与社会体制改革、社会保障理论与制度,社会风险与公共危机管理。

① Robert A. Stallings, "Disaster and the Theory of Social Order", E. L. Quarantelli (ed.), *What Is a Disaster? Perspective on the Question*, London: Routledge Press, p. 137.

同等意义上使用"灾害"和"突发事件"的概念。

俗话说:"冰冻三尺,非一日之寒。""灾害"或"突发事件"并非纯粹的"突发",如果将"灾害"或"突发事件"放置于"一个广泛联系、相互链接、动态发展的复杂世界中"①,就需要考虑灾害(突发事件)与风险、危机之间的关系。当然,不仅"灾害"(突发事件)如此,"风险"、"危机"同样有这样的要求。就风险而言,如果风险预言无法上升为管理策略,其意义将十分有限;就危机而言,也需要研究不同类型危机的原因与发展及其演变的规律,以便更好地理解和管理危机,摆脱被动应付的局面。② 风险、突发事件(灾害)、危机之间的结构关系见图1。③

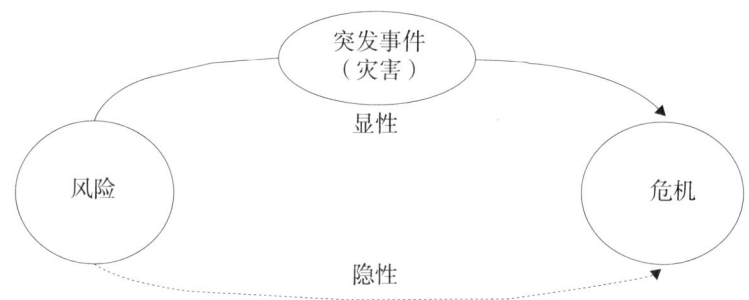

图1 风险、突发事件(灾害)、危机之间的逻辑关系

就风险与危机之间的逻辑关联而言,在公共性的层面上,风险是指一种可以引发大规模损失的不确定性,其本质是一种未发生的可能性;危机则是指某种损失所引发的政治、社会后果,其本质是一种已发生的事实。因此,风险在前,危机居后,二者之间存在着因果关系,造成危机后果的根本原因是风险。④ 然而这种前因后果的关系却是隐性的,只有专门对其进行研究的人们才有可能发现它,⑤ 而一般的民众却不知晓,特别是在缺乏风险文化的民族以及担负一定领导责任的人们那里,甚至反对将这种因果关系公开挑明,其理由是以免引起民众恐慌。其实,对于特定领域素有研究的专家

---

① E. L. Quarantelli, "Epilogue: Where We Have Been and Where We Might Go", in E. L. Quarantelli (ed.), *What Is a Disaster? Perspective on the Question*, London: Routledge Press, p. 244.
② Uriel Rosenthal, R. Arjen and Louise K. Comfort, eds., *Managing Crisis: Treat, Dilemmas, Opportunities*, Springfield: Charles C. Thomas Pub. Ltd., 2001, p. 6.
③ 参见童星、张海波等:《中国应急管理:理论、实践、政策》,社会科学文献出版社2012年版,第60页。
④ 张海波:《风险社会与公共危机》,载《江海学刊》,2006年第2期。
⑤ 当然由于科学技术和人的认识在任何历史阶段都有其局限性,不排除而且越来越多地出现没有人能够认识到这种因果联系。因而某些特定的突发事件之所以在现在看来是"突发的",其原因就是受制于人类现有的科学技术和认识水平还不够高。

来说，这种潜在的因果关系往往不能逃过他们的慧眼，例如：气象台站对洪涝、台（飓）风等灾害及其后果的准确预报，地震台（站）对地震、地质灾害程度不同的预测，世界卫生组织专家对甲型H1N1流感蔓延全球的预测，安全生产专家对各类安全事故的预警，以及社会科学家对于社会矛盾的积淀叠加必将引发社会冲突的预言等等，都是有力的例证。

然而，一旦作为导火索的"突发事件"爆发出来，风险与危机之间这种隐性因果关系立即转变为显性，成了即使是普通的老百姓甚至刚愎自用的领导者也不得不承认的"铁"的事实。在现实当中，这一显性的因果关系往往有两种表现：（1）某一起特定的大规模的突发事件就可以使风险与危机之间潜在的因果关系显性化，这是风险与危机之间隐性因果关系的集中暴露，因而容易引起社会关注；（2）多起不明显的小规模的突发事件逐渐使风险与危机之间潜在的因果关系显性化，这是风险与危机之间隐性因果关系的缓慢释放，因而不易为人们所觉察。这两种由风险到危机的不同路径，正好对应于急性危机（instant crisis）与慢性危机（creeping crisis）。

当然，风险与突发事件无法截然分开，因为风险能够放大突发事件本身的后果，一起小规模的突发事件，经过风险的放大，也会变成大规模的突发事件。

几乎所有的突发事件都可以在揭示上述风险与危机间因果关系的"连续统"分析框架中得到解释。例如，地震、极端天气等自然灾害通常被认为是突发的，似乎与风险无关，但事实上，越来越多的证据表明，它们与人类的活动密不可分，其社会属性越来越明显，导致自然灾害的人为风险逐步占据了主导地位。不明传染病的突发和越来越严峻的食品安全等公共卫生事件，更是人类自身的行为所导致。"矿难"、"化学物品泄漏"、"环境污染"、"动车追尾"等事故灾难的发生，经事后查明，几乎全由人为因素引起，几乎在事故灾难发生前都存在着安全隐患即风险。至于社会安全领域内的群体性事件，则明显源于社会目标单一、社会结构失衡、社会关系失调、社会冲突增生的社会风险及其不断的积累与叠加。

按照我们这一"连续统"解释理论，灾害（突发事件）并不等同于危机。例如，2008年中国先后遭受的南方冻雨雪灾和汶川地震，从灾害程度而言，汶川地震远重于南方冻雨雪灾；但南方冻雨雪灾给中国政府及其领导下的"春运"带来了很大的危机，而汶川地震不仅没有给中国政府带来危机，相反却在随后的抗震救灾中向全世界生动地展现了中国政府的惊人能力和骄人绩效。同样地，2010年西半球连续发生的两场地震即海地7.3级地震和智利8.8级地震，从灾害程度而言，智利地震远重于海地地震；但海地地震给海地国家、人民、政府都带来了浩劫般的危机，至今尚未缓过气来，而智利地震却以遇难400余人的事实为智利国家、人民、政府赢得了荣誉。

二、全过程应对体系:"风险管理—灾害(应急)管理—危机管理"

马克思强调:"哲学家们只是用不同的方式解释世界,而问题在于改变世界。"① 对应于上述"风险—灾害(突发事件)—危机"连续统的解释框架,我们又设计了"风险管理—灾害(应急)管理—危机管理"的全过程应对体系。也就是说,从管理实践来看,原有的"灾害管理"扩展为"应急管理",② 而"应急管理"又有待进一步增加向前的"风险管理"与向后的"危机管理",它们之间的结构关系见图2。③

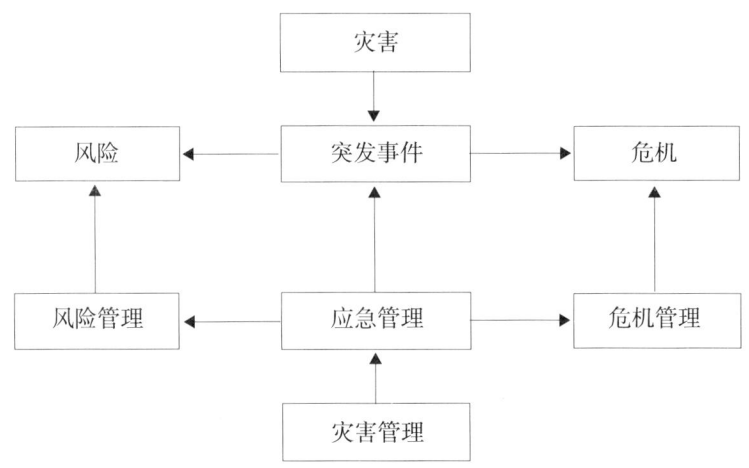

图2 灾害管理、应急管理、风险管理、危机管理之间的逻辑关系

在上述几种管理实践中,目前的实际状况是:应急(灾害)管理能力最强,绩效最好;危机管理次之;风险管理才刚刚起步。应急(灾害)管理之所以能力强、绩效好,源于领导重视,党中央将应对国内外各种突发事件的能力与领导经济建设、政治

---

① 《马克思恩格斯选集》第1卷,人民出版社1972年版,第19页。
② 当然这种扩充也是有条件的,比如用应急管理的办法来应对旱灾就是完全没有效果的。因为旱灾是一种非常特殊的自然灾害,同洪水、地震等自然灾害相比,旱灾的发生具有持续时间长、生成缓慢且影响不易察觉、影响的非结构性(主要伤害农民等社会底层群体)与空间的广泛性(没有类似决口、震中一样的"点"以便集中大量的人力、物力、财力予以救灾)等特征,在旱灾应对中会出现"应急失灵"的现象。参见陶鹏、童星:《我国自然灾害管理中的"应急失灵"及其矫正——从2010年西南五省(市、区)旱灾谈起》,载《江苏社会科学》,2011年第2期。
③ 参见童星、张海波等:《中国应急管理:理论、实践、政策》,社会科学文献出版社2012年版,第63页。

建设、文化建设、社会建设的能力相并列，统称为"执政能力"，并专门作出加强党的执政能力建设的决定；①从中央到地方建构了"一案三制"（即应急预案、应急体制、应急机制和应急法制）的应急管理体系；加强了各级政府的应急能力建设；在应急管理中实施行政官员问责制和"一票否决权"等。

尽管应急管理的绩效较好，但其本身的功能却极为有限，它只能控制事态，不能解决问题，真正能够解决问题的是危机管理。正如在上述"连续统"中灾害（突发事件）并不等同于危机一样，在全过程应对体系中应急管理也不等同于危机管理。由于危机的根源是风险而非突发事件，所以危机管理要求发现真正导致危机的风险，包括问题、矛盾、漏洞和"病根"，从而解决问题，化解矛盾，堵塞漏洞，拔除"病根"，以达到同类危机不再发生的效果。现在我们经常看到，在处置城市逢雨就淹水、渣土车撞人闯祸、食品安全事故以及群体上访等突发事件时，为什么总是不见效、难除根，其原因就在于只是停留于旨在控制事态的应急管理，并没有实行真正解决问题的危机管理。

当然，相比应急管理和危机管理，从源头开始治理的风险管理更能起到事半功倍、防患于未然的良效。比如针对日益严峻的社会安全形势，现在开始倡导对重大政策决策和重大建设项目开展社会稳定风险评估，实施"双提高"（提高劳动者报酬在国民收入初次分配中的比重、提高城乡居民所得在国民收入再分配中的比重）政策，探索建立健全诉求表达机制、利益协调机制、矛盾调处机制、党政主导群众维权机制，强调正确处理人民内部矛盾、做好群众工作等等，就是一种风险治理的思路。然而所有这些都才刚刚起步，要真正落到实处、产生明显效果，还要付出极大的努力。

如果说应急管理仅限于"头痛医头"的话，那么这里所谓的全过程应对体系则追求"全身调理"。正如中国古语所说："不谋万世者，不足谋一时；不谋全局者，不足谋一域。"应急管理并不能从根本上减少政府所面临的危机，中国当前最根本的问题是风险，而非突发事件，只有涵盖风险管理、应急管理、危机管理于一身的全过程应对体系才能根治风险，摆脱危机。在这个意义上，我们可以将上述"应急管理"称为狭义的"应急管理"，而将上述的"全过程应对体系"称为广义的"应急管理"。也就是说，广义的应急管理应该被纳入国家治理结构优化的整体框架，进行"三位一体"的战略治理。其具体含义为：

第一，系统治理。风险管理、应急管理、危机管理三者缺一不可。不仅要控制事态，减少损失；还要修复政府形象，增强政府合法性；更要借此契机推动社会改革，优化治理结构，化解风险，以此达成社会的长治久安。

---

① 即2004年中共十六届四中全会通过的《中共中央关于加强党的执政能力建设的决定》。

第二，动态治理。从理论上讲，最理想的办法就是主动治理社会风险；但就现实而言，突发事件发生前针对风险的主动变革，总是既缺乏动力又充满阻力，难以启动。因此，应急管理不失为一个切入的契机，以应急管理推动危机管理，再以危机管理推动风险管理。

第三，主动治理。主动治理应被置于优先位置。突发事件毕竟会造成人员伤亡、财产损失、社会失序等客观性恶果，而且也不能保证每一次的突发事件都能被控制在社会可承受的范围之内。

就行动措施来看，涵盖全过程应急管理的战略性治理，还需从全球化和中国的国家转型这两大历史进程出发，对现代性的不确定性（如贝克和吉登斯的风险社会理论所言）和现代化的不稳定性（如亨廷顿的现代化政治转型理论所言）进行反思，一方面推动诸如控制气候变暖的全球协作，另一方面化危机为转机，主动推动国内治理结构的调整，其中后者更为重要。对此，贝克（Ulrich Beck）中肯地指出："中国正在全面迈向现代化，中国用30年的时间走完西方两三百年现代化里程，其间社会转型的痛苦、震荡是不可避免的，宛如一个饥肠辘辘的人快吃一盒压缩饼干，短时间内可能还尚无饱意，但不久肠胃胀痛与不适就会接踵而来。"①

要实现风险管理、应急（灾害）管理、危机管理"三位一体"的战略治理，有三种现实的路径可供选择：路径之一，以应急（灾害）管理为切入口，进一步完善初步建立起来的应急（灾害）管理体系；路径之二，从应急（灾害）管理推进到危机治理，推动某些政策的调整与制度的变革；路径之三，从危机治理推进到风险治理，优化社会结构，从根本上降低不确定性。

就突发事件的四种具体类型而言，上述战略治理的路径选择可以遵循如下的原则：对于除旱灾以外的其他自然灾害以及除食品安全事件②以外的其他公共卫生事件，应以路径一为主，路径二、三为辅；对于各类事故灾难以及食品安全事件，应以路径二为主，路径一、三为辅；对于旱灾以及各类社会安全事件，则应以路径三为主，路径一、二为辅。

要实现"三位一体"的战略治理，从现实的选择来看，可分为三个步骤实现：近期，以应急（灾害）管理为切入口，进一步完善初步建立起来的应急（灾害）管理体系；中期，从应急（灾害）管理推进到公共危机治理，推动某些政策的调整与制度

---

① ［德］乌尔里希·贝克：《世界主义的观点：战争即和平》，杨祖群译，华东师范大学出版社2008年版，第5页。

② 实际上，食品安全事件可以被视为在食品的生产、流通、消费领域中的事故灾难，其性质和事故灾难极为相似。

的变革；远期，从公共危机治理推进到社会风险治理，优化社会结构，从根本上降低不确定性。换言之，上述路径一适用于近期，路径二适用于中期，路径三则适用于远期。

本辑话题

不合理上访与信访体制改革研究*

田先红　贺雪峰**

摘　要：不合理上访是上访者提出非正当的、过高的诉求或者在上访过程中使用偏离信访制度文本规定的上访方式的上访行为。它主要表现为谋利型上访、全能型上访、过激型上访和精神病上访等四种类型。近年来，不合理上访呈现不断蔓延之势，给信访工作带来诸多不利影响。为改变这一局面，需要建立信访分类治理体系、改革信访考核制度、整合信访机构资源和矫正过于泛滥的权利话语。

关键词：不合理上访；压力型体制；信访体制；维权

近十多年来，我国社会转型步伐加快，社会矛盾冲突加剧，全国信访总量长期处于高位运行态势。对于当前的信访治理困境，学界主流的解释都认为是由于利益表达机制不健全、信访渠道不畅导致的。他们都将目光聚焦于维权型上访，[①] 关注那些在维权过程中遭遇诸种困难和阻碍的上访者，并由此衍伸出对现行利益表达机制的批判。我们承认，现实当中确实有很多上访者在维权时遭遇了各种挫折，有的甚至为此而付出了沉重代价。不过，我们也应看到，同样有一些上访者在上访过程中屡屡获利，甚至将上访作为一种职业或者谋生手段。[②] 这些不合理的、谋利型的上访者在当下社会中不仅没有减少，反而呈现不断蔓延之势。[③] 日渐蔓延的不合理上访已经严重影响了信访

---

* 基金项目：国家社科基金项目"城市化背景下村庄变迁及其区域差异研究"（11BSH024）和江西省教育科学规划基金项目"江西农村民办教师上访问题及其对策研究"（11YB377）。

** 田先红，南昌航空大学文法学院硕士生导师。主要研究领域：农民上访与基层治理问题研究。贺雪峰，华中科技大学中国乡村治理研究中心主任，教授，博士生导师。主要研究领域：政治社会学、农村社会学和中国乡村治理研究。

① 田先红：《从维权到谋利——农民上访行为逻辑变迁的一个解释框架》，载《开放时代》，2010年第6期。

② 田先红：《治理基层中国——桥镇信访博弈的叙事，1995—2009》，社会科学文献出版社2012年版，第188页。

③ 孙敬林：《农村信访问题及其对策研究》，华中科技大学博士学位论文，2010年。

治理工作的绩效。大量的资源被投入于"花钱买平安"、"人民内部矛盾用人民币解决"的维稳"怪现状"之中。这样的维稳方式又反过来进一步刺激和滋生了更多的不合理上访,形成恶性循环。因此,对当前信访治理困境的研究,就不能仅仅局限于维权型上访或者合理的、正当的上访行为,而应将不合理上访纳入研究视阈。如此,方能为信访问题提供一种全面的、客观的解释路径,才能制定出科学合理的对策措施。本文先探讨了当前不合理上访的诸种表现,尔后分析不合理上访生成和蔓延的内在逻辑,进而提出改革信访体制、走出信访治理困境的对策建议。

一、不合理上访的表现

所谓不合理上访,指上访者提出非正当的、过高的诉求或者在上访过程中使用偏离信访制度文本规定的上访方式的上访行为。国务院 2005 年颁布的《信访条例》第三十二条第三款对不合理上访及其处置方式做出了明确规定:"请求缺乏事实根据或者不符合法律、法规、规章或者其他有关规定的,不予支持。"在现实中,不合理上访主要表现为以下几个方面。

(一) 谋利型上访

谋利型上访有两层含义,一是跟维权型上访相对,指积极主动地争取和谋求利益的行为,从而区别于在自身利益遭受侵害后为了维权而上访的行为,这是其中性层面的含义;二是特指某些以谋求不正当、不合理,甚至不合法利益为根本目的的上访行为,这些上访者往往将上访当作一种谋利的手段。上访的目的就是为了捞取钱财或其他资源。在本文中,我们尤其关注后一种含义的谋利型上访。

在实践中,有的上访者提出的利益诉求无任何事实或者政策法律依据,但他们还是要求政府相关部门满足。有些上访者提出的诉求虽然有一定的事实和政策法律根据,本来可以酌情解决,满足其一定程度的要求,但是他们在上访时漫天要价,诉求远远高于本应得的那一份。最后,政府还是不得不满足他们的过高要求。谋利型上访的极端表现就是上访专业户,即那些经常以上访作为谋求利益的手段,甚至依靠上访谋生的人。江华市余陵区桥镇大湾岭村的杨云发就是这样一个典型。[①] 杨云发自己无业,用别人的话说就是靠上访谋生。从 2006 年开始,杨云发踏上了上访之路,一直至今,他几乎每两个月就要去镇里、到区里或者市里上访。2009 年,杨云发继续到区政府和区

[①] 田先红:《治理基层中国——桥镇信访博弈的叙事,1995—2009》,社会科学文献出版社 2012 年版,第 195 页。

民政局上访，要求给他的有正式工作的儿媳妇安排一个城镇低保名额。为了保险起见，杨云发还跟区民政局局长签订了协议书，双方协议约定：民政局局长保证给他一个低保指标，杨云发自己也保证只要获得低保指标，以后永不上访。截至 2009 年 4 月，杨云发已经通过反复上访获得共计 5 个低保指标，包括 2 个城镇低保和 3 个农村低保。2009 年 6 月，杨云发还找到桥镇武装部长陈克强要求镇里帮他评选全国道德模范。杨云发曾跟笔者谈到："（评道德模范）目的是要搞点钱用，没有其他意思。"他甚至坦言："只要给票子，我就喊共产党万岁。""只要钱，不要面子。"在 2006 年底到 2009 年上半年不到 3 年时间里，杨云发找过的各级领导干部已经不少于 30 人，上至市委常委、区委书记下至村支部书记无所不找。如今，杨云发已因上访而扬名余陵区和桥镇。

除了杨云发之外，在桥镇被乡村干部视为难缠的上访专业户的至少还有 10 多个。另有其他一些上访者尽管不是上访专业户，但有时候也通过上访要挟政府来谋取利益。有的农民上访是为了强占他人的利益，有的是为了从政府获取诸如低保、钱物的照顾。在桥镇，甚至还出现了专门收取"劳务费"替他人上访告状的中介。①

近年来，谋利型上访正呈不断蔓延之势。田先红在桥镇的调查表明，2003—2009 年桥镇谋利型上访案件较 1997—2002 年之间上升了 16.51%。② 肖立辉的调查也发现："在一些地区，甚至有一些人利用政府的这一心理，以上访为手段要挟地方政府、谋取利益，逐步发展成为'信访经济'，造成了非常恶劣的影响。"③ 另据江西经济社会发展重大招标项目"江西当前面临的突出社会矛盾与创新社会管理研究"课题组在江西全省范围内的抽样问卷调查数据显示，被调查者在回答"您认为当前不合理上访的严重程度"这一问题时，选择"很多"和"较多"答案的所占比例分别为 6.6% 和 29.1%，两者合计高达 35.7%。一些信访实践部门工作人员对谋利型上访的现状甚为担忧。江西省信访局工作人员估计说："现在到北京上访的里面有 50% 都是要求过高、诉求不合理的。"④ 还有人认为 80% 到北京上访的都是无理的。⑤ 谋利型上访的日益蔓延，已经极大地影响和冲击着既有的信访体制。甚至有学者认为，当前上访产业已经初现雏形，必须引起高度重视。⑥

---

① 田先红：《治理基层中国——桥镇信访博弈的叙事，1995—2009》，社会科学文献出版社 2012 年版，第 194 页。
② 同上书，第 110 页。
③ 肖立辉：《县委书记视野中的农村信访问题》，载《中国行政管理》，2009 年第 12 期。
④ 田先红：《调研笔记：与江西省信访局官员谈信访问题》。
⑤ 欧阳忠球：《从赴京接访看我国现行信访体制的缺陷》，三农中国网，http://www.snzg.cn/article/show.php? itemid - 2466/page - 1. html，2009 年。
⑥ 田先红：《治理基层中国——桥镇信访博弈的叙事，1995—2009》，社会科学文献出版社 2012 年版，第 226 页。

（二）过激型上访

国家《信访条例》对信访过程中的种种不当和过激行为做出了明确的限制性规定。该条例第二十条规定："信访人不得有下列行为：（1）在国家机关办公场所周围、公共场所非法聚集、围堵、冲击国家机关，拦截公务车辆，或者堵塞、阻断交通的；（2）携带危险物品、管制器具的；（3）侮辱、殴打、威胁国家机关工作人员，或者非法限制他人人身自由的；（4）在信访接待场所滞留、滋事，或者将生活不能自理的人弃留在信访接待场所的；（5）煽动、串联、胁迫、以财物诱使、幕后操纵他人信访或者以信访为名借机敛财的；（6）扰乱公共秩序、妨害国家和公共安全的其他行为。"

但是，在现实中，一些人上访时常常采用种种过激行为，比如打骂工作人员、长期在政府部门滞留、身挎农药瓶和炸药上访、在公共场合聚众闹事、摆设灵堂或者采用自伤、自残甚至自杀行为等。对于行为过激型上访，应该辩证地、一分为二地看待。一方面，有一部分人确实是因为自己的合理诉求、正当权益长期未能或者无法得到满足，心中积满了怨气，在万分愤怒的情况下采取过激行为。对于这部分上访者，我们要对其行为给予同情性地理解，积极采取措施解决他们的问题。实在无法解决的，要做好解释工作。同时，对于他们的过激行为要进行耐心地教育和劝阻。尽管他们的诉求有合理的成分，但是若采取过激行为，造成一定的甚至严重的后果，则会往不合理的方向转化。另一方面，也有一些人故意采取过激行为，扰乱社会秩序，以此逼迫、威胁政府重视和满足自己的不合理诉求。对于这一部分上访者，应该先对其过激行为进行劝阻，如果劝阻无效则在恰当情况下应采取强制措施，不能为了"维稳"而一味妥协退让，满足他们的不合理、不正当诉求。

采取过激行为是上访者把自己的诉求问题化的一种策略[①]。由于上访者数量众多，上访者需要凸显自己问题的重要性，以引起政府官员的重视，提高问题获得解决的可能性。为此，上访者更倾向于采取种种非常规的甚至过激的上访行为。近年来，过激上访行为数量比以前快速增加，造成越来越普遍的示范效应。有的过激上访抗争行为甚至在国内外产生了重大影响。比如，2010年9月在江西省宜黄县发生的拆迁钉子户"自焚案"、2011年5月26日同样在该省抚州市发生的拆迁户连环爆炸案，都是上访抗争行为极端化的表现。

一些上访者故意采用极端上访方式来要挟政府满足自己的不合理利益诉求，甚至还夹杂着灰黑势力等不法分子参与。原本，许多问题可以依据法律制度、通过理性协商加以解决。这些上访者包括一些不法分子抓住地方政府害怕民众上访闹事的软肋，

---

① 应星：《大河移民上访的故事》，生活・读书・新知三联书店2001年版，第317页。

只要出事就找政府缠闹，将死者尸体抬到政府，动员老人妇女堵门，竭力扩大事态影响，以此逼迫政府就范，从中谋求更多的利益。本来政府并不负有直接责任，但迫于群众的压力，最后不得不"花钱买平安"，对当事人进行赔偿。这又反过来进一步刺激了过激型上访行为的滋生，诱发越来越多的人上访时采用过激行为来使自己的诉求问题化，并被一些欲图谋利的不法分子利用。

（三）全能型上访

所谓全能型上访，指上访者提出的诉求不切实际，政府完全无法满足，或者本就不属于政府的管辖职责范围。这些上访者实质上将政府视为无所不能、无所不管的全能型政府①，故谓之全能型上访。跟谋利型上访不同，全能型上访者本身没有明显的、强烈的主观谋利意图，他们只是将自己的不合理诉求视为政府理所当然的义务和责任。用他们的话语表达即为"这就应当是你政府干的事"。在这些上访者的潜意识里，只要自己遇到困难，就可以要求政府解决。"凡事找政府"成为他们的一种身体无意识。

许多全能型上访行为，如：有人的老婆在外打工时发生婚外情跟别人跑了，丈夫去找镇党委书记要求解决。② 有人的小孩办理出国留学手续时，被中介骗了一笔钱，要求政府赔偿。还有人家里的电线断了，要政府出面找人帮忙修好。甚至还有人的儿子娶不到媳妇，也要政府负责。③ 从实际上看，这些全能型上访者确实在生产生活中遇到了困难，或者权益遭受了损害，自己又倍感无力解决，故而要求政府出面处理。他们的遭遇值得同情和理解。不过，他们的问题和诉求很可能不属于政府职责范围内之事，政府也无法解决。这些全能型上访者以自己的各种困难为由要求政府担负无限责任，显然是不切实际的。在现代国家里面，政府应该是一个职能范围边界清晰、有所为有所不为的政府，而不能揽起所有职能和责任。

（四）精神病上访

不言而喻，精神病上访即指那些或多或少患有精神疾病的上访者。这类上访者往往没有什么明确诉求，他们只是到政府部门走一走、逛一逛，发发牢骚，骂一骂工作人员，而后离去。也有一些精神病上访者的诉求非常稀奇古怪，提出一些异常滑稽的要求，让信访工作人员捉摸不透。精神病上访历来都是我国信访治理工作领域中的一

---

① 邹谠：《二十世纪中国政治》，牛津大学出版社1994年版，第68—72页。
② 田先红：《治理基层中国——桥镇信访博弈的叙事，1995—2009》，社会科学文献出版社2012年版，第228页。
③ 同上书，第188—192页。

个重要问题。早在新中国成立初期,信访制度正式确立不久,就出现了精神病上访的现象。据刁杰成的抽样统计,1955 年,精神病和无理取闹的上访者占来访总数的 3.7%,1956 年和 1957 年这一比例上升到 8%。① 在当下乡村社会,也时常有一些精神病人活跃在基层信访治理领域。申端锋在河南省和平乡调查时,就了解到 5 起精神病上访案件。其中,有一位 70 多岁的精神病上访者段保和,上访历时十多年,在当地几乎人人皆知。他因经常去乡政府反映说"要在和平乡进行原子弹试验"而被当地人取了个绰号叫"原子弹"。② 2009 年,北京大学孙东东教授因出言"99% 的来京上访者都有不同程度的精神疾病"而引起整个社会舆论哗然。虽然他的话语有些夸张,但是精神病上访者的存在却是一种客观事实。

精神病上访给信访工作带来了很大困难。一方面,对于精神病人,政府部门必须照看好,要为他们的安全和健康着想。另一方面,当精神病上访者滞留公共场所、扰乱社会秩序时,又必须对他们进行控制。这让信访工作人员相当为难。刁杰成曾讲到:"这些来访人长期滞留北京,并有越轨行为,这部分人数量不多,但能量大、危害大,胡搅蛮缠,严重地影响了机关的工作秩序和上访程序,以及社会治安。"③ 申端锋曾经指出了基层政府在面对精神病上访时的无奈与窘态:"每个精神病人都要耗费极大的人力财力,上访精神病人的影响之大,超出我们的想象。""基层政府无法对上访精神病人实施有效的治理和监控,除了民政救济之外,监控和思想工作均无法奏效。这表明,虽然基层政府能把精神病人从上访者中区分出来,但却无法对其实施有效的治理,几个精神病人成了基层政府信访工作的焦点,并且耗费了大量人力物力,这对基层政府的治理能力构成了一个极大的讽刺。"④ 由此可见,数量虽少的精神病上访同样给基层信访工作造成了极大的阻碍,牵扯了基层政府相当一部分精力。当然,我们也不排除一些上访者本来精神正常,但因为在长期上访过程中与政府部门打交道而转变成精神病的案例。一些媒体也曾报道过部分地方政府为了息访、维稳而将本来精神正常的上访者当成精神病人强行送进疗养院的情况。⑤

总之,当前各种不合理上访均呈蔓延之势,已经极大地影响和冲击着正常的信访工作秩序。若不引起高度重视,很可能导致事态恶化,陷入"不可治理"状态。

---

① 刁杰成:《人民信访史略》,北京经济学院出版社 1996 年版,第 73 页。
② 申端锋:《治权与维权:和平乡农民上访与乡村治理》,华中科技大学博士学位论文,2009 年,第 242 页。
③ 刁杰成:《人民信访史略》,北京经济学院出版社 1996 年版,第 73 页。
④ 申端锋:《治权与维权:和平乡农民上访与乡村治理》,华中科技大学博士学位论文,2009 年,第 278—279 页。
⑤ 王怡波:《状告乡政府漯河一农民被关精神病院六年半》,载《中国青年报》,2010 年 4 月 23 日。

二、不合理上访生成和蔓延的内在逻辑

尽管不合理上访正呈现日益蔓延之势，带来越来越大的危害，但是对于不合理上访行为，我们不能简单地对他们进行道德化的指责和批判，而应从结构和体制方面去探寻其生成的深层原因。

（一）国家意识形态转型的失衡

新中国成立后，为了巩固政权合法性及体现社会主义体制的优越性，党和国家向人民做出了各种各样的承诺。国家对人民群众、对社会担负起无限责任。在这样的体制下，"每个人只需干好自己的那份工作，剩下的事全都由国家来负责。"[①] 国家对民众扮演着家长和监护人的角色，具有浓厚的父爱主义特征。[②] 改革开放后，国家的职能有所变化，它逐渐从一些具体领域当中退出。不过，作为一个社会主义国家，它仍然需要彰显体制的优越性，需要兑现诸如"共同富裕"、"小康生活"之类的承诺。换言之，国家担负无限责任的状况依然没有根本改观。同时，随着以利益为基础的社会秩序的建立，意识形态的世俗化，社会生活的去政治化，导致国家的教化能力迅速下降。国家转型的不平衡、不彻底，使得国家继续背负着沉重的负担，同时又缺乏能力来有效应对民众的诉求。

国家转型的失衡，正是各种不合理上访蔓延的重要原因。上访者能够援引意识形态话语，占据道德制高点，要求政府满足其利益要求。这些不合理上访者利用党和国家的传统意识形态来与政府展开周旋，以社会主义国家意识形态遗产来要求政府承担责任。面对上访者的意识形态话语，丧失话语权、背负沉重伦理道义压力的基层政府只能以牺牲原则和底线的方式来暂时达到息诉罢访的目的。在这一博弈场景中，政府工作人员说上访者"不讲法"、"不讲道理"，而上访者则指责政府"不为人民服务"、"干部不像干部"，形成"干部说群众不听话，群众说干部不像话"的局面。

在上访者那里，传统意识形态比如为人民服务、关心困难群众等，是党和政府天经地义之事。一些不合理上访者利用这些传统意识形态来要求甚至要挟政府承担无限责任，满足他们各种要求，包括不合理要求。而党和国家的转型却要求它从过去的无所不包、无所不管的全能型政党和政府解脱出来，转变为一个有进有退、有选择性地

---

① （匈）雅诺什·科尔奈：《社会主义体制：共产主义政治经济学》，张安译，中央编译出版社2006年版，第49—50页。

② 同上书，第51—52页。

治理的党和政府。由此，在民众的期望与党和国家所推动的转型之间存有张力，农村基层信访治理所遭遇的伦理困境，正是这种张力难以弥合的表现。

当前信访治理的伦理困境表明，国家政权的父爱特性并没有改变。群众仍然以传统的角色要求党和国家对其负责，要求国家"为人民服务"。这种父爱式政权强调和体现了国家对人民群众的深切关怀和爱护，但它同时也带来诸多问题。

（二）权利话语的泛滥

新中国前三十年，国家治理"是以'群众'的观念而不是以'公民'的观念为指导思想。'群众'的观念着重某些阶层的社会和经济上的权利，而忽略了个人的自由权利。"[①] 在"群众"观念的指导下，个人利益必须服从于国家和集体大局的利益。改革开放后，"公民"观念成为国家改革的指导原则，公民个体的权利越来越被强调。随着意识形态的世俗化和权利话语的弥散，各种利益主体被源源不断地释放出来。人们对现实利益高度关注，成为追逐利益的原子化个体，形成相互攀比的局面。

对农民个人权益的强调和保护固然是将农民变为公民的需要，是建构现代国家的需求。然而，当农民从集体解放出来之后，却似乎并没有朝着改革者所设计的那样顺利转化为他们所期待的公民，一部分人演变为只讲权利、不讲义务的"无公德个人"[②]。原本，关心群众疾苦，解决群众实际困难，既是《信访条例》明文规定的内容，也是社会主义意识形态的应有之义。在中国这样一个社会主义国家里，关心困难群众不仅具有一般的社会保障意味，而且是党代表人民群众利益的表现，是社会主义优越性的体现。它具有浓厚的政治正确色彩。

正因为关心群众疾苦、照顾困难户是一种政治正确，所以，当农民上访要求政府给予补偿和救助时，政府便不能对其要求置若罔闻，否则，就是政治不正确。这样的意识形态既为底层民众反映生活困难、表达利益诉求提供了渠道，也给那些希图趁机谋利的搭便车[③]者创造了空间。当上访者要求救助时，政府便面临着如何对其反映的信息进行甄别的难题，如果这一难题无法解决，则很可能被一部分不合理上访者所利用。面对不合理上访者，无奈的政府只好用低保、困难救助指标来打发他们，出现了"农民讲政治，干部讲感情"的吊诡局面。

---

① 邹谠：《二十世纪中国政治》，牛津大学出版社1994年版，第8页。
② 阎云翔：《私人生活的变革：一个中国村庄里的爱情、家庭与亲密关系》，龚小夏译，上海书店出版社2006年版。
③ （美）曼瑟尔·奥尔森：《集体行动的逻辑》，陈郁等译，上海人民出版社1995年版。

(三) 压力型信访体制的束缚

在压力型的信访体制中①,信访工作任务自上而下层层传递,最后落到了地方和基层政府头上。按照国家《信访条例》第二十一条第三款规定:信访事项按照"属地管理,分级负责,谁主管,谁负责"。换言之,只要某个地方出现了上访,就必须由当地政府部门负责处理。同时,信访责任考核还被纳入了公务员考核体系,跟官员升迁、任免和奖惩挂钩。一旦信访工作考核不合格,官员就被一票否决,丧失了升迁机会。这样的责任追究方式必然给地方政府带来沉重的维稳压力。想方设法平息上访、维稳保安成为他们的首选。

而问题在于,上访者反映的许多问题并非地方基层政府所能解决的,或者本来就不属于他们职责范围之内。比如,有的政策性问题,需要有国家或者更高级地方政府出台统一的政策作为处理依据,而基层政府缺乏制定政策的能力和条件。还有许多历史遗留问题,基层政府也往往缺乏能力解决。但是,上访者不会为基层政府考虑这些问题,他们只是希望自己的问题能够获得解决。如果基层政府不解决,就继续上访。于是,各种各样的上访,既有合理的、也有不合理的,既有正当的,也有不正当的,统统都涌向了信访渠道。在现行信访考核体制下,上访必然意味着对基层政府不利。他们必定要对上访案件进行处理,让上访者息诉罢访。对于那些真正有冤屈、权利受到侵害的上访案件而言,只要基层政府秉公办事,一般都能妥当处理。面对那些要求过高、诉求不合理以及超出政府职能范围的上访者,基层政府只能想办法给他们一点小恩小惠(比如低保指标、困难救助、安排工作等),让他们暂时息访。当上访者眼见通过上访能获取额外利益时,便容易以上访作为获利手段,从而不断催生和蔓延新的不合理上访行为。所以,不合理上访行为的产生和蔓延跟压力型的信访体制有着密切关系。它在很大程度上是压力型信访体制催生的结果。信访体制的刚性压力过大,致使地方基层政府失去了回旋空间,为少数不合理上访行为提供了条件。

(四) 信访治理方式的弊端

信访制度是具有中国特色的一种制度。它对于加强民众对官员的监督、中央掌握地方实情和密切政府与群众联系都具有重要意义。② 不过,不可否认的是,信访带有一定的人治色彩。尤其是随着信访机构权力逐渐加大、信访成为一种解决问题的渠道而

---

① 荣敬本等:《从压力型体制向民主合作体制的转变》,中央编译出版社1998年版,第17—35页。
② 倪宇洁:《我国信访制度的历史回顾与现状审视》,载《中国行政管理》,2010年第11期。

不仅仅是反映民情民意的方式时，这种色彩表现得更为明显。基层政府在治理上访时遵循特殊主义的逻辑，"具体问题具体解决"，这有其合理性和灵活性，但因缺乏普遍的规则，使得自由操作的空间很大。一些敢于上访、闹事的人，能够从上访中获取更大的利益。这种权宜式的治理方式①在客观上助长了上访者通过扩大事态影响来谋利的主观倾向，形成"会哭的孩子有奶吃"、"谁调皮，谁刁难，谁上访，就有好处，就得的多"、"有了今天就有明天"的恶性循环。②

在与政府的互动过程中，一些上访者抓住了政府的软肋，拼命提出新的过高要求，形成恶性循环。比如，江西省L县的一个生猪养殖大户曾经承包一块山林举办养猪场，后来政府因开发需要将这片山林收回，起初协商只给10万元补偿，该养殖户不同意，就到北京上访，后来县里答应给20万，但是养殖户仍然不同意，继续赴京上访，最后县里承诺给100万元补偿，该养殖户才息诉罢访。类似这种通过上访要挟政府满足不合理、过高要求的上访者还有许多。③ 这些上访者通过循环往复的互动试探出了政府的底线，步步紧逼，迫使政府满足自己的要求。由此形成的畸形政治心理结构正越来越多地支撑着不合理上访行为。这不仅不利于官民关系的改善，反而容易进一步恶化官民关系，使政府合法性进一步流失。

三、改革信访体制的路径与措施

当前，不合理上访的蔓延态势，不仅给我国信访工作带来很大的冲击，而且日益严重地影响着行政体制改革和现代国家建构的进程。为走出信访治理困境，我们急需对现行信访体制进行调整。

（一）建立信访分类治理体系

当前，一些地方和基层干部为了维稳，跟上访者一味"讲和谐"，无论上访者的诉求是否合理、正当，都一概满足。尽管地方和基层干部明明知晓上访者的诉求不合理，但迫于维稳的压力而不得不暂时满足上访的要求，导致不合理上访数量大大增加。这

---

① 权宜式治理是指政府行为缺乏原则性和规范性，以暂时解决问题为目的，而不顾及其所带来的更为严重的后果。在信访治理中，它尤其指政府为了达到暂时的、眼前的稳定与和谐而不惜以牺牲原则和底线为代价满足上访者的要求。见清华大学社会发展研究课题组：《北京维稳陷"越维稳越不稳怪圈"》，载《中国青年报》，2010年4月18日。

② 田先红：《治理基层中国——桥镇信访博弈的叙事，1995—2009》，社会科学文献出版社2012年版，第236页。

③ 田先红：《江西当前信访突出问题及其治理状况调查研究》，江西省2011年重大招标项目"江西当前面临的突出社会矛盾与创新社会管理研究"子课题研究报告，2011年8月20日。

表明，原先的信访分类治理体系已经失效。① 大量的资源被消耗在息访和摆平上面。这不仅未在实质上缓和社会矛盾，反而诱发了更多的不稳定因素。为改变这一窘况，应该在保障人民的基本信访权利的同时，对少数企图通过重复访、缠访、闹访等手段谋求利益的谋利型上访者采取一定的制约措施。可以考虑在《信访条例》里面就少数不良上访行为设置更为详细的制度规定。这既有利于还原信访制度的本来面目，又可为地方和基层处理信访问题提供制度依据，减少无谓资源消耗。

（二）改革信访考核制度

信访体制的有效运转，必须以一定的行政压力和责任追究为前提。如此，地方和基层政府才愿意重视信访问题。否则，地方和基层政府处理信访问题时很可能不愿意履行责任。尤其是当上访者反映的问题涉及自身时，他们更可能采取敷衍塞责的态度。这正是国家为何要实行"属地管理，分级负责，谁主管，谁负责"和一票否决制的重要原因。不过，当前的信访考核制度刚性太强，给地方和基层套上了一个"紧箍咒"。当基层政府承担的压力过重时，他们必然会想方设法减轻或者逃避压力，以种种变相的方式推卸责任。最终，信访压力的加大和治理责任的强化并没能有效督促基层政府切实解决信访问题，反而滋生了更多的腐败、违规行为。比如，对上访者的要求不论合理与否一概满足，或者对上访者进行变相打压以及花钱到上级信访工作部门"销号"等等。所以，为改变当前信访体制刚性约束过强的局面，可以在信访考核、通报的方式上适当做些调整，使信访体制既有刚性压力，又有一定弹性空间。可以考虑在信访治理体制中增设信访数量弹性预警线，如果信访数量在预警线内，那么不需要进行考核，一旦超过预警线，则可以对其进行考核。

（三）重新整合信访机构

当前，不仅党委政府设立有信访机构，而且包括法院、检察院、公安局等在内的众多公共权力部门都设立有信访机构。信访机构遍地开花固然有利于反映各个领域和行业的问题，但它同时带来资源分散、部门之间互相推诿扯皮导致信访工作效率较低的弊端。为整合信访工作资源，提高信访工作效率，可以将目前隶属于党委政府、人民法院、检察院和纪检等各个部门的信访机构进行整合归并，建立一个统一的大信访机构。同时将这一大信访机构纳入到各级人大里面，设立跟其他委员会平级的信访专门委员会，统一负责信访案件受理、协调和督办等方面工作，赋予人大代表相应的调

---

① 申端锋：《乡村治权与分类治理：农民上访研究的范式转换》，载《开放时代》，2010年第6期。

查和督办权力。

(四) 矫正权利话语

时下,权利话语的弥散,已经给信访工作带来很大的冲击。地方和基层政府在应对不合理上访时缺乏底气。一旦他们对不合理上访者采取强制措施,则很容易引发社会的公愤,遭到公众舆论的谴责,使他们处于非常被动之境地。这样的境况使得地方和基层政府丧失了行使正当权力的能力和勇气。笔者以为,民众的合理、合法权利固然需要切实保护,但权利话语的泛滥则往往使问题走向了片面,为少数不合理上访者乘机谋利创造了空间。为改变这一局面,需要对当前过于弥散的权利话语进行矫正,对打着"维权"名义进行谋利的不合理上访、无理取闹行为进行规训,即使不合理上访者意识到上访的底线,又让社会大众认清不合理上访行为背后的逻辑和上访问题的复杂面相。还需要对民众加强责任教育,塑造权利与义务平衡观念,让民众更加充分地理解权利与义务的不可分离性,使他们明白不存在没有成本的权利,权利的享有需以履行相应的义务为基础。这样才能改变当前权力话语过于弥散的局面,取得意识形态话语权。

总之,如何充分尊重和保障大部分民众的合理、正当权益,同时又有效减少甚至杜绝不合理上访行为,不仅是攸关信访体制有效运转的重大问题,而且是切实构建和谐社会、建设现代国家的基础性工程。无论是具体信访问题的治理,还是信访体制的改革,最终都应纳入法治轨道。

论消极治理与农民上访[*]

袁明宝[**]

摘　要：取消农业税后，基层政权呈现出消极治理的态势，为了维持秩序而采取不作为的行为原则，并通过各种方式遮掩乡村社会出现的各种问题，遵循"不出事"的逻辑。乡村社会积极治理的社会基础削弱，乡村组织治理资源的减少以及治理权力的弱化共同导致了基层政权消极治理的运作逻辑。消极治理不仅带来了新时期农村社会的治理困境，更带来了农民上访的增多以及其他政治社会后果。

关键词：消极治理；农民上访；无政治性

税费改革后，国家改变了农村发展战略，开始实施以城带乡、以工补农等支农惠农政策和新农村建设战略，国家与农民关系随之由资源汲取转变为资源输入。在这种战略调整下，农村社会出现了一片欣欣向荣的景色。然而，与之相伴的却是基层政权治理逻辑的变化，核心就是积极治理的式微、消极治理的凸显。在本文中，消极治理主要指乡村两级在征地拆迁、公共品供给和纠纷解决等治理事务中很难起到积极地建设性作用，而只是简单地分配资源和利益，从而维持农村社会的"不出事"状态。消极治理是相对于积极治理而言的，积极治理主要是指基层组织在治理过程中积极地介入到村庄事务中去，并充分发挥群众的积极性和主动性，使得各种公共事务能在村庄中得到充分讨论、民主协商和良性解决。

税费改革时期，基层组织在治理过程中也存在着消极治理选择，但迫于来自上级政府与农民的双重压力，基层组织为了赢得上级政府对其合法性的赋予和农民对其认同感的赋予，更多的治理选择是积极治理。税费改革后，基层组织治理资源不断减少，

---

[*]　"消极治理"这一概念是由华中科技大学中国乡村治理研究中心贺雪峰教授提出，本文的核心观点主要受贺雪峰老师的启发。当然，文责自负。

[**]　袁明宝，中国农业大学人文与发展学院博士，华中科技大学中国乡村治理研究中心研究人员。主要研究领域：乡村治理与农村发展与管理。

治理权力弱化、治理责任[①]下降，更多地表现出一种"维控型"政权[②]的角色。而消极治理策略就成为当前基层组织治理的常态选择。消极治理不仅表现在基层治理的实践过程中，还表现在农民认同与行动单位[③]上的消极性以及国家行政上的消极性。农民认同与行动单位上的消极性主要是指农村社会中传统的地方规范和规则在市场化背景下不断消解，村庄对农民的约束力不断下降，也就逐渐失去了塑造村庄社会规范、提供公共品供给以及调解民间纠纷的角色和功能。国家行政上的消极性主要是指，国家采取事本主义[④]的逻辑代替基层政府来解决乡村社会中的各种问题和矛盾，而且在治理目标上只追求和谐，从而在很多情况下丧失了政治原则和底线。消极治理虽然可以暂时缓解农民不满的情绪，但却是以取消基层政府与农民的互动关系为前提的，这就使得基层政府悬置在农民之上，很难在复杂的乡村治理事务中发挥积极作用。本文正是在当前基层政府消极治理的运作逻辑下，探讨消极治理与农民上访问题的关联以及消极治理所带来的政治社会后果。

一、消极治理与基层治理困境

乡村治理在税费改革前后发生了重大改变，基层组织的积极治理逐渐转向了消极治理。在税费改革之前，基层组织要完成税收、计划生育等硬性任务，就必须要采取积极治理的策略。乡村干部在收取税费时必须积极主动地与农民发生互动，通过讲政策和讲感情等各种手段说服农民上缴税费。在贯彻落实计划生育政策时，乡村干部必须采取强硬措施才能使得政策得以执行下去。因此，税费改革之前基层组织有很强的积极治理的诉求，一方面只有完成了上级交代的各项任务，基层组织才能在各种达标升级任务中不至于落后；另一方面，基层组织要积极为农民提供各种农业生产和生活需求，如公共基础设施和公共品供给等，只有满足了农民的生产生活需求才能更好地开展工作。积极治理的前提是基层组织有充足的治理资源和治理权力，同时又有治理责任，这几个方面结合起来才能实现积极治理的目标。

税费改革后，国家转变了基层治理的策略，开始架空基层组织以与农民直接对接，

---

① 杨华、王会：《重塑基层组织的治理责任——理解税费改革后乡村治理困境的一个框架》，载《南京农业大学学报》（社会科学版），2011年第2期。
② 欧阳静：《"维控型"政权：多重结构中的乡镇政权特性》，载《社会》，2011年第3期。
③ 贺雪峰：《村治的逻辑：农民认同与行动单位的视角》，中国社会科学出版社2009年版。
④ 事本主义理念是注重以事而事为中心的执行理念，见张扬金、张增勇：《新农村建设视阈中的政府政策执行成长路径探究》，载《湖北社会科学》，2008年第1期。

如粮食补贴直接打入农民账户,畅通上访渠道等①。这样,在国家政策的大力推动下,国家与农民关系不断缓和,中央政府在基层社会的合法性也得到改善。但另一方面,基层组织合法性却在不断消减,正如农民经常说的"上面是好的,到了下面就变坏了"。之所以出现这种情况,主要是因为基层组织治理积极性的缺失,而变成了消极治理。基层组织在治理过程中不再以解决问题为最终目的,也不以培育基层组织解决问题的能力为目的,而是遵循着"不出事"的行为逻辑②。下文以笔者于2011年7月在豫东L村③的调查为例来分析基层组织的消极治理逻辑。在研究方法上,本文运用个案分析法,通过对L村在治理过程中的经验表达,来分析基层组织消极治理逻辑的各种呈现。个案虽然不能作为推论总体的依据,但可以借助个案来展示影响一定社会内部之运动变化的因素、张力、机制与逻辑④。

L村是市区周边的一个城郊村,共有四个自然村、五个村民小组。全村有400多户,人口2000多人,原土地面积有近3000亩,人均耕地面积1.4亩。L村在2003年被规划进市工业园区建设用地中,从2003年开始土地被陆续征用,到2011年中旬L村被征用的土地面积已达到1000亩。L村距离市区有10多里路,很多村民都就近到周口市或工业园区的企业中打工,当地农民主要的收入来源基本上靠就近务工或做生意。

(一) 利益分配过程中的消极治理

在乡村治理中,基层组织要对村社集体存在的各种资源、利益或福利进行合理分配,如土地征收、房屋拆迁产生的巨额利益,各种矿产资源以及低保等社会福利。税费改革之前,基层组织在村庄集体利益的分配上有相对的自主权,能够协调处理好各种资源、利益在农民个体和村庄集体之间的分配。税费改革之后,基层组织在利益分配上的自主性大大削弱。基层组织面对各种资源、利益时产生了非常尴尬的心理,主要是因为各种资源、利益的进入在为当地提供社会经济发展的契机时,也带来了因为利益分配而产生的各种矛盾和冲突。特别是当村庄社会中的钉子户对利益分配不满时,基层组织就会采取更加消极的策略以避免给自身带来各种麻烦和问题。

L村在地理位置上是城区周边的城郊村,最先面临着城市化的推进和工商业的发展,这就意味着L村的土地将面临农业用地向建设用地的性质转变。这样,基层组织

---

① 田先红:《治理基层中国:桥镇信访博弈的叙事,1995—2009》,社会科学文献出版社2012年版。
② 贺雪峰:《基层治理中的"不出事逻辑"》,载《学术研究》,2010年第6期。
③ 根据学术惯例,本文所用的人名、地名均做了技术化的处理。
④ 吴毅:《何以个案 为何叙述——对经典农村研究方法质疑的反思》,载《探索与争鸣》,2007年第4期。

面临的任务就是征地和拆迁,这甚至成为基层组织工作的核心内容。因为在征地拆迁过程中会遇到各种各样的难题和困境,如农民对征地补偿标准不满意、农民认为基层组织贪占征地补偿款、钉子户试图在征地中获得额外的利益和好处等等。为了及时、顺利地完成征地拆迁任务,基层组织大都采取消极治理的行为策略,以减少征地过程中钉子户和上访者的产生,从而可以维持一定的治理秩序。

消极治理在土地利益分配上的优势,主要表现在基层组织将土地利益分配环节下放到村民组,由组长和村民代表协商具体的利益分配方案和程序,乡村两级只负责具体执行。在L村,一般是将村民个体的土地补偿款和集体土地的补偿款全部分给农户。基层组织"不摸钱",一方面是将村民所有的土地补偿款划拨到村民银行卡中,另一方面将原本属于村庄集体的土地补偿款也全部均分给每个村民。在村民代表的产生上,村民代表要产生于每个门子[①],"门门都有人,独门小姓也要有代表"。这样,村民如果对土地补偿款的分配不满意就可以直接找本门子的代表,而不会找乡村两级。这种治理方式就使得乡村两级在征地过程中避免成为矛盾的焦点,从而可以顺利完成征地的任务。

集体土地补偿款的分配方式使乡村两级不再成为矛盾的焦点,因为分配方案的确定是由各个村民小组的村民代表讨论制定的。如在L村王庄,小组长为了将集体土地补偿分配下去,需要先在小组内选出村民代表以商定补偿款的发放方式。王庄共选出来十个村民代表,小组中的大姓王姓选出了8个代表,李姓和葛姓两个小姓中也各选出一个代表。在选出村民代表后,村民代表首先要丈量每家每户的占地面积以及占用的集体土地面积。在测量完占地面积后再开会讨论,由组长和村民代表共同商量分配规则,在确定好分配方法后就要张榜公示。这种由各个门子推选村民代表商定土地补偿款分配的办法,可以确立土地利益分配中的合法性,因为每个门子里的村民代表都是有一定威望的人,村民对其有认同感。当土地补偿款分配产生不合理情况时,乡村基层组织就可以不承担责任,因为分配决议主要是由村民小组和村民代表商议通过的。

随着城市化进程的加快和产业结构的转移,农村社会特别是城郊村和交通便利的村庄将面临着越来越多的征地拆迁指标。随之而来的是乡村治理结构的改变,即基层组织越来越多地以招商引资和征地拆迁为中心工作,这一方面带来了前所未有的获利机会,但更带来了征地拆迁所引发的各种矛盾和社会问题。对于基层组织而言,既要顺利完成招商引资企业所需要的征地拆迁任务,又不能引发农民上访甚至群体性事件。

---

① "门子"是华北平原农村基本的认同与行动单位,一般是以"五服"为边界来分别"自己人"和外人。新中国成立前,"门子"是村庄首事会制度的基础。可见杜赞奇:《文化、权力与国家》,江苏人民出版社2010年版。

在这一"两难困境"中，基层组织就更加策略性地选择消极治理，尽量减少利益分配过程中农民的不满情绪。L 村在征地过程中采用村组集体"不摸钱"的土地利益分配方式，很重要的一点就是在征地过程中使村民对基层组织没有意见，进而不会产生上访等事件。

案例一：2009 年，L 村有一片坟地被规划进工业园区建设范围内，乡村两级为了尽快完成任务就开始动员村民迁坟。这一片坟地属于王庄、李庄和曹庄三个村民小组，是在集体时期专门划出来的坟地。乡政府给出三天的期限，让村干部在三天之内把坟迁完。对此，乡政府还专门派来了工作组，动员村民迁坟。最后在村组干部的带头下完成了迁坟工作，"村民各人想各人的法，大都将祖坟迁到小片荒地"。在迁完坟地后，村组集体当场就把征地款打到每家每户的银行卡上去了，这样将钱分掉就不会有"后遗症"。因为村组要是不将征地款分下来，老百姓就会觉着村组干部早晚要把钱贪污掉，就会天天到乡里闹，只有将钱彻底分掉老百姓心里才会放心。

案例二：王庄在征地过程中占了很多村组集体的土地，补偿款达到了 180 万。村组集体当时召开村民代表会议，商讨如何分配这 180 万。村组集体本打算留一部分钱用于维修村组内部的道路等基础设施，但村民代表之间达不成一致意见，因为离道路近的村民代表愿意修路，离道路远的村民代表就不愿意修路。也就是"不修没意见，一修就有意见"，最后村干部只能将 180 万集体资产全部分掉，这同样减少了发生干群矛盾的几率。

对于以上两个案例，基层组织为了顺利完成征地任务而采取了将土地补偿款全部分掉的策略，从而使得农民不会产生对基层组织贪占征地补偿款的抱怨和不满，进而减少了农民上访的概率。村组集体本可以利用集体土地的补偿款用于村庄的公共品供给和基础设施建设，且国家政策也明文规定村集体可以享有土地补偿款的 30% 和全部集体土地（如荒地荒坡等）补偿款。但在目前，村组集体要想扣留集体资源和利益，就会引起村民的不满甚至上访，这是乡村干部和上级政府最不希望看到的情况。于是，基层组织分光资源和利益就成为减少矛盾的最佳方式。基层组织为了不发生农民上访等事件，最终抛弃了积极治理而选择了消极治理，即基层组织将全部征地收益分配给农民，而不是保留村庄集体收益用于公共事务和公益事业。

（二）纠纷调解中的消极治理

纠纷解决是乡村治理的重要内容。税费改革之前，农村社会中的纠纷矛盾基本都能在村落范围内得到很好的解决，如养老纠纷、婆媳矛盾、邻里矛盾以及宅基地纠纷等。原因主要有两个方面，一是出现纠纷后村民会主动找村组干部解决问题，如果村组干部不给其解决矛盾纠纷，村民就会采用一些手段进行威胁，比如不交税费等。另外,村组干部也有动力去解决村民之间的纠纷,这主要源于乡镇政府对村干部形成的行政压力以及村干部本身所形成的责任意识和主体性。基于此,村组干部在税费改革之前有动力也有权力去解决村民之间的纠纷矛盾,基层组织在纠纷调解中发挥着很强的积极性作用。

税费改革后,村组干部在纠纷调解上所发挥的作用不断弱化。当村民找到村组干部为其调解纠纷时,村组干部大都愿意出面为其协商调解。在解决具体纠纷时,村组干部尤其是治保主任大都会到纠纷现场,但只是在程序上走个形式,很少能够针对纠纷双方提出实质性的解决意见和方案。如果纠纷双方之间达不成一致意见,村组干部就会将其交予派出所或镇司法所处理,从而不会给自己带来事端。这样,一般村民在遇到纠纷矛盾时就不会再去找村干部调解而是直接找司法所或者乡镇政府,甚至直接上访。

而派出所或司法所在处理村民纠纷时也出现了消极治理的倾向,即派出所在处理纠纷矛盾时很难完全按照治安处罚条例来解决。按照法律程序固然可以给纠纷双方给出一定的解释、判定纠纷双方的孰是孰非,但却无助于对问题的最终解决。因为有很多纠纷当事人对派出所和司法所做出的判决不满意,这样就容易形成纠纷当事人通过不断上访来"讨个说法"或维护自身"权利"。所以,派出所为了更好地解决纠纷矛盾就更倾向于借助"中人"来调解纠纷,如邀请那些在地方社会有头有脸的人来调解村民之间的纠纷矛盾。

案例三:2011年7月,L村隔壁村黄庄有两户邻居宋军和王四因为小事发生口角并打了起来,最后宋军将王四打伤,王四到市医院做了轻微伤鉴定。当前,只要做出了轻微伤鉴定,派出所就可以将打人者拘留并要求其赔偿受害人损失。但派出所为了不将事情闹大,就没有抓人而是做双方的工作,最终协调结果是宋军承担王四的所有损失费和医药费8000元。但王四对这一结果并不满意,而是要求宋军赔偿10000元。在双方僵持不下的情况下,派出所就出面邀请当地很有名望的L村书记李宏来调解。李宏到派出所后,先跟派出所领导说好,让其全权处理这起纠纷,派出所就不用再插手了。后来,李宏就分别找纠纷双方谈话,给其做工作。对打人者宋军说,"你打了人,经济上总要受点损失";对于被打者王四说,"到医院看病的费用没有那么高,只花了1600元,要一万块钱也用不上"。最后,纠纷双方在李宏的调解下握手言和,由打人者宋军赔偿给王四8000块钱。

类似这样的纠纷矛盾,一般的村干部是很难调解成功的,而派出所也很难按照治安处罚条例来进行判决。因此在出现纠纷后,村干部不再积极地为纠纷双方调解矛盾,而更倾向于将矛盾纠纷交予派出所或地方"强人"来处理,从而既可以推卸掉基层的责任又可以避免成为矛盾的焦点。但是乡村社会中的纠纷矛盾并不能全部由地方"强人"或"混混"来处理,农民之间的纠纷矛盾更多的是在生产、生活过程中产生的,如果基层组织不能很好地发挥纠纷调解的角色和功能,很容易导致农民之间更大的利益冲突以及由此引发的农民上访。乡村社会中的矛盾、纠纷无法化解在基层,又不能得到乡镇司法、公安部门的妥善解决,致使村民矛盾不断升级从而影响农村社会秩序的稳定。而且,不仅农民之间的矛盾不断升级,农民对基层政府不作为的行为也开始抱怨,导致干群关系再度紧张,最终寻求上访等解决途径,而这中间又增生出了"谋利型上访"①,从而使得乡镇治理转变为"信访治理"。

(三) 公共品供给中的消极治理

公共品供给是农村农业生活生产的基础性保障,其供给状况影响到农业生产、农民生活以及粮食产量等问题。税费改革以及农业税的取消标志着国家不再需要通过提取农业剩余来进行工业积累,而且走上了以工哺农、以城带乡的新阶段。但这时乡村社会却出现了以公共品供给缺失为核心的治理性危机,国家虽然将大量资源投入到农村却没有解决公共品供给的问题,主要表现在农田水利设施以及道路等公共物品在税费改革几年后因得不到有效维护而迅速损毁甚至瘫痪。国家在农村公共品供给上的"以奖代补"政策也满足不了大部分农村的需求,而且因为当前农村缺乏集体行动的组织机制,大部分农民很难进行合作以进行前期投入,所以即使国家有政策提供公共品供给,但在农村社会仍然不能实现政策的初衷。

税费改革之前,农村社会中的公共品可以得到相对较好的供给,如农田水利设施、机耕道等,这主要是因为基层组织在税改前有充足的治理资源和治理权力,可以在公共品供给上实现积极治理。基层组织只有为农民提供较为健全的公共品才能保障农业生产的顺利进行和粮食作物的丰收,也就为农民上缴税费奠定了物质基础。税费改革之后,基层组织的治理权力不断弱化,不能再利用"两工"、动用人力资源、收取资金来进行水利设施、道路以及机耕道等基础设施的维护和修建。而且,即使基层组织可以申请各种公共品供给的项目,但这些项目只能满足少部分村民的需要,并不能完全解决所有人的需求。这就容易造成村民之间的攀比,进而形成对基层组织的不满和抱怨。L村二组村民因为"村村通"工程没有修通,就一直找村干部反映问题,但村干部在当前的治理形式下是无能为力的。于是村民便打算通过上访寻求问题的解决,但农民上访反应的问题终究要回到村庄解决,这就给基层组织带来维稳考核上的压力。所以,基层组织为了不多生"是非"就倾向于在公共品供给中采取消极治理的策略。

---

① 田先红:《从维权到谋利——农民上访行为逻辑变迁的一个解释框架》,载《开放时代》,2010年第6期。

二、消极治理的生成机制

基层治理在税费改革后之所以呈现出消极性的面向,主要有以下几方面的原因:

一是积极治理的社会基础削弱,这也就是前文所说的乡村社会认同与行动单位上的消极性凸显。豫东地区乡村治理的社会基础是门子结构,在新中国成立前,"门子"就是当地村庄首事会制度的基础,首事会即由村庄内各个"门子"的代表人物组成,对内具有权威,对外可以代表本门。门子作为一种结构性力量,可以形塑村庄中的社会规范和行为准则。首先,门子内的权威人物可以解决门子中的内部事务,协调与其他门子的纠纷。其次,村庄内部的体制性精英也大都与门子结构有密切的关联。"门子大的家族才能做村干部,门子小的家族当不成村干部",因为门子小就管不了别的大门子,从而在村庄治理等工作中得不到大部分村民的支持。再次,门子在红白喜事上可以成为互助单位,红白喜事等公共事件一般是由村庄内的传统精英或者年老的权威者主持仪式,并且整个仪式过程都要严格按照既有的传统规矩来举行,而这只有村庄中的年老者才能了解、掌握传统的规矩、习俗。最后,村庄在组织公共品供给时也一般由大门子里的老年人发起,如 L 村杨庄自然村曾在 10 年前组织村民修护村内道路,组织者和收钱者都是自然村内有威望的老年人,他们去每家每户收钱时基本都能收上来。主要的影响因素就是门子具有覆盖全村的影响力。综上,门子结构在传统上具有很强的积极性维度,不管是在家庭、村庄层面还是在治理上,门子的作用都能得到很好的体现。

而在现代化、城市化因素不断进入村庄后,门子结构逐渐消解,门子内部的竞争性弱化。即门子很难再发挥出像传统宗族那样的积极治理面向,如在门子内部达成公共品供给、达成集体行动等。门子只能发挥一种保护、防御的消极性功能,而不能发挥积极功能。概言之,门子的消极性在一定程度上带来了治理上的消极性。

二是村组干部缺乏来自上级政府和村民的双重压力。村组干部在税费改革之前面临着很大的压力,当时的工作内容涵盖了村庄大大小小的事务,包括计划生育、收缴税费提留、搞开发建设等。村干部如果完不成工作任务,就表明没有工作能力,进而会面临上级政府的批评,这主要是来自上级政府的压力。另外,村组干部以前还面临着村民的压力,因为村组干部要完成工作任务必须依靠村民,这就促使村组干部要切实为村民解决各种问题。如果村组干部不能给村民解决问题,村民就会不交提留或者通过其他方式来制约村干部。所以,村干部正因为面临着来自上级政府和下级村民的双重压力才有了足够的动力来解决治理中的问题,并且在干群关系之间存在着良性的互动。一方面,村组干部要对村民负责,为村民解决问题;另一方面,村民也不能对村组干部过于苛刻，否则村组干部为村民办理公共事务的动力就大大下降。所以村组干部和村民之前存在一种双向制衡的机制，既有相互依赖性又有约束性，这样就可以解决大部分村庄公共事务。

税费改革后，村组干部从税费收取等工作中解脱出来，减少了从农民手中渔利的机会，同时也减少了与农民互动的机会。县乡政府因为不再需要依靠村组干部来收取税费，所以对其施加的压力就大大减小，村组干部不再面临之前上级政府规定的很多硬性任务。另一方面，农民对村组干部不再有压力和期待，税改前村组干部要完成收税等任务，必须为村民提供农业生产所需要的公共基础设施，如水利设施、机耕道等，这样村民才愿意上交税费。而在税改后，村组干部不再向农民收取税费，也就没有了村民对其施加的压力。在这种情况下，基层组织就没有了积极治理的动力，只能维持秩序，不能起到积极建设性的功能。

三是国家在治理战略上对乡村组织的架空，即国家在行政上的消极性策略。税费改革很重要的一步就是消解掉基层组织的治理权力和治理资源①，使其不能与民分利。基层组织在税改后丧失了治理权力和治理资源，也就缺失了积极治理的条件和责任。国家通过粮食补贴、种子补贴以及新农村建设等途径直接对接农村事务，从而确立起中央在农村中的合法性。但这种合法性的建立却是以牺牲基层为代价的，基层政府成了众矢之的。国家在治理上试图实现与农村的直接对接，就等于将基层组织抽离了村庄，而建设服务型政府则更使得基层组织只是成为一种提供服务的被动者。这样，村庄社会中缺少了政治空间，即很多需要集体讨论和协商的公共事务都由国家从上而下给解决了，基层组织在这种治理格局下就只能消极行政，即只要保证不出问题、没有农民上访就行。这种模式使得基层治理陷入恶性循环当中，即基层组织越是在各项事务上谨小慎微，就越容易出问题。比如在征地过程中，基层组织最担心问题的就是农民上访，因为上访数量多少可以对基层干部实行"一票否决"。信访工作考核中的"一票否决"和稳定压倒一切的考评体制，使得农民上访成为基层工作的重点和重心。为了减少农民上访的几率，基层政府尽量减少与农民的利益互动，以求得暂时的秩序。因此，在征地过程中，只要农民对利益分配有所不满，基层干部就会草木皆兵，用各种方式来满足个别农户的合理要求或不合理要求。

如L村李庄的李敬，家中有三亩多耕地。在外来招商引资企业征地时，李敬不愿意卖地。乡政府为了尽快把地征完以使招商引资企业入住，就给李敬做工作。

---

① 申端锋：《乡村治权与分类治理：农民上访研究的范式转换》，载《开放时代》，2010年第6期。

但李敬的态度不但没有丝毫改变,反而打算到县市上访。面对这种情况,乡政府立时慌了手脚,就再去与李敬协商。李敬不愿意卖地的原因是其田地上种的是蔬菜,对8000元每亩的青苗补偿费不满意。后来,乡政府为了做通工作就给其申请上了两个低保指标,李敬这才同意卖地。这样,基层组织的消极治理使其在面对农民上访时就处在了弱势位置。

三、消极治理与农民上访

税费改革以来,农村社会的信访问题逐渐凸显出来,并成为学界、政界和新闻媒体关注的重点。针对这种情况,党和国家也先后出台一系列措施,要求各级政府和广大干部倾听群众呼声和愿望,解决上访者的实际问题和需求。为此,从中央到地方都加强了信访关注力度,最重要的两个表现是信访工作目标责任制和信访工作机构重要性的提高。在信访工作考核压力下,信访工作成为基层政府的核心工作。在很多乡镇政府,"综治维稳办公室"成为政府的主体机构,从而可以看出基层对信访工作的重视。另一方面,基层社会陷入了"维稳"的怪圈,即越维稳越不稳,而且上访还对基层工作形成了"反制",掣肘了基层政府工作的手脚。而这种困境的出现正是与上文所讨论的消极治理有关。

正如上文所言,基层社会中的消极治理使得地方政府和农民之间的利益联结纽带不断消失,农民与基层政府之间的互动也越来越少。基层组织的消极治理策略在一定程度上可以减少乡村干部对村庄、村民利益的"染指",从而不会引发农民对基层政权的不满而去上访。如基层组织在征地补偿款发放上所采取的"分光"策略,这使得乡村两级都很难从补偿款中获取额外利益,也就减少了农民"控诉"基层组织的把柄。利益分配中的消极治理固然可以使大部分村民愿意将土地交出来,也能缓解征地过程中激烈的干群矛盾。但消极治理并不能对村落社会中的少数钉子户产生效应,反而扩大了其通过上访谋取好处的空间。因为当前的消极治理是在基层组织担心、害怕农民上访的情况下而出现的,这种担心、害怕农民上访不但无助于减少农民上访,反而会引发更多的农民上访。

在信访工作的压力考核下,基层干部对农民上访问题是谨小慎微,生怕会触动农民利益而引起上访。但在现实过程中,乡村社会中的一部分村民捏准了基层政府的软肋,将上访视作谋求额外利益的工具。在调查中,很多地方的信访局领导都对这种"谋利型上访"无可奈何,有一部分人更是将上访当成了一种职业,"天天到县市政府大楼门口上访,并按照政府机关的上下班时间而上班、下班"①。乡村政府对这种专业上访户更是没有办法,要采取一切手段阻止其上访,尤其是在敏感时期更要防止上访专业户赴京上访,这样就出现了少数几个上访户或无理上访成为信访机构工作重点的情况。

基层社会的消极治理使得基层政府很难将工作重点放在"三农"问题上,大部分时间和精力都用在如何防止农民上访以及如何"截访"、"销访"上。在L村调查期间,一户村民因不满征地款的分配而拒绝土地征用,于是就在自家田地上挂起了红色条幅,并打算到市政府上访。乡政府很快知晓了这一情况,并立即派人去解决问题,先将横幅拆下以稳住该村民。随后,乡政府连夜召开会议讨论如何化解问题。总之,乡村干部的工作重心基本上是围绕着一个个的上访案例而展开,"一波未平,一波又起"。在这种形势下,基层工作就基本上是以上访为中心而转动,其他工作只能成为附属。乡村干部对农民上访的担心,就使其更加不愿意与农民发生各种互动,试图通过减少与村民的接触机会和关系以减少农民上访的几率。最后,基层政府就更加倾向于采取消极治理的策略。但基层组织在纠纷调解和村庄公共品供给上的消极治理,使得原本属于村庄范围内的公共事务都难以解决,这就造成了农民因纠纷调解和公共品供给不足而去上访。农民上访虽然不完全针对基层组织,但却同样给基层组织带来考核、维稳上的巨大压力。

因此,消极治理和农民上访在当前形势下就发展成为互相强化的关系。消极治理是税改后出现的新形式,主要是基层政权遵循不出事的逻辑。但基层政府越是担心农民上访就只能带来更多的人上访,特别是一小部分人肆无忌惮的通过上访以要挟政府、获取私利。为了减少农民上访,基层政府就更加保持消极治理的态度,这样可以减少与农民的利益互动,从而可以不惹老百姓的麻烦。税费改革后因形势所迫出现的消极治理,使得基层政府陷入无尽的消极治理循环中,为了保持乡村社会的不出事而采取消极治理的逻辑,对农民上访的担心更强化了基层政府在治理中的消极性。

四、消极治理的政治社会后果

消极治理使得当前乡村社会呈现出暂时的平和秩序,但是却很难对存在的问题有实质性的解决,而只是暂时将矛盾掩盖起来。因为消极治理大都是通过个体"私"的逻辑来运作的,不是通过村庄公共平台来达成的集体政治。私人运作逻辑虽然可以解决问题,但因为不是公共政治的产物就容易产生更多问题。只有通过村庄这一政治舞

---

① 材料来源于笔者在河南周口市的访谈。

台，才能将农民调动起来，通过集体讨论协商最终达成集体认同。消极治理使得村庄集体与农民个体之间的关系中断，双方关系脱轨。"农民不找集体缠，集体不找农民缠"，这种状态表面上可以达成一种"善治"，但却是一种低度平衡，不是通过政治协商达成的高水平的平衡。L村在征地过程中采取了"分光"的策略，村组集体不留一分征地补偿款，这虽然可以增加每个村民的私人利益，但却对村庄集体利益没有任何助益，村庄内部无法达成一致意见以用于基础设施建设或者公益事业建设。

利益分配过程中的消极治理可以将利益顺利分配下去，但是在这一过程中，基层组织只是起到一种分配资源和利益的角色，而不能起到积极建设性的作用。村庄在利益再分配过程中没有产生利益的交集和斗争，这种方式使得村组集体的政治功能不断弱化。另一方面，国家在很多时候将乡村社会中的矛盾交给市场或用行政手段来解决，村民遇到什么问题可以面向市场，如打工挣钱、一切向钱看等；国家也可以采取事本主义的方法替基层组织把问题暂时解决。而市场和行政只是简单的利益分配，没有通过集体政治方式达成利益再分配机制。这样地方政府和国家为了实现社会的和谐，就希望借助市场和行政途径来化解矛盾，这从而取消了乡村社会中的政治性，而政治性的取消最终带来了社会的消失。

具体来说，基层社会中的消极治理主要有三方面的政治社会后果：

1. 乡村社会的失序。在市场化和现代性等因素的影响下，乡村社会的传统性在不断消解，主要表现在乡村社会中认同与行动单位的弱化。传统的家族、宗族等集体行动单位在现代性面前逐渐被原子化的个体所取代，使得村庄权威、村落规范难以对村民个体施加影响。在当前情况下，村民个体的自我性已经超越村落社会传统的规则性，村庄中的权威人物也失去了威信和地位。基层社会的消极性使得村落传统权威和基层政权的威望不断下降，从而无法处理乡村社会中的各种矛盾和纠纷。这样，村落社会就很难形成统一的规范和规则，也就难以对个体行为进行"规训"，乡村社会也即面临着整合的难题。

2. 基层政府的合法性流失。消极治理使得基层政府只是被动地关注农村社会的各种问题和需求，很难积极主动地去思考、探索"三农"问题的发展。而且，在失却了治理权力和治理资源后，基层政府积极治理的主动性更加下降，大部分工作只是填表、登记以及上传下达等任务。因此，基层政府实质上就与农民脱离了关系，成为"悬浮"于农民之上的政府[1]。在税费改革前，农民遇到纠纷矛盾或者生产生活困难时，都会找乡村两级给解决问题。但在税改后，乡村两级没有了为村民解决问题的能力和动力，

---

[1] 周飞舟：《从汲取型政权到"悬浮型"政权——税费改革对国家与农民关系之影响》，载《社会学研究》，第3期。

只是在农民采取上访途径时才会积极地去"销访"。而且，税费改革后基层政府被建构起来的"恶"形象一直没有改变，"中央是好的，地方都是坏的"，这种话语仍然留存于老百姓的思想观念中。这样，消极治理就更加加重了基层政府在农民心目中的"恶"形象，导致基层政府合法性的流失。

3. 基层政权的无政治性。在税费改革之前，基层政府不仅有积极治理的压力和动力，而且在治理过程中保持着很强的政治原则和底线，如对钉子户和少数谋利型上访户的坚决处理以及在集体利益分配中的集体协商等。税改后，基层政府为了减少农民上访的机会而不愿与农民发生实质性的关系互动和利益互动，导致地方政府与农民之间的利益联结纽带缺失，乡村两级大部分时间只是在分配资源、利益，而没有调动农民参与到资源、利益分配的原则制定中去。另一方面，在信访考核压力下，基层政府在应对农民上访的过程中不断退让，"不管使用什么手段都可以，只要不发生农民上访就行"，基层政府在与上访农民的博弈中变成了"弱势群体"。以上，基层政府消极性的分配资源、利益以及应对农民上访中的弱势，都使其在基层治理中不断丧失政治原则和底线，乡村社会中的无政治性成为常态。这种无政治性只是在掩盖矛盾和问题，深层问题并没有得到最终解决。

涉警信访的实证研究

——以 A 市为例

林辉煌[*]

摘　要：近年来，伴随着现代化转型的快速推进，中国出现了一股涉警信访的高潮。本文以 A 市 "来市涉警信访"、"到省涉警信访" 和 "赴部涉警信访" 的 205 个案例为研究对象，以涉警信访的诉求和起因事件为基础，解释重访与初访的差异以及涉警信访的城乡差异，揭示当前公安法治建设所面临的各种困境，从而还原涉警信访的真实面目。

关键词：涉警信访；信访诉求；起因事件；重访；初访

一、研究背景

近年来，伴随着中国现代化转型的快速推进，一股前所未有的信访高潮崛地而起。据统计，全国信访量自 1992 年到 2004 年连续 13 年持续上升；2000 年，全国县以上党政机关受理信访量首次突破 1000 万件/人次大关，达到 1024 万件/人次；2001 年、2002 年、2004 年全国信访总量同比上升 8.7%、2.9% 和 13.4%。[①] 信访潮的兴起对当前的社会稳定尤其是基层治理造成巨大的冲击，引起了政界和学界的广泛关注。但是囿于理论进路和调查资源的限制，既有的研究多集中在一般性的政府信访，而对于涉法信访，尤其是其中的涉警信访进行深入研究的并不多。

涉法信访是指当事人以信件和走访的方式对公、检、法等机关陈述意见并要求解

---

[*] 林辉煌，华中科技大学中国乡村治理研究中心研究人员、博士。主要研究领域：法律社会学与乡村治理。

[①] 王东进等：《积极化解人民内部矛盾，妥善处理群体性事件》，载《中国社会发展战略》，2004 年第 3 期。

决法律问题的行为。按照涉法信访涉及的部门来分，可以将涉法信访划分为三类：1. 涉及公安机关的信访，即涉警信访，这部分信访主要涉及轻伤害案件的处理、刑事命案的侦破、交通事故的处理、110 接处警、民警执法行为等方面；2. 涉及检察机关的信访，即涉检信访，这部分信访主要涉及对公安、法院监督职责的履行，对贪污贿赂、渎职行为的查处，检察官行为等方面；3. 涉及审判机关的信访，即涉诉信访，这部分信访主要涉及对判决裁定不服、生效判决裁定的执行、法官行为等方面。① 在涉法信访中，涉诉信访显然引起更多的关注，有时候人们干脆将涉法信访和涉诉信访合称为涉法涉诉信访，或者用涉诉信访来指代整个涉法信访。② 虽然涉法信访具有内在的相似性，但是其内部差异也非常明显，因此笼统地用涉诉信访或涉法涉诉信访来概括整个涉法信访并不利于推进学术的研究。正是从这个意义上讲，开展专门的涉警信访研究对于理解公安法治的困境从而更深刻地理解当前中国法制的整体困境具有重大的价值。

当前对于信访的研究，主要有两种理论进路，即"维权进路"和"治权进路"。持"维权进路"者相信，信访潮的兴起根源于政府权力的不当扩张，导致人们的私权受损从而引发的一种"抗争"。③ 这种解释由于迎合了"市民社会"的口味，在学界内部拥有大量的追随者，甚至这种影响也渗透到政府的决策中，俨然形成"主流"之势。维权论者往往从"新自由主义"那里获得理论资源，后者认为只要个人获得充分的权利，就可以通过市场交易或者公共选择形成自发的合作，这种合作是完全民主的，排除了任何权威的压迫④。在这种理论的指导下，政府权力被认为是越少越好，它的权力仅仅是用来保障通过个人自由来形成社会秩序的机制能够有效运作。按照西方宪政的模式，中国显然缺乏三权分立的政治体制，这就使得政府权力可以轻易越过它的界限，

---

① 吴海元：《对涉法信访的宪政思考》，山东大学 2008 届硕士学位论文，第 8 页。
② 王亚新：《社会变革中的民事诉讼》，中国法制出版社 2001 年版，第 2 页；徐昕：《迈向社会和谐的纠纷解决》，中国检察出版社 2008 年版，第 143 页。
③ 参见李连江、欧博文：《当代中国农民的依法抗争》，见吴国光主编《九七效应》，太平洋世纪研究所 1997 年版；于建嵘：《当前农民维权活动的一个解释框架》，载《社会学研究》，2004 年第 2 期；于建嵘：《当代中国农民维权组织的发育与成长——基于衡阳农民协会的实证研究》，载《中国农村观察》，2005 年第 2 期。
④ （新自由主义者相信）市场竞争制度不仅使经济效益最大化，它也是个人自由和社会稳定的主要保证者。与老保守主义不同，新自由主义者赞美经济个人主义；他们把这种个人主义看做是小型国家民主制度成功的关键。他们的主要思想家哈耶克明确拒绝称自己是保守主义者。……新自由主义者认为，社会的秩序与安全主要地既不会在传统中找到，也不会在合理计算和计划中找到，不管这种计算和计划是国家还是别的什么人作出的。社会在一定意义上具有组织性质；但是，这个特点来自许多个人按照各自的动机进行自发的和无意中的合作。功能齐全的市场是自发社会秩序的主要实例和主要的制度依靠。参见 [英] 吉登斯：《超越左与右：激进政治的未来》，李惠斌、杨雪冬译，社会科学文献出版社 2000 年版，第 35 页。

而对私人权利构成迫害。于是受委屈的个人只好站出来抗争。

在持"治权进路"者看来，维权型上访的解释脱离了真实的社会经验，更多地带有意识形态的色彩。他们认为信访潮的兴起不在于政府权力的扩张，相反，正是政府权力的弱化导致社会治理的失败从而引发人们的上访①。"治权论"一开始就将自己的判断建立在基层治理的结构性困境之上，强调基层治理资源对于解决社会内部事务，维持社会稳定的重要性。基于相似的问题意识，"治权论"者很快又在更具体的"无理上访"研究、②"土地上访"研究、③"水利上访"研究④中为自己找到了新的证据。治权论者倾向于从社会主义尤其是大集体时代的实践中汲取理论资源。社会主义作为改造社会的激进理论，强调社会良好秩序可以由一个智慧的管理者进行有计划的统筹。国家不是恶的象征，相反是一切善的中心，只要它是站在广大人民群众的立场之上。另一方面，私人权利的过度膨胀被认为是不道德的，是有害于集体精神的，因此要受到否定。在治权论者看来，近年来的政府体制改革是导致基层治权弱化的直接原因；而基层治权的弱化最终造成包括农田水利、道路修建在内的各种公共品供给的困境，而正是政府在这些方面的"权力不在场"导致了上访的兴起⑤。

虽然"维权进路"和"治权进路"都具有一定的解释力，但这些解释却是片面的。实际上，随着公安执法的日益规范化，涉警上访有增无减，这与"维权进路"的解释正好相悖。按照"维权进路"的解释，涉警上访应该随着国家权力的被规训而不断减少，然而这种结果并没有出现。另一方面，按照"治权进路"的解释，上访形势的恶化是由于政府治理资源的丧失所导致的。然而就公安部门来看，法律赋予它的治理资源并没有明显减少，尤其是在治理非访的过程中，公安部门依然享有大量的法律所规定的强制手段。因此，"治权进路"仍然无法对当前的上访潮给出充分的解释。

从某种意义上讲，"维权进路"与"治权进路"的差异并没有表面看起来的那么大，它们仅仅是一个问题的两面，在本质上都是"权力比例论"。所谓"权力比例论"，是指将上访潮的兴起归结为政府权力与私人权利之间的比例失调，强调政府权力过大即为"维权进路"，强调私人权力过大则为"治权进路"。"权力比例论"只是问

---

① 申端锋：《乡村治权与分类治理：农民上访研究的范式转换》，载《开放时代》，2010年第6期。
② 陈柏峰：《无理上访与基层法治》，载《中外法学》，2011年第2期。
③ 桂华、陶自祥：《农民土地上访类型及其发生机制探析——基于豫东某县的调查》，载《南京农业大学学报（社会科学版）》，2011年第2期。
④ 焦长权：《政权"悬浮"与市场"困局"：一种农民上访行为的解释框架——基于鄂中G镇农民农田水利上访行为的分析》，载《开放时代》，2010年第6期。
⑤ 贺雪峰：《国家与农民关系的三层分析——以农民上访为问题意识之来源》，载《天津社会科学》，2011年第4期。

题的表象，是在量的层面而不是质的层面作出解释，因此是坚持"维权进路"还是"治权进路"往往取决于学者对权力比例的判断。殊不知，在复杂的社会实践中，所谓的"权力比例"并不是一成不变的，更真实的情况往往是"维权型上访"和"治权型上访"的并存以及相互转化。

　　本文并不尝试卷入解释范式的争论，虽然这种争论不无意义，但是令人担心的问题往往是：我们对于现实生活的经验及其内在逻辑的真实性是否有足够的了解？理论上的很多争论也许并不是解释范式的问题，而在于现实经验所呈现出来的多面性和复杂性。基于这样的理念，本文的写作将采取一种类似于法律人类学"深描"的进路，尝试将涉警信访的经验逻辑完整地描摹出来，从而使相关的理论判断不至于太过偏离现实。

　　本文的写作是建立在对 A 市公安机关长期调研的基础之上，资料来源于笔者亲身参与的部分接访实践以及对公安民警和信访人的深度访谈。对涉警信访的法律人类学考察，一方面要将信访事件作为经验整体进行描摹，另一方面要对信访的内在逻辑进行深度阐释。基于此，本文将以 A 市 2011 年 1 月来市到省赴部涉警信访的 205 个案例为研究对象，以涉警信访的诉求和起因事件为基础，解释重访与初访的差异以及涉警信访的城乡差异，从而揭示当前公安法治建设所面临的各种困境，以此来还原涉警信访的真实面目。

　　A 市的涉警信访是最近几年才开始多起来的，很多公安民警都发现，即使就在三五年之前，他们也很少受到来自上访的困扰。伴随着涉警信访大量增多的是 A 市城市化进程的加速，宽大的水泥路通向周边的乡村，大片的农地被纳入到城市的规划之中，寻求致富的农民在城乡之间不断流动。城市化被认为是现代化的一个重要标志，它搅动了原本平静的利益网络，重新整合了各种经济社会关系，在带动当地 GDP 增长的同时也带来了纷繁复杂的社会矛盾。这些社会矛盾有很大一部分就通过涉警信访表达出来。从这个意义上讲，涉警信访并不仅仅是公安系统的内部事务，而是深深嵌入到整个社会转型的过程之中，这构成了我们研究涉警信访的基本场域。

　　2011 年 1 月，A 市发生的涉警信访案例共有 205 例（以来访事件计算，因此包含重访案例）（见表 1），其中来市信访 177 例，占总量的 86.34%；到省信访 17 例，占总量的 8.29%；赴部信访 11 例，占总量的 5.37%。可见，涉警信访主要集中在市级，一方面是因为来市信访的成本较低，另一方面是因为所有的信访问题最终都要通过地方来解决，所以多数的信访人都倾向于选择在本地信访。男性信访的有 117 例，占总量的 57.07%；女性信访的有 88 例，占总量的 42.93%。虽然男性上访多于女性，但是并不占绝对优势，这表明妇女在现代化的进程中已经拥有独立的个体意识，对于通过信访谋求政治参与具有较大的热情。

表1 A市涉警信访的性别（以登记者为准）与数量（2011年1月）

	来市信访	到省信访	赴部信访	合计
男性信访（例）	103	10	4	117
女性信访（例）	74	7	7	88
合计	177	17	11	205

在205例信访案例中，有明确居住地的共177例，其中来自农村的信访有120例，占总量的67.8%；来自城市的信访有57例，占总量的32.2%。可见，在涉警信访中，农村占了绝大多数，这一方面与A市农业人口居多的背景有关，另一方面也是城市化进程中的必然现象，具体的逻辑在下文中有详细分析。涉警信访数量的城乡差异告诉我们，维持转型社会的稳定，重点和难点在农村。

在205例信访案例中，有明确来访人数的案例共有177例（见表2）。其中群体访（5人或以上）有5例，占总量的2.82%；非群体访有172例，占总量的97.18%。显然群体访的比例并不高，绝大多数的信访是以个体的形式进行的：1人访共有124例，占总量的70.06%。

表2 A市涉警信访来访人数（部分案例没有此信息）（2011年1月）

类型	1人访	2人访	3人访	4人访	5人访	6人访	7人访	9人访	合计
数量（例）	124	38	9	1	2	1	1	1	177

在205例信访案例中，引发信访的起因事件有明确时间的共169例（见图1）。其中最早的案件发生在1990年，只有2例；最多的案件量发生在2010年，共有85例，占总量的50.3%。通过图1可以发现两个重要现象，一是随着时间的推进引发信访的案件越来越多，这是因为一方面人们的权利观念日益增强，以前不认为应该信访的案件现在却觉得应该信访；另一方面是因为早期有问题的案件可能已经得到了解决，当事人放弃信访。二是从2008年开始，引发信访的案件数量突飞猛进，这是因为一方面A市城市化的大幅推进是从2008年左右开始的，必然引发大量的社会矛盾；① 另一方面A市公安机关的法治化进程是从2008年左右开始强化的，原本一些公安执法的小瑕疵现在则成了"执法不规范"或者"执法错误"，从而降低了信访的门槛。

---

① 现代化免不了带来异化、沉沦颓废和无常等一类新旧价值观念冲突造成的消极面；在新的技能、动力和才智能在社会上站住脚并创立新的社会组合之前，新的价值观往往会破坏社交和权威的旧基础，引发各种社会矛盾。参见［美］亨廷顿：《变化社会中的政治秩序》，王冠华、刘为等译，生活·读书·新知三联书店出版社1989年版，第34—35页。

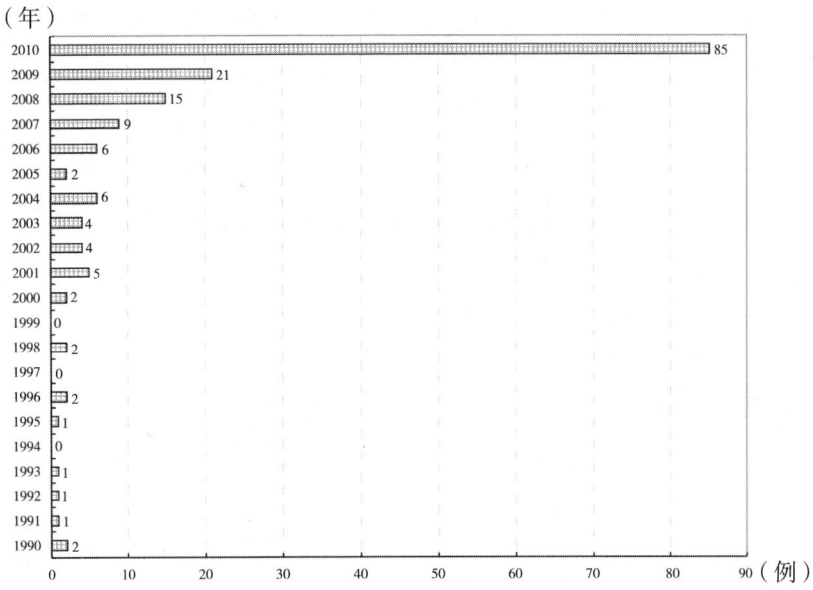

图 1 A 市涉警信访的起因事件时间分布（部分案例没有此信息）
（2011 年 1 月）

二、涉警信访的诉求

（一）涉警信访诉求的概况

信访总是带着特定的诉求而来的，考察涉警信访的诉求可以测度信访人对于当前公安法治的态度。通过信访来检测公安法治的进程，这种方法很有效，因为信访事件可以把民警执法过程中的不足之处暴露出来，为进一步的改进提供方向。然而，仅仅依靠这种检测方法又是非常危险的，因为信访人的诉求往往容易夸大执法过程中的缺陷，甚至形成某种程度的误导。当前公安法治的困境之一就是如何把握涉警信访诉求的发生机制并且辨识其真伪。

根据笔者的分类，205 例信访案例中共有 261 项信访诉求（有的案例中信访人提出了数项诉求，而少数案例中则没有明确诉求）（见表 3）。其中最强烈的诉求是"要求加快处理"，占到总量的 30.27%，这意味着信访人倾向于通过信访来给民警施加压力，虽然这种压力很可能会给民警带了很多不必要的束缚。涉警信访的最主要目标是希望推进案件的进程，这与笔者对民警和信访人的访谈感受是一致的。信访人并不关心案件的处理程序，他认为只有通过信访才能使自己的案子得到重视。其次是"要求立案处理"，占到总量的 13.79%，这反映了当前民警普遍不愿意接案的心态，但是实践中也有不少是信访人要求民警处理不该归民警处理的案件。第三是"反映民警执法不公",占到总量的9.58%,这反映了人们对民警公正执法提出了更高的要求,实践中也有很多信访人以自己的要求没有得到满足而将民警认定为"执法不公"。由此可见,信访人的诉求使我们能够看到公安法治的不足,但是也要分辨其中的不实成分。

表3 A市涉警信访的诉求总排序(2011年1月)

排序	诉求	数量(项)	比例
1	要求加快处理	79	30.27%
2	要求立案处理	36	13.79%
3	反映民警执法不公	25	9.58%
4	对处理结果不满	20	7.66%
5	反映民警不作为	19	7.28%
6	反映黑社会组织	13	4.98%
7	对被拘留不满	9	3.45%
7	要求赔偿损失	9	3.45%
8	要求鉴定	6	2.3%
8	反映民警刑讯逼供	6	2.3%
9	要求重新鉴定	5	1.92%
10	要求追究其他人的责任	4	1.53%
10	反映民警野蛮执法	4	1.53%
11	对被劳教不满	3	1.15%
11	要求民警道歉	3	1.15%
11	反映被民警殴打	3	1.15%
11	要求入户口	3	1.15%
11	咨询	3	1.15%
12	反映监所非正常死亡	2	0.77%
12	要求恢复名誉	2	0.77%
12	对被解雇提出异议	2	0.77%
13	要求归还涉案财物	1	0.38%
13	要求赔偿上访损失	1	0.38%
13	要求派出所返还债务	1	0.38%
13	对民警死亡原因提出异议	1	0.38%
13	要求认定对方上访无理	1	0.38%
	合计	261	100%

（二）按照对象分类的信访诉求

按照对象分类，是指根据信访人针对特定对象提出诉求所进行的分类，包括"针对案件的诉求"、"因为案件引发针对民警的诉求"、"纯粹针对民警的诉求"和"其他诉求"四大类（见表4）。其中要求最强烈的是"针对案件的诉求"，共有162项，占总量的62.07%；"针对民警的诉求"有82项，占总量的31.42%，其中绝大部分诉求是因为相关案件引发的。

表4　A市涉警信访的诉求（按照对象分类）（2011年1月）

诉求	针对案件的诉求A	因为案件引发针对民警的诉求B	纯粹针对民警的诉求C	其他诉求D	合计
数量（项）	162	72	10	17	261

所谓"针对案件的诉求"，是指信访人紧紧围绕案件的立案、处理、鉴定等提出自己的要求，这些要求并不直接指向民警。这一类的诉求共有162项，还可以分为8个小类（见表5）。其中反映最强烈的是"要求加快处理"，共有79项；其次是"要求立案处理"，共有36项；第三是"对处理结果不满"（包括"对被拘留不满"和"对被劳教不满"），共有32项。由此可见，就案件而言，信访人最强调的是案件的快速处理。

表5　A市涉警信访的诉求（按照对象分类）：针对案件的诉求A（2011年1月）

诉求	要求立案处理	要求加快处理	要求鉴定	要求重新鉴定	要求追究其他人的责任	对处理结果不满	对被拘留不满	对被劳教不满	合计
数量（项）	36	79	6	5	4	20	9	3	162

所谓"因为案件引发针对民警的诉求"是指，信访人对案件的处理过程不满因而产生对民警的责怪。这类诉求共有72项，还可细分为10小项（见表6）。其中诉求最强烈的是"反映民警执法不公"，共有25项；其次是"反映民警不作为"，共有19项；第三是"要求赔偿损失"，共有9项。因为案件引发针对民警的诉求，信访人最强调的是执法的公正性和及时性，如果这些要求无法实现，他们甚至会要求民警赔偿损失。

表6　A市涉警信访的诉求（按照对象分类）：因为案件引发针对民警的诉求B（2011年1月）

诉求	反映民警不作为	反映民警执法不公	反映民警野蛮执法	反映民警刑讯逼供	反映监所非正常死亡	要求归还涉案财物	要求恢复名誉	要求民警道歉	要求赔偿损失	要求赔偿上访损失	合计
数量（项）	19	25	4	6	2	1	2	3	9	1	72

所谓"纯粹针对民警的诉求"是指信访的发生原因并不是特定的案件，而是直接关涉信访人与民警或公安机关之间的关系。这类诉求共有10项，还可细分为5小项（见表7）。

表7　A市涉警信访的诉求（按照对象分类）：纯粹针对民警的诉求C（2011年1月）

诉求	反映被民警殴打	要求派出所返还债务	对被解雇提出异议	对民警死亡原因提出异议	要求入户口	合计
数量（项）	3	1	2	1	3	10

"其他诉求"共有17项，还可分为3小项（见表8）。其中最主要的诉求是"反映黑社会组织"，共有13项。

表8　A市涉警信访的诉求（按照对象分类）：其他诉求D（2011年1月）

诉求	反映黑社会组织	要求认定对方上访无理	咨询	合计
数量（项）	13	1	3	17

有些信访案例中，信访人提出了多重的诉求。对多重诉求的考察，可以为我们测度不同诉求之间的关系提供一个切入口，即哪些诉求更容易合成在一起，哪些诉求会引发另外一些诉求。A市涉警信访的案例中，共有48例存在多重诉求，其中双重诉求40例，三重诉求8例。在双重诉求的案例中，还可以细分为五种不同的类型（见表9）。其中最多的是AB型，即"针对案件的诉求"+"因为案件引发针对民警的诉求"，共有30例。这意味着信访人对案件处理的期待与对民警的期待之间存在着最为密切的关联，信访人关注案件进程的同时对民警也提出了相应的要求。在AB型的案例中，"要求加快处理"+"反映民警不作为"的案例最多，共有14例，这说明信访人倾向于认为案件进展缓慢的根源在于民警的消极不作为；而实际上据笔者了解，很多案件之所以难以取得进展是因为民警取证难，并且民警手头上的案件数量往往超过了民警的处理能力。

表9 A市涉警信访的双重诉求（按照对象分类）(2011年1月)

类型	内容	数量（例）	小计（例）	合计（例）
AA	对处理结果不满+要求追究其他人的责任	1	4	
	要求加快处理+要求鉴定	2		
	要求加快处理+要求重新鉴定	1		
AB	对被拘留不满+反映民警执法不公	2	30	40
	对被拘留不满+要求赔偿损失	1		
	对被劳教不满+反映民警执法不公	1		
	对被劳教不满+要求赔偿损失	1		
	对处理结果不满+反映民警执法不公	4		
	要求加快处理+反映民警不作为	14		
	要求加快处理+反映民警执法不公	3		
	要求立案处理+反映民警不作为	2		
	要求立案处理+反映民警执法不公	1		
	要求重新鉴定+反映民警执法不公	1		
AC	要求立案处理+反映被民警殴打	1	1	
DA	反映黑社会组织+要求加快处理	1	4	
	反映黑社会组织+要求立案处理	3		
DB	反映黑社会组织+反映民警不作为	1	1	

具有三重诉求的信访案例共有8例，还可以分为ABB和BBB两种类型（见表10）。其中最多的是ABB型，共有5例，其原因和意义与AB型相同。

表10 A市涉警信访的三重诉求（按照对象分类）(2011年1月)

类型	内容	数量（例）	小计（例）	合计（例）
ABB	对被拘留不满+反映民警执法不公+要求赔偿损失	1	5	8
	对被拘留不满+要求恢复名誉+要求赔偿损失	1		
	对处理结果不满+要求恢复名誉+要求赔偿损失	1		
	要求鉴定+反映民警野蛮执法+要求赔偿损失	1		
	要求立案处理+反映民警执法不公+要求赔偿上访损失	1		
BBB	反映民警刑讯逼供+要求民警道歉+赔偿损失	2	3	
	反映民警执法不公+要求民警道歉+赔偿损失	1		

（三）按照过程分类的信访诉求

按照过程分类，是指根据案件处理的经过对信访诉求的分类，其主要作用在于测度最容易引发信访的案件阶段。按照过程进行分类，可以把信访诉求分为五大类（见表11）。其中最强烈的诉求是"对案件进程的督促"，共有134项，占总量的51.34%；其次是"对执法过程不信任"，共有60项，占总量的22.99%。这两类都是在案件尚未终结之前所产生的信访，加起来共占74.33%，这意味着绝大多数的涉警信访都发生在案件处理的过程之中，真正对处理结果不满而引发信访的反而不多。在笔者调研的过程中，很多民警都跟我抱怨，责怪案件当事人总是在案件尚未处理完就开始上访，导致民警无端被上级领导批评。

表11 A市涉警信访的诉求（按照过程分类）（2011年1月）

诉求	对案件进程的督促 a	对执法过程不信任 b	对案件结果不满 c	要求恢复原状 d	其他诉求 e	合计
数量（项）	134	60	41	15	11	261

所谓"对案件进程的督促"，是指信访人希望通过信访行动对民警施加压力，使民警加速案件的处理或者使处理结果更有利于信访人。这类诉求共有134项，还可细分为4小项（见表12）。其中反映最强烈的是"要求加快处理"，其次是"要求立案处理"。

表12 A市涉警信访的诉求（按照过程分类）：对案件进程的督促 a（2011年1月）

诉求	要求立案处理	要求加快处理	要求鉴定	反映黑社会组织	合计
数量（项）	36	79	6	13	134

所谓"对执法过程不信任"，是指信访人在案件处理过程中向上级部门反映民警的执法问题，从而督促民警更加公正的处理案件。这类诉求共有60项，还可细分为7项（见表13）。其中诉求最强烈的是"反映民警执法不公"和"反映民警不作为"。虽然确有民警在案件处理的过程中不公正或者不积极，但是据笔者调查，多数信访人其实是因为民警的态度不好而引发信访；或者是通过信访来增加信访人的谈判成本。

表13 A市涉警信访的诉求（按照过程分类）：对执法过程不信任 b（2011年1月）

诉求	反映民警不作为	反映民警执法不公	反映民警野蛮执法	反映民警刑讯逼供	反映监所非正常死亡	要求归还涉案财物	反映被民警殴打	合计
数量（项）	19	25	4	6	2	1	3	60

"对案件结果不满"的诉求共有 41 项,还可细分为 5 小项(见表 14)。其中,"要求追究其他人的责任"是指虽然案件已经完结,信访人对处理结果也没有大的意见,但是认为有些人该处理而没有得到追究。而民警往往认为已经依照法律把该处理的人处理了,不可能仅仅根据信访人的意愿来决定哪些人该处理。

表 14　A 市涉警信访的诉求(按照过程分类):对案件结果不满 c(2011 年 1 月)

诉求	要求重新鉴定	要求追究其他人的责任	对处理结果不满	对被拘留不满	对被劳教不满	合计
数量(项)	5	4	20	9	3	41

所谓"要求恢复原状"是指信访人认为因为民警的过错造成了信访人的损失,要求民警予以修复。这类诉求共有 15 项,还可细分为 4 小项(见表 15)。其中最重要的诉求是"要求赔偿损失"。有时候赔偿损失不仅仅是恢复到信访人所认为的最初状态,还包括赔偿信访人为了实现这一目标所付出的成本,例如"要求赔偿上访损失"。

表 15　A 市涉警信访的诉求(按照过程分类):要求恢复原状 d(2011 年 1 月)

诉求	要求恢复名誉	要求民警道歉	要求赔偿损失	要求赔偿上访损失	合计
数量(项)	2	3	9	1	15

"其他诉求"共有 11 项,还可细分为 6 小项(见表 16)。其中有趣的一项是"要求认定对方上访无理"。在该案例中,黄某将货车交给杨某经营,杨某不履行经营合同,黄某于 2010 年 11 月发现此车后报警,派出所扣留了此车,后来县法院依法执行了该车。之后杨某到市公安局上访要求派出所归还车辆,而黄某也到市局上访,要求认定杨某上访无理。信访俨然成为一种诉讼方式了。

表 16　A 市涉警信访的诉求(按照过程分类):其他诉求 e(2011 年 1 月)

诉求	要求派出所返还债务	对被解雇提出异议	对民警死亡提出异议	要求入户口	要求认定对方上访无理	咨询	合计
数量(项)	1	2	1	3	1	3	11

按照过程分类的多重诉求,其作用在于测度案件处理过程的不同阶段可能引发哪些并存的诉求,或者哪些阶段的诉求容易引发其他阶段的诉求。在 40 例双重诉求的案例中,还可细分为 6 种类型(见表 17)。其中最多的是 ab 型,即"对案件进程的督促"+"对执法过程不信任",共有 22 例,这意味着信访人对案件进程的督促往往是

基于对执法过程的不信任。而在 ab 型中,最主要的是"要求加快处理"+"反映民警不作为",共有 14 例。对民警的不信任在现实中往往表现为信访人担心民警不按照信访人的愿望处理问题,而这种私人的愿望很多时候并不见得合理。

表17 A市涉警信访的双重诉求(按照过程分类)(2011年1月)

类型	内容	数量(例)	小计(例)	合计(例)
aa	要求加快处理+要求鉴定	2	6	
	反映黑社会组织+要求加快处理	1		
	反映黑社会组织+要求立案处理	3		
ab	要求加快处理+反映民警不作为	14	22	
	要求加快处理+反映民警执法不公	3		
	要求立案处理+反映民警不作为	2		
	要求立案处理+反映民警执法不公	1		40
	要求立案处理+反映被民警殴打	1		
	反映黑社会组织+反映民警不作为	1		
ac	要求加快处理+要求重新鉴定	1	1	
bc	对被拘留不满+反映民警执法不公	2	8	
	对被劳教不满+反映民警执法不公	1		
	对处理结果不满+反映民警执法不公	4		
	要求重新鉴定+反映民警执法不公	1		
cc	对处理结果不满+要求追究其他人的责任	1	1	
cd	对被拘留不满+要求赔偿损失	1	2	
	对被劳教不满+要求赔偿损失	1		

三重诉求案例有 8 例,可细分为 4 种类型,即 abd、bcd、bdd、cdd(见表18)。

表18 A市涉警信访的三重诉求(按照过程分类)(2011年1月)

类型	内容	数量(例)	小计(例)	合计(例)
abd	要求鉴定+反映民警野蛮执法+要求赔偿损失	1	2	
	要求立案处理+反映民警执法不公+要求赔偿上访损失	1		
bcd	对被拘留不满+反映民警执法不公+要求赔偿损失	1	1	8
bdd	反映民警刑讯逼供+要求民警道歉+要求赔偿损失	2	3	
	反映民警执法不公+要求民警道歉+要求赔偿损失	1		
cdd	对被拘留不满+要求恢复名誉+要求赔偿损失	1	2	
	对处理结果不满+要求恢复名誉+要求赔偿损失	1		

三、涉警信访的起因事件

涉警信访的起因事件是指引发涉警信访的最初事件，有些信访案例是由多个事件共同引发的，这些事件或者是并列关系，或者是因果关系。对起因事件的研究，主要是为了测度信访与特定事件的依赖程度，即哪些事件更容易引发涉警信访。对这些易信访事件进行深度分析，有助于我们更好地理解当前涉警信访的内在逻辑。同时这能够对公安工作起到一定的指引作用，从而更好地维护社会稳定的大局。

在 205 例涉警信访案例中，有明确的起因事件 187 件（见表 19）。最主要的起因事件是"故意伤害"，占到总量的 39.04%。在故意伤害的案例中，基本上都表现为打架斗殴。之所以这类事件容易引发信访，一方面是因为打架斗殴的事件比较普遍；另一方面则是因为打架斗殴的事件往往很难获得准确的证据，尤其是在双方都受伤的情况下，因此任何一方都有可能觉得吃亏而选择信访。其次是"交通事故"，占到总量的 13.37%。近年来由于城市的扩张和车辆的增多，交通事故日益增多；而且由于交通事故所造成的后果往往比较严重，受害人及其家属很容易因为赔偿不到位而选择信访。第三是"杀人"，占到总量的 9.09%。实际上现实生活中的杀人事件并不多，但是因为后果的严重性以及破案的困难性，死者家属往往会进行持续的信访。

表19　A 市涉警信访的起因事件总排序（2011 年 1 月）

排序	起因事件	数量（件）	比例
1	故意伤害	73	39.04%
2	交通事故	25	13.4%
3	杀人	17	9.1%
4	诈骗	10	5.35%
5	宅基纠纷	8	4.3%
6	损坏财物	7	3.74%
7	拆迁纠纷	6	3.21%
8	土地纠纷	5	2.67%
9	征地纠纷	4	2.14%
9	侵占集体资产	4	2.14%
9	盗窃	4	2.14%
10	人口失踪	3	1.6%
11	抚养纠纷	2	1.07%

11	强奸	2	1.07%
11	抢劫	2	1.07%
11	恐吓	2	1.07%
12	死亡	1	0.53%
12	合同纠纷	1	0.53%
12	债务纠纷	1	0.53%
12	经济纠纷	1	0.53%
12	家庭纠纷	1	0.53%
12	邻里纠纷	1	0.53%
12	医患纠纷	1	0.53%
12	寻衅滋事	1	0.53%
12	威胁	1	0.53%
12	扰乱单位秩序	1	0.53%
12	买卖公文	1	0.53%
12	隐瞒犯罪所得	1	0.53%
12	大爆炸	1	0.53%
	合计	187	100%

涉警信访的起因事件还可以细分为4类，即事故事件、纠纷事件、违法事件和犯罪事件（见表20）。其中最主要的是违法事件，共有94件，占到总量的50.27%。这意味着治安工作在整个公安工作中占有举足轻重的地位，一旦治安工作弱化，就可能引发大量的涉警信访。

表20 A市涉警信访的起因事件（2011年1月）

类型	事故事件	纠纷事件	违法事件	犯罪事件	合计
数量（件）	29	31	94	33	187

事故事件共有29件，还可以细分为3小项（见表21）。其中最主要的起因事件是"交通事故"，其次是"人口失踪"，最后是"死亡"。"死亡"作为一种事故事件，是指原因不明的死亡或者是家属认为是他杀却得不到警方认可的死亡，而"杀人"则是明确属于他杀的死亡事件。

表 21　A 市涉警信访的起因事件（事故事件）（2011 年 1 月）

类型	交通事故	死亡	人口失踪	合计
数量（件）	25	1	3	29

纠纷事件共有 31 件，还可以细分为 11 小项（见表 22）。其中最主要的起因事件是土地纠纷（包括"土地纠纷""征地纠纷""宅基纠纷""拆迁纠纷"），总共有 23 件。首先要说明的是，纠纷案件有很多并不归公安机关管辖，只有在它们演化成违法事件或者犯罪事件的时候公安机关才开始介入。表 22 中的纠纷事件正是因为伴随着其他违法事件的发生才进入我们的分析视野。之所以把纠纷事件作为涉警信访的起因事件，是因为它们才是问题的症结，信访人要求公安机关将这些原不归其管辖的事件一并解决。从这个意义上讲，纠纷事件作为信访的起因事件才是公安机关的老大难，它的最终解决需要将其他政府部门动员起来。土地纠纷之所以成为最主要的纠纷事件，是因为城市化的过程尤其是在征地和拆迁的过程中，土地利益成为矛盾的核心；另一方面，土地也是老百姓尤其是农民的安身立命之本，自然会倍加珍惜。

表 22　A 市涉警信访的起因事件（纠纷事件）（2011 年 1 月）

类型	土地纠纷	征地纠纷	宅基纠纷	拆迁纠纷	合同纠纷	债务纠纷	经济纠纷	家庭纠纷	抚养纠纷	邻里纠纷	医患纠纷	合计
数量（件）	5	4	8	6	1	1	1	1	2	1	1	31

违法事件共有 94 件，还可细分为 9 小项（见表 23）。其中最为重要的起因事件是"故意伤害"，这与笔者在派出所调研的经验相符，民警日常化的工作就是处理打架斗殴的事情，而被上访的原因主要也来自于这方面。

表 23　A 市涉警信访的起因事件（违法事件）（2011 年 1 月）

类型	损坏财物	侵占集体资产	寻衅滋事	故意伤害	盗窃	恐吓	威胁	扰乱单位秩序	买卖公文	合计
数量（件）	7	4	1	73	4	2	1	1	1	94

犯罪事件共有 33 件，还可细分为 6 小项（见表 24）。其中最主要的起因事件是"杀人"，其次是"诈骗"。随着城市化的不断发展，人口流动越来越频繁，原本的熟人社会逐渐变成半熟人社会甚至陌生人社会。因此，既有的信任网络被彻底打破，这就为欺诈行为提供了生长的土壤。诈骗泛滥的另一个原因是科技的发展，通讯技术和

网络技术使得不直接接触的诈骗得以发生，而且由于其隐秘性和流动性，这类案件往往难以侦破，因此容易引发信访。"大爆炸"是指 A 市前几年发生的一起重大爆炸案，有不少人受害，其家属希望通过信访来督促该案件的侦破。

表 24　A 市涉警信访的起因事件（犯罪事件）（2011 年 1 月）

类型	诈骗	杀人	强奸	隐瞒犯罪所得	抢劫	大爆炸	合计
数量（件）	10	17	2	1	2	1	33

四、重访与初访

以信访诉求和信访起因事件为基础，我们就可以对涉警信访的两个重要问题进行深入研究：一是重访与初访的比较研究，二是涉警信访的城乡差异研究。对重访与初访的比较研究，目的是探求重访发生的内在逻辑，从而更准确地把握当前信访的形势。为了分析的精确化，我们把一个月内到一个部门就同一个问题的重复上访称为重复访，而到一个部门就同一个问题的重复上访（不限时间）称为重访。就范围而言，重访包含重复访。在 A 市 205 例涉警信访案例中，重复访共有 17 例，占总量的 8.29%（见表25）。其中来市重复访共 16 例，到省重复访 1 例。与此相类似的一个问题是越级访，即一个月内在不同级别的部门就同一个问题的多次上访。在 A 市的涉警信访中，越级访共有 10 例，占总量的 4.88%（见表 26）。

表 25　A 市来市涉警信访中的重复访（2011 年 1 月）

项目	总量	重复访总量	来市重复访	到省重复访	赴部重复访
数量（例）	205	17	16	1	0

表 26　A 市来市涉警信访中的越级访（2011 年 1 月）

项目	总量	来市到省	来市赴部	到省赴部	来市到省赴部	越级访合计
数量（例）	205	2	1	3	4	10

关于重访的信息主要集中在 A 市来市信访的案例中，因此接下来的研究将以来市信访为分析对象。在 177 例来市信访的案例中，重访案例有 101 例，占总量的 57.06%，由此可见重访的比例之高（见表 27）。从性别的角度看，重访中的男性比例偏高，但是差距不大。

表27　A市来市涉警信访中重访与初访的性别和数量（按登记者计算）（2011年1月）

	男性信访		女性信访		合计
重访（例）	60	59.41%	41	40.59%	101
初访（例）	43	56.58%	33	43.42%	76
合计	103		74		177

在重访案例中，群体访只有1例，占0.99%；在初访案例中，群体访有4例，占5.26%（见表28）。由此可见，群体访虽然影响较大，但是不容易引发重访，这显然与信访成本直接相关。这与笔者在派出所调研的经验相符，多数民警都认为，群体访相对而言是比较容易摆平的，而个体访反而比较难缠，很容易导致重访。

表28　A市来市涉警信访中重访与初访的来访人数（2011年1月）①

	1人访	2人访	3人访	4人访	5人访	6人访	7人访	9人访	合计
重访（例）	80	15	5	0	0	1	0	0	101
初访（例）	44	23	4	1	2	0	1	1	76
合计	124	38	9	1	2	1	1	1	177

在来市涉警信访中，随着时间的推移，重访和初访的数量都不断增多（见图2）。并且从2001年开始，重访和初访的数量增长速度明显提升。这个现象非常有趣，因为它提出了这样一个问题：从2001年之后的案子处理是否更加的不公正或者不规范，以至于引发越来越多的信访？根据笔者的调研经验，事实并非如此。可能的原因主要有4个：一是随着城市化的不断发展，社会矛盾日益增多，引发的案件数量大幅提升；二是20世纪90年代末期开始设置110指挥中心，同时随着通讯技术的发展，群众报案日益方便，因而进入公安系统的案件也就大量增加；三是公安执法的规范要求越来越严格，导致信访的门槛越来越低；四是越来越多的谋利型上访出现，通过不断的上访来获取私人利益。②

对重访与初访的信访诉求进行比较，其意义在于：如果两者的诉求存在差异，则意味着特定诉求容易引发重访；如果不存在，则意味着没有特定诉求更倾向于转化为重访。

---

① 本文所用的数据是2011年1月发生的信访事件，在这个月里进行信访的人可能是这个月之前就上访过的，因此就属于重访，也就是说其初访发生在2011年1月之前。
② 田先红：《治理基层中国：桥镇信访博弈的叙事，1995—2009》，社会科学文献出版社2012年版。

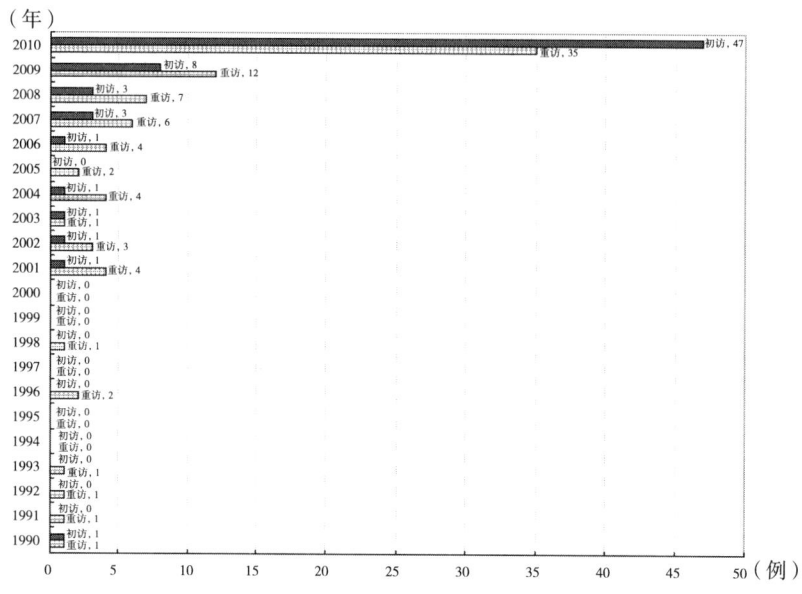

图 2　A 市来市涉警信访中重访与初访涉案时间分布（2011 年 1 月）

按照对象分类，重访与初访在信访诉求上的差异主要体现在"纯粹针对民警的诉求"，重访的诉求要低于初访，而在其他几类诉求中则大致持平（见表 29）。这意味着从对象分类的角度来看，并没有特别的诉求容易导致重访的发生。

表 29　A 市来市涉警信访中重访与初访的诉求比较（按照对象分类）（2011 年 1 月）

	针对案件的诉求		因为案件引发针对民警的诉求		纯粹针对民警的诉求		其他诉求		合计
重访（例）	85	63.91%	37	27.82%	3	2.26%	8	6.01%	133
初访（例）	61	61%	26	26%	7	7%	6	6%	100
合计	146		63		10		14		233

按照过程分类，重访与初访在信访诉求上的差异主要体现在"对案件结果不满"和"其他诉求上"，其中"对案件结果不满"的诉求更倾向于引发重访（高 6.8%）（见表 30）。

表 30　A 市来市涉警信访中重访与初访的诉求比较（按照过程分类）（2011 年 1 月）

	对案件进程的督促		对执法过程不信任		对案件结果不满		要求恢复原状		其他诉求		合计
重访（例）	66	49.62%	29	21.8%	25	18.8%	9	6.77%	4	3.01%	133
初访（例）	53	53%	22	22%	12	12%	6	6%	7	7%	100
合计	119		51		37		15		11		233

为了更加准确地反映重访与初访的诉求差异,可以将所有诉求进行具体的比较(见表31)。其中,"要求立案处理"和"对处理结果不满"的诉求相对而言更容易转化为重访分别高出3.29%和3.02%。因此,从总体上讲,虽然重访与初访的诉求差异并不太大,但是因为对案件结果不满的诉求更可能进一步转化为重访。

表31　A市来市涉警信访中重访与初访的诉求排序比较(2011年1月)

重访诉求			诉求内容	初访诉求		
排序	比例	数量(例)		数量(例)	比例	排序
1	27.82%	37	要求加快处理	36	36%	1
2	14.29%	19	要求立案处理	11	11%	2
3	10.53%	14	反映民警执法不公	9	9%	3
4	9.02%	12	对处理结果不满	6	6%	4
5	6.77%	9	反映民警不作为	9	9%	3
6	4.51%	6	反映黑社会组织	4	4%	5
7	3.76%	5	要求赔偿损失	4	4%	5
8	3.01%	4	对被拘留不满	3	3%	6
8	3.01%	4	要求鉴定	2	2%	7
8	3.01%	4	要求追究其他人的责任	0	0	9
9	2.26%	3	要求重新鉴定	2	2%	7
9	2.26%	3	反映民警野蛮执法	1	1%	8
10	1.5%	2	反映民警刑讯逼供	0	0	9
10	1.5%	2	对被劳教不满	1	1%	8
10	1.5%	2	要求民警道歉	1	1%	8
10	1.5%	2	咨询	1	1%	8
11	0.75%	1	反映被民警殴打	2	2%	7
11	0.75%	1	要求入户口	2	2%	7
11	0.75%	1	要求恢复名誉	1	1%	8
11	0.75%	1	对被解雇提出异议	1	1%	8
11	0.75%	1	要求赔偿上访损失	0	0	9
12	0	0	要求归还涉案财物	1	1%	8
12	0	0	要求派出所返还债务	1	1%	8
12	0	0	对民警死亡提出异议	1	1%	8
12	0	0	要求认定对方上访无理	1	1%	8
	100%	133	合计	100	100%	

对重访与初访的起因事件的比较，其意义在于探求重访与特定起因事件的关联度。如果重访与初访在起因事件上存在明显差异，则意味着该特定起因事件更容易引发重访；如果不存在明显差异，则意味着没有特定的起因事件更倾向于转化为重访。

在来市涉警信访案例中，有明确起因事件共164件，其中重访93件，初访71件（见表32）。重访和初访的起因事件比例差异较大的是"违法事件"和"犯罪事件"，其中容易引发重访的是"犯罪事件"（高7.42%）。这意味着从起因事件的角度来看，"犯罪事件"所导致的涉警信访容易进一步引发重访。

表32 A市来市涉警信访中重访与初访的起因事件比较（2011年1月）

	事故事件		纠纷事件		违法事件		犯罪事件		合计
重访（件）	16	17.2%	16	17.2%	41	44.09%	20	21.51%	93
初访（件）	11	15.49%	12	16.9%	38	53.52%	10	14.09%	71
合计	27		28		79		30		164

为了更准确地展现重访与初访在起因事件上的差异，可以对起因事件进行具体的比较（见表33）。其中最容易引发重访的起因事件是"杀人"（高12.57%），这与表32的结果是一致的。这意味着因为"杀人"导致的涉警信访容易进一步引发重访。

表33 A市来市涉警信访中重访与初访的起因事件排序比较（2011年1月）

重访起因事件				初访起因事件		
排序	比例	数量（件）	起因案件	数量（件）	比例	排序
1	33.33%	31	故意伤害	29	40.85%	1
2	15.05%	14	交通事故	10	14.08%	2
3	13.98%	13	杀人	1	1.408%	7
4	4.3%	4	土地纠纷	1	1.408%	7
4	4.3%	4	盗窃	0	0	8
5	3.23%	3	诈骗	7	9.86%	3
5	3.23%	3	损坏财物	4	5.63%	4
5	3.23%	3	拆迁纠纷	3	4.23%	5
6	2.15%	2	宅基纠纷	4	5.63%	4
6	2.15%	2	征地纠纷	2	2.82%	6
6	2.15%	2	侵占集体资产	2	2.82%	6
6	2.15%	2	抚养纠纷	0	0	8

6	2.15%	2	强奸	0	0	8
7	1.075%	1	人口失踪	1	1.408%	7
7	1.075%	1	抢劫	1	1.408%	7
7	1.075%	1	死亡	0	0	8
7	1.075%	1	家庭纠纷	0	0	8
7	1.075%	1	邻里纠纷	0	0	8
7	1.075%	1	医患纠纷	0	0	8
7	1.075%	1	寻衅滋事	0	0	8
7	1.075%	1	大爆炸	0	0	8
8	0	0	合同纠纷	1	1.408%	7
8	0	0	债务纠纷	1	1.408%	7
8	0	0	经济纠纷	0	0	8
8	0	0	威胁	1	1.408%	7
8	0	0	扰乱单位秩序	1	1.408%	7
8	0	0	买卖公文	1	1.408%	7
8	0	0	隐瞒犯罪所得	1	1.408%	7
	100%	93	合计	71	100%	

五、涉警信访的城乡差异

涉警信访的另一个重要问题是城乡差异的问题，随着城市化的推进，这个问题不仅没有弱化，反而变得越来越重要。考察涉警信访的城乡差异，其意义在于探求信访在城乡之间不同的发生机制，这为我们准确理解转型中国的信访现象提供了一个切入口。同时，这对于当前的信访工作也可以起到一定的指引作用。由于涉警信访的城乡差异信息主要集中在来市信访，因此接下来的研究将以来市信访为分析对象。

在来市涉警信访的177例案例中，农村信访共有120例，占到总量的67.8%；城市信访共有57例，占到总量的32.2%（见表34）。由此可见，在当前的涉警信访工作中，农村信访是最主要的问题。做好农村信访工作，是维护农村社会稳定，从而维护整个中国社会稳定的重要前提。从性别的角度看，男性信访和女性信访的比例并没有呈现出明显的城乡差异。

表34　A市来市涉警信访性别与数量（按登记者计算）的城乡差异（2011年1月）

	男性信访		女性信访		合计
农村（例）	70	58.33%	50	41.67%	120
城市（例）	33	57.89%	24	42.11%	57
合计	103		74		177

在来市涉警信访中，农村的群体访共有4例，占农村信访的3.33%；城市的群体访共有1例，占城市信访的1.75%（见表35）。显然，农村更容易发生群体访，这与城乡社会结构的差异有关。在农村，尤其是在A市农村，虽然受到现代化的冲击，但是当地的家族观念依然比城市要浓厚得多，因此更容易发生群体性事件。

表35　A市来市涉警信访来访人数的城乡差异（2011年1月）

类型	1人访	2人访	3人访	4人访	5人访	6人访	7人访	9人访	合计
农村（例）	84	26	5	1	2	1	1	0	120
城市（例）	40	12	4	0	0	0	0	1	57
合计	124	38	9	1	2	1	1	1	177

在来市涉警信访中，农村信访的涉案时间最早是1990年，城市是1991年；城乡之间的差异是从2009年开始迅速扩大的（见图3）。这与A市城市化迅速推进的时间是相符的。城市化对农村尤其是市郊农村的影响最大，是一次剧烈的利益调整，容易引发大量的社会矛盾。例如征地纠纷所引发的信访日益增多，下文将有进一步的讨论。

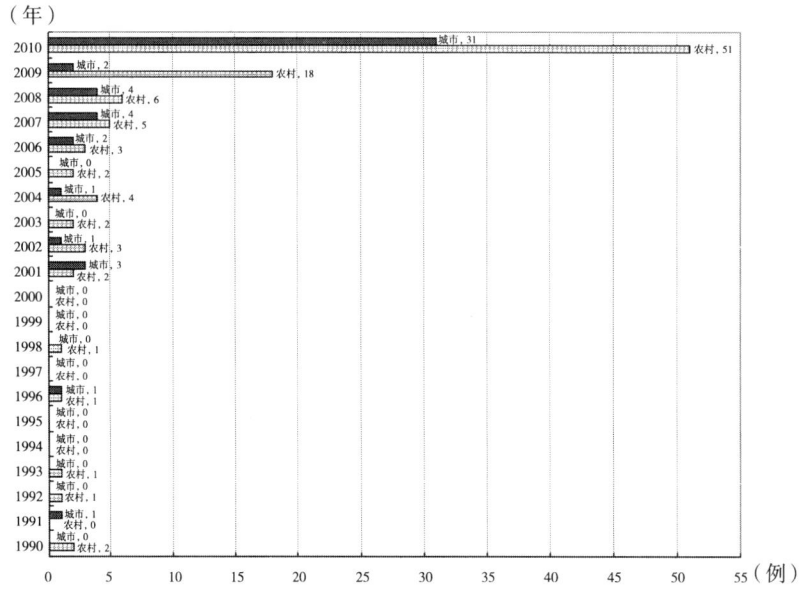

图3　A市来市涉警信访涉案时间分布的城乡差异（2011年1月）

比较农村信访与城市信访的诉求差异，其意义在于探求农村与城市对信访诉求的敏感性，即何种诉求更容易引发农村信访，何种诉求更容易引发城市信访。按照对象分类，无论农村还是城市，"针对案件的诉求"都是引发信访的最主要诉求，但是相对而言更容易引发农村信访（高6.27%），这意味着农村信访人更关注案件本身的处理；而"纯粹针对民警的诉求"相对来说更容易引发城市信访（高5.85%），这意味着城市信访人对民警本身的要求更高（见表36）。

表36　A市来市涉警信访诉求（按照对象分类）的城乡差异（2011年1月）

	针对案件的诉求		因为案件引发针对民警的诉求		纯粹针对民警的诉求		其他诉求		合计
农村（例）	104	64.6%	43	26.71%	4	2.48%	10	6.21%	161
城市（例）	42	58.33%	20	27.78%	6	8.33%	4	5.56%	72
合计	146		63		10		14		233

按照过程分类，无论是农村还是城市，"对案件进程的督促"都是引发信访的最主要诉求，并且相对来说该诉求更容易引发城市信访（高2.47%）；"对执法过程不信任"和"对案件结果不满"的诉求相对来说更容易引发农村信访，分别高出3.54%和8.91%，这意味着农村信访人对于公安执法公正更加不信任；"要求恢复原状"的诉求相对来说更容易引发城市信访（高2.75%），这意味着城市信访人更强调自身权利的完整性（见表37）。

表37　A市来市涉警信访诉求（按照过程分类）的城乡差异（2011年1月）

	对案件进程的督促		对执法过程不信任		对案件结果不满		要求恢复原状		其他诉求		合计
农村（例）	81	50.31%	37	22.98%	30	18.63%	9	5.59%	4	2.49%	161
城市（例）	38	52.78%	14	19.44%	7	9.72%	6	8.34%	7	9.72%	72
合计	119		51		37		15		11		233

为了更详细地探求信访诉求的城乡差异，可以将农村诉求与城市诉求进行具体的比较（见表38）。其中最容易引发农村信访的前三项诉求为"要求加快处理"、"要求立案处理"和"反映民警执法不公"；最容易引发城市信访的前三项诉求为"要求加快处理"、"反映民警不作为"和"反映民警执法不公"。相对而言，"要求加快处理"的诉求更容易引发城市信访（高14.96%），这意味着城市信访人更强调执法的效率；"要求立案处理"、"反映民警执法不公"和"对处理结果不满"的诉求更容易引发农

村信访，分别高出 12.6%、4.24% 和 5.15%，这意味着农村信访人更强调执法的公正性。

表38 A市来市涉警信访诉求排序的城乡差异（2011年1月）

\<农村诉求\>			诉求内容	\<城市诉求\>		
排序	比例	数量（例）		数量（例）	比例	排序
1	26.71%	43	要求加快处理	30	41.67%	1
2	16.8%	27	要求立案处理	3	4.17%	5
3	11.18%	18	反映民警执法不公	5	6.94%	3
4	9.32%	15	对处理结果不满	3	4.17%	5
5	7.45%	12	反映民警不作为	6	8.3%	2
6	4.35%	7	反映黑社会组织	3	4.17%	5
7	3.11%	5	要求赔偿损失	4	5.56%	4
8	2.48%	4	对被拘留不满	3	4.17%	5
8	2.48%	4	要求鉴定	2	2.78%	6
8	2.48%	4	要求追究其他人的责任	0	0	8
8	2.48%	4	要求重新鉴定	1	1.39%	7
9	1.86%	3	反映民警野蛮执法	1	1.39%	7
9	1.86%	3	对被劳教不满	0	0	8
9	1.86%	3	咨询	0	0	8
9	1.86%	3	反映被民警殴打	0	0	8
10	1.24%	2	要求恢复名誉	0	0	8
11	0.62%	1	要求民警道歉	2	2.78%	6
11	0.62%	1	要求入户口	2	2.78%	6
11	0.62%	1	要求赔偿上访损失	0	0	8
11	0.62%	1	要求归还涉案财物	0	0	8
12	0	0	要求派出所返还债务	1	1.39%	7
12	0	0	对被解雇提出异议	2	2.78%	6
12	0	0	对民警死亡提出异议	1	1.39%	7
12	0	0	反映民警刑讯逼供	2	2.78%	6
12	0	0	要求认定对方上访无理	1	1.39%	7
	100%	161	合计	72	100%	

对起因事件的比较，其意义在于探求城乡信访对不同起因事件的敏感性，即何种事件更容易引发农村信访，何种事件更容易引发城市信访。在来市信访案例中，有明确区域信息的共164例，其中农村信访111例，城市信访53例（见表39）。无论是农村还是城市，"违法事件"都是引发信访的最主要事件，并且相对来说它更容易引发城市信访（高4.09%）。另外，"犯罪事件"相对来说也容易引发城市信访（高14.8%），这可能是因为城市发生的违法犯罪行为更多。"事故事件"更容易引发农村信访（高18.75%），这主要是因为城市化进城所带来的农村人口大量外流，由此所导致的各种事故的增加。

表39　A市来市涉警信访起因事件的城乡差异（2011年1月）

	事故事件		纠纷事件		违法事件		犯罪事件		合计
农村（例）	25	22.52%	19	17.12%	52	46.85%	15	13.51%	111
城市（例）	2	3.77%	9	16.98%	27	50.94%	15	28.31%	53
合计	27		28		79		30		164

为了更详细地探求信访起因事件的城乡差异，可以将农村信访起因事件与城市信访起因事件进行具体的比较（见表40）。最容易引发农村涉警信访的前三类起因事件是"故意伤害"、"交通事故"和"杀人"，其中"故意伤害"和"杀人"是传统的起因事件，而"交通事故"则是城市化的产物；最容易引发城市涉警信访的前三类起因事件是"故意伤害"、"诈骗"和"拆迁纠纷"，其中"故意伤害"是传统的起因事件，而"诈骗"和"拆迁纠纷"则是城市化的产物。相对而言，"交通事故"更容易引发农村信访（高16.05%），这是因为随着农村经济水平的提升，购买车辆的农民越来越多，但是相对城市人而言他们对交通规则的熟知和遵守程度较弱，因而更容易发生事故而导致信访；"故意伤害"更容易引发城市信访（高10.07%），这一方面是因为随着城市化的发展，打架斗殴的事件日益增多，另一方面则是因为农村的打架斗殴如果不太严重一般都不倾向于报案，这就使得城市的故意伤害案件显得特别多，更容易引发信访。相对而言，"诈骗"和"拆迁纠纷"更容易引发城市信访，分别高出7.72%和8.53%，这是因为"诈骗"和"拆迁纠纷"更普遍地发生在城市而不是农村。至于像"土地纠纷""宅基地纠纷"这些事件则显然是农村所特有的。

表40 A市来市涉警信访起因事件排序的城乡差异（2011年1月）

农村起因事件				城市起因事件		
排序	比例	数量（例）	起因案件	数量（例）	比例	排序
1	33.33%	37	故意伤害	23	43.4%	1
2	19.82%	22	交通事故	2	3.77%	5
3	9.01%	10	杀人	4	7.55%	4
4	5.41%	6	损坏财物	1	1.89%	6
4	5.41%	6	宅基纠纷	0	0	7
5	4.504%	5	土地纠纷	0	0	7
6	3.604%	4	诈骗	6	11.3%	2
7	2.703%	3	盗窃	1	1.89%	6
7	2.703%	3	侵占集体资产	1	1.89%	6
8	1.802%	2	抚养纠纷	0	0	7
8	1.802%	2	征地纠纷	2	3.77%	5
8	1.802%	2	人口失踪	0	0	7
9	0.9%	1	拆迁纠纷	5	9.43%	3
9	0.9%	1	抢劫	1	1.89%	6
9	0.9%	1	死亡	0	0	7
9	0.9%	1	家庭纠纷	0	0	7
9	0.9%	1	邻里纠纷	0	0	7
9	0.9%	1	医患纠纷	0	0	7
9	0.9%	1	寻衅滋事	0	0	7
9	0.9%	1	威胁	0	0	7
9	0.9%	1	买卖公文	0	0	7
10	0	0	强奸	2	3.77%	5
10	0	0	大爆炸	1	1.89%	6
10	0	0	合同纠纷	1	1.89%	6
10	0	0	债务纠纷	1	1.89%	6
10	0	0	扰乱单位秩序	1	1.89%	6
10	0	0	隐瞒犯罪所得	1	1.89%	6
	100%	111	合计	53	100%	

在农村来市涉警信访的120例案例中，重访共有74例，占61.67%；在城市来市

涉警信访的 57 例案例中，重访共有 27 例，占 47.37%，由此可见农村信访更容易进一步引发重访（见表 41）。在农村重访的 74 例案例中，重复访（一个月来市就同一问题多次信访）共有 11 例，占 14.86%；在城市重访的 27 例案例中，重复访共有 2 例，占 7.41%，这意味着农村更容易发生涉警重复访。

表 41　A 市来市涉警信访中重访的城乡差异（2011 年 1 月）

	总量	重访	一个月来市上访两次	一个月来市上访三次
农村（例）	120	74	11	1
城市（例）	57	27	2	0
合计	177	101	13	1

在农村来市涉警信访的 120 例案例中，共发生越级访 4 例，占 3.33%；在城市来市涉警信访的 57 例案例中，共发生越级访 3 例，占 5.26%，这说明城市信访更容易引发越级访，这也许与城市特定的经济能力、交通条件和社会关系有关（见表 42）。

表 42　A 市来市涉警信访中越级访的城乡差异（2011 年 1 月）

	总量	来市到省	来市赴部	来市到省赴部	越级访合计
农村（例）	120	1	0	3	4
城市（例）	57	1	1	1	3
合计	177	2	1	4	7

六、讨论与结论

通过上文的数据分析，我们可以对当前中国涉警信访的一些基本问题作出判断。这些判断将有助于还原涉警信访的真实面目，从而为进一步的研究打下基础。笔者所在的调研团队先后在河南周口、辽宁丹东、福建厦门和湖北荆门等地区进行过有关基层治安与派出所的调研，其结论与笔者在 A 市的调研相符。可见，本文有关涉警信访的研究和基本结论具有普遍性的意义。

（一）基本结论

1. **城市化推动信访潮的兴起**。A 市的快速城市化是从 2008 年左右开始的，而其信访高潮几乎是与此同时发生（见图 1）。城市化是一个利益重新整合的过程，容易引发各种社会矛盾。已有研究表明，犯罪率与城市化具有显著的线性正相关关系，即城市化程度每上升1个百分点，犯罪率会上升13.24个单位（即13.24起/10万人）。[①] 城市化对农村信访的影响表现在其信访量从2009年开始突飞猛进（见图3），尤其是涉及土地的信访。城市化对农村信访的另一个影响体现在"交通事故"上，日益增多的农村车辆以及由此引发的交通事故剧增，从而导致涉警信访的发生。

而随着城市的进一步发展，城市本身的问题也会引发更多的信访，这主要表现在"诈骗"和"拆迁纠纷"上面。城市社会关系的陌生化和不稳定化使得各种欺诈行为泛滥，而这些欺诈行为借助现代通讯技术和网络技术往往难以被侦破，因而容易引发信访。而老城改造必然要涉及拆迁重建，因为赔偿问题往往引发社会矛盾从而导致信访。

从某种意义上讲，涉警信访的大量存在是城市化过程中的必然现象；而且城市化的速度越快，社会矛盾越多，涉警信访也就可能越多。

2. 个体访的问题要比群体访来得严重。一般认为，群体访所造成的后果要比个体访严重，因此政界往往对群体访更加重视，尤其是在信访考评体系中更是如此。然而笔者通过深入调研，认为个体访的问题要比群体访来得严重。首先，从数量上来看，群体访的比例非常低（见表2），只占总量的2.82%，而个体访（5人以下）则占总量的97.18%。其次，就接访经验来看，群体访更容易得到摆平，因为它本身的成本很大，难以持续存在；而个体访则往往采取游击战的方式，令各级领导防不胜防，而且很容易形成缠访闹访；最后，群体访不容易引发重访，而个体访则很容易走向重访（见表28），因为群体访的成本过大，一般上访一次就放弃了。

3. 治安案件更容易引发涉警信访。中国公安工作一直存在偏重刑侦的状况，以命案攻坚为公安工作的中心，对于基础性的治安工作却不够重视。事实证明，在所有涉警信访案例中，"违法事件"所引发的信访超过了一半，如果再加上"纠纷事件"，两者所占的比例高达66.84%，而"犯罪事件"仅占17.65%（见表20）。治安案件之所以容易引发信访，是因为社会中的治安案件总量就比较大；其次，治安案件往往牵涉各种社会关系，单独依靠法律很难彻底解决这些问题；最后，治安案件的证据往往琐碎而易逝，加上证人不愿意作证，给案件的处理造成很大的困难。

4. 农村更容易引发涉警信访。在现代性的冲击下，农村作为一种平静的乡土社会已经不复存在。然而到现在为止，学界包括政界依然把农村想象成一个纠纷很少（即使有纠纷也可以自己解决）的"太平天下"；从学界的角度来看，就是强调农村温情脉

[①] 胡联合：《转型与犯罪——中国转型期犯罪问题的实证研究》，中共中央党校出版社2006年版，第33—34页。

脉的熟人社会关系可以构成社区自治的重要资源,不需要国家过多地介入;从政界的角度来看,就是把社会治安的工作重心放在城市,对于农村则关注很少。然而事实证明,这种想象已经与社会实践不相符合,尤其是在城市化大行其道之时,农村俨然成为一个是非之地。

本文的研究表明,农村涉警信访占到67.8%,远远多于城市信访(见表34);农村更容易发生群体访(见表35);农村信访更容易进一步引发重访和重复访(见表41)。原因主要有三个方面:一是农村原有的社会结构已经瓦解或者趋于瓦解,通过内生权威来实现社会秩序的功能已经丧失;二是农村基层组织基本上处于瘫痪或半瘫痪的状态,基层治理资源丧失,村组干部、党员很少管事,也管不了事,因此几乎所有矛盾都涌向公安机关;三是城市化的兴起对农村的利益关系造成巨大冲击,从而引发更多新的社会矛盾。当这些矛盾无法在公安机关那里获得有效解决或者当事人对处理过程与结果不满,就很容易导致涉警信访的发生。

5. 涉警信访日益成为私人谋利的手段。信访制度的宗旨在于为当事人提供一种穷尽所有正常救济方式之后的最后救济,它应该排在各种救济手段之末,并且要有合法正当的信访理由。因此,一般要在相关案件完结之后或者案件办理过程中确有重大信访事由出现之时才能选择信访。也就是说,只有真正冤屈的案件才能进入信访渠道。

然而现实的情形却相反:大量尚处于办理过程的案件以及办理过程中并无重大信访事由的案件纷纷涌入信访渠道。例如在信访诉求(按照对象分类)中,数量最多的就是"要求加快处理"(见表3),信访人不在乎案件的处理程序,只希望通过信访来给民警施加压力,从而增加自己的谈判成本。而在信访诉求(按照过程分类)中,最强烈的诉求是"对案件进程的督促"和"对执法过程不信任",这两类信访都是在案件处理过程中发生的,比例高达74.33%(见表11)。甚至有些案例是直接走信访渠道,由上级部门直接下个批文,给基层民警带来很大的压力。

我们还可以根据重访来分析这个问题。一般而言,对信访案件的处理需要一个调查重新处理的过程,能够解决的问题一般都可以得到解决,特别是在当前信访高压的态势之下;而经过多次信访依然没有得到解决的问题,据笔者调查,基本上都是些无理的诉求。而当前的涉警信访有超过一半都是属于重访(见表27),而一个月内在同一个部门就同一个问题的重复访占到总量的8.29%(见表25),如此频繁的信访显然是不太正常的。

问题在于,当前的公安执法已经越来越规范,将这些提前发生的信访都归咎于民警的执法问题显然是不公道的,而且也不符合客观事实。那么结论只有一个,即信访日益成为当事人谋取个人私利的手段,无论这些个人私利是表现为"敲诈民警"(笔者亲自接触过这样的案例就不下于10例),还是表现为"让案件处理结果更有利于自己"

（保守估计要占信访总量的80%），还是表现为"让案件脱离常规程序尽快处理完毕"（在笔者调研的过程中，几乎所有的信访人都抱有这样的心态）。这些为自己私利而展开的信访在客观上就造成了一个后果，即真正冤屈的案件反而难以进入信访渠道，信访维权的真正道路被堵塞了。

6. 执法规范化并不必然导致涉警信访的减少。当前的公安法治建设有一种理想是：通过不断地强化执法规范化来减少涉警信访发生。然而这种理想在残酷的现实面前破灭了，随着执法规范化的推进，涉警信访不仅没有得到有效控制，反而大量增加了。主要有以下几个原因：

首先，随着城市化的推进，社会矛盾越来越多，进入公安机关的案件剧增，这就为涉警信访的增多提供了庞大的存量。因此，涉警信访的增多是城市化的一个副产品，并不会因为执法规范化而大幅度减少。

其次，执法规范化意味着原本不成为问题的执法瑕疵现在却成为不被容忍的大问题，这就大大降低了涉警信访的门槛。也就是说，原本不会引发信访的执法问题现在都可能成为信访的理由。在这种快速"法治化"的鼓励下，人们很容易对民警的执法过程吹毛求疵，并且随时准备通过上访来提出自己的抗议。[①] 比如证据主义的盛行，要求所有的案件都必须有充足有效的证据支撑，这对于很多治安案件根本不现实，尤其是打架斗殴的案件更难获得准确的证据。有趣的是，一方面人们对证据要求越来越高（权利膨胀），另一方面却越来越不愿意站出来作证（义务萎缩）。

再次，私人权利的过度膨胀很容易导致信访问题的扩大化，尤其是当私人权利与私人利益搅在一起的时候，信访人往往标榜着维权的话语来谋取不应得的利益。公安机关作为合法的暴力机关，其行为风格往往要比其他政府部门来得刚硬，而这却往往成为信访人不能容忍的问题，认为民警"态度不好"从而引发信访。

最后，但也是最根本的原因，公安机关在处理信访问题时往往丧失原则，为了眼前的稳定而息事宁人，"掏钱买平安"。这就使得信访治理失去了是非标准，导致"上访即有理"的访民心态，从而引发更多的信访。正是因为政治原则的缺失，公安法治建设才会陷入困境之中。

---

① 这个问题与现代化过程中的"腐化问题"类似。为什么现代化滋生腐化呢？首先，现代化涉及社会基本价值观的转变。……那些按照传统规范是可以被接受并合法的行为，在这些现代人士的眼里就成了不能接受的和腐化的行为。因此，处于现代化之中的社会中的腐化现象，在某种程度上与其说是行为背离了公认的规范，还不如说是规范背离了公认的行为方式。参见[美] 亨廷顿：《变化社会中的政治秩序》，王冠华、刘为等译，生活·读书·新知三联书店出版社1989年版，第55页。

（二）初步的政策建议

虽然本文的研究重在理解当前涉警信访的内在机制而不在于提供一个具体的政策方案，但是基于相关的数据和比较，我们依然可以为公安工作的发展提出一些初步的建议。这些建议不是从某个理想的理论范式出发，也不可能解决当前公安工作的所有难题；如果说这些政策建言有些意义，主要在于它们来自最基层的经验实践，或许能够使我们对某些正在推行的宏观政策作出一些反思。

1. 公安机关应该进一步强化基层治安工作，尤其要发挥基层派出所战斗堡垒的作用，推动警力真正的下沉。要给予基层派出所充足的警力、资金和技术保障，为治安工作的有效开展提供良好的平台，从而减少涉警信访的发生。

2. 国家应该加强农村警务建设，切实有效地提供基层治安网络，从而将大量矛盾及时化解在基层，减轻涉警信访给公安机关造成的压力。

3. 公安部门在处理涉警信访案件的过程中，要坚持实事求是的作风，深入基层调研，在掌握了案件真实情况之后予以公正处理。在实践过程中，有一种不好的倾向，就是认为所有的上访者都是受害者，而基层民警都有过错，这种一刀切的做法严重打击了民警的积极性，并且助长了某些无理上访者的气势，不利于基层社会的稳定。

4. 执法规范化、公安法治化显然是值得追求的目标，它是中国整体法治建设一个重要的组成部分。需要注意的仅仅是将执法规范化与涉警信访分离开来，执法规范化应该有自己的主体性价值，并且遵循一定的发展规律，不能够脱离现实生活而独立发展。同时要强调政治是非原则对于执法规范化建设的前提性意义，加强政治伦理建设，从而实现涉警信访的有效治理。

上访主体的年龄、性别与社会分层差异分析
——基于宜昌市花镇的调查*

邢成举**

摘　要：对上访主体年龄、性别和社会分层的分析发现，上访主体以中年人为主，女性在上访主体中的地位突出，上访主体以中间层次和较差层次的农户为多。这些差异提醒我们，对上访问题的研究要关注农村社会分化，同时也要注意针对不同群体分析其上访动机与策略，最终才能够建立有效的上访解决方法和制度。

关键词：上访主体；差异；年龄；性别；阶层

一、引言：问题与文献

当前学术界关于农民上访问题的讨论主要是集中在该如何定性农民的上访行为，是维权呢还是谋利。主流的观点认为，农民的上访是维权的直接表现，其背后的隐语是，农民是因为受到了权利侵害尤其是民主权利的侵犯才通过上访的行动来维护自身正当权利的。这当中的代表人物有，李连江、欧博文（1997，2006），于建嵘（2003，2004，2007），王洪伟（2010）和吴长青（2010）等。以李连江、欧博文等的研究为例，他们发现在税费负担沉重的时期，农民会利用政府出台的各项法规、政策和文件来进行上访，也就是说农民借用来自政府的体制性资源来建构了自己上访活动的合法性，在合法话语的基础上，农民才来维护自己的权利并要求地方政府改变自己违规和

---

*　基金项目：中央高校基本科研业务费专项资金（2012YJ155）。
**　邢成举，中国农业大学人文与发展学院博士研究生，华中科技大学中国乡村治理研究中心研究人员。主要研究领域：农村发展与乡村治理研究。
　　本文的写作得益于与袁明宝、曾凡木和宜昌市委党校梅祖寿教授在宜昌杨村20多天的驻村调查，在调查期间，我们讨论深入并对多个问题进行交流。本文的诸多思考来自于他们的启发，在此表示感谢。

失当的措施与行动。这被研究者称为农民上访的"依法抗争"模式，在李连江、欧博文看来，这种上访模式已经带有政治抗争与政治参与的特点，已经不纯粹是简单地维护自己的利益。在后来的研究中，李连江进一步认为，"依法抗争"显示出了中国农民向公民的转变，农民上访所表现出的抗争力量与结构对将来的反对霸权与强权的结构具有重要的意义。

作为对李连江、欧博文上访研究的继承和发展，于建嵘则提出了农民上访的"以法抗争"模式，他强调说，税费负担时期农民的上访有新的特征，即农民明确地以政策和法律为护身符并作为自己上访的自卫性武器，农民上访出现了有组织表达农民政治权利并希望民主化进程的现象。上访中，农民的抗争是一种政治性的抗争，其典型的特征就是政治性，即政府相关部门没能坚持政治性原则来应对上访事件，而上访主体则以政治话语为上访活动创造和开拓空间。我们认为，农民上访活动是带有政治色彩的，但是于建嵘的研究被学界批评为存在"过度政治化"的嫌疑，其对农民的上访研究带有强大的感情色彩和价值涉入，在政治上的延伸分析具有单向度和浪漫化的色彩。在对批评者的回应中，于建嵘认为吴毅和应星的研究都是从政治精英的视角出发而没有大众视角，并强调说大多数的研究者并没有充分认识到大众的政治行动、色彩和逻辑，对农民上访行动的理解也只是从自身身份和立场出发的一种思考，而自己的研究才是真正从底层社会的政治逻辑出发来研究农民上访问题的。

在维权的上访研究话语下，应星（2001）也是研究者当中的一个代表。应星关于上访研究的代表作《大河移民上访的故事》，以叙事的手法，展现了农民上访的复杂过程与机制，以及国家权力再生产的过程与逻辑。正如作者承认的那样，本书更多的是上访精英与地方政府在上访过程中的互动关系，普通民众与国家之间的关系只是一个不甚明了的缩影。在上访精英与地方政府互动的过程中，上访者的策略、技术以及地方政府的息事宁人的做法和搞定术等都清晰地得以刻画。这一著作对后续上访研究产生了相当大的导向作用，后续不少研究都是对上访策略、技术、过程和地方政府解决与应对策略等的研究。在后来的研究中，应星提出了农民利益表达的"合法性困境"解释范式，该范式认为，激励农民传统政治行动的基础是道义和伦理而不是利益和理性，更不是对纯粹政治的要求和呼唤。这里的道义与伦理有与斯科特在东南亚研究中提出的"生存伦理"和"道义经济"相似的地方，但是也不全相同。在中国的传统文化里，其认为农民的政治行动有一个独特的心理与伦理基础——"气"。作者后来的一些研究着重关注了"气"在当代中国乡村社会集体行动中的独特作用，也揭示了"气"与集体行动之间的内在关系。若我们来梳理"气"的内涵时，我们会发现其至少包含两种含义，其一是指生气和气愤。"气"在这里主要是指上访的发生是因为上访主体外的一些事件或是个人、组织的行动打破了农民的公平、公正和均衡的心理状态，让农民无法忍受对自身不公的处置,因而要上访。其二,"气"是指气氛和形势。这种群体性上访当中表现得最为明显。就像勒庞《乌合之众》里分析的那样,一般的个体在处于一个群体内的时候,很容易被整个群体所弥漫的一种氛围所感染,也很容易受到群体内精英个体的引导并产生依从现象。所以"气"的宣泄和扩散很容易带动一批人无意识地行动,群体性上访事件多数都与此相关。在上访研究的学理性拓展方面,吴毅也是作出了一定贡献的。其田野研究发现的采石场老板的集体上访给其上访研究提供了很好的素材。吴毅认为农民利益表达之所以难以健康和体制化成长的原因,从场域的角度看,更直接地导因于乡村社会中各种既存的"权力——利益的结构之网"的阻隔,这一结构网络已经越来越成为影响和塑造具体场域中农民维权行为的更加常态和优先的因素。

与此相左,学术界还有一部分学者并不赞同使用维权的话语来分析和思考中国当前出现的农民上访事件。他们认为,中国农民的权利观念是不同于西方市民社会下的权利观念的,同时上访事件的大量增加还与乡村治权的极大弱化有密切的关系[①]。持此类观点的有裴宜理、申端峰和田先红等人。

裴宜理(2008)的研究强调,将后毛泽东时代的农民上访行动视为是"权利意识觉醒和伸张"的说法是带有很强的欧美人权话语的烙印,而没有从中国实际国情和上访的具体经验出发。其认为,在当代中国的上访群体中,仅有极少的上访主体对中国共产党的执政权威和合法性进行否定。权利在中国被认为是一种国家认可的可以推动统一、发展与繁荣的手段,而非自然哲学视野下的权利赋予以对抗国家的破坏。同时,他在对中国人的权利观念进行研究和梳理后发现,中国人的权利观念更多的是生存权和发展权,而并非是政治权利。传统帝国以来,中国的政治思想和社会运动就一直把保障社会经济安全和保障社会民生放在中心的位置,因而中国是不缺乏维护农民权利的,只是这种权利是不同于西方天赋人权和市民社会意义上的权力概念。而这一点也正是国内不少研究者所没有认识清楚的。

申端锋(2009)认为,在学界基于农民权利意识增强而不断展开的农民上访研究中,农民上访阐述中的维权模式变成了"主流话语"。而在税费改革之后,基层政权弱化和乡村治理困境的丛生也是不争的事实,这些事实导致了这个时期的上访大量增多不是仅仅使用维权范式就能够解释的。在农民上访研究呼唤新研究范式的背景下,他进行了大胆的尝试和探索,最终他从乡村治权的角度出发对农民上访进行研究。他调研调查经验证实,农民上访事件30年的变迁正是乡村治权弱化的结果,乡村治权的具体体现是分类治理。而当前信访治理的困境则是无法对上访者进行定性和分类,信访

---

① 申端峰:《治权与维权:和平乡农民上访与乡村治理》,华中科技大学博士论文,2009年。

治理缺乏原则。因此，要治理信访就要加强基层政权的治权并进一步强化基层政权的社会主义性质。

田先红（2010，2012）则在扬弃农民上访研究维权话语范式的基础上对农民上访的发展转向进行了深度的刻画，谋利型上访概念的提出对上访研究具有明显的价值。他指出，受国际发展战略转型、意识形态制约和压力型信访体制等因素的影响，当前乡村社会中，谋利型上访开始凸显并呈现出蔓延发展的趋势。谋利型上访的出现使得全国各地都涌现出了一批上访专业户群体，这对基层信访治理工作构成了巨大的挑战和威胁，上访事件变成了一种利益颇丰的"产业"。其对当前信访治理的判断是：基层信访治理已经超越了单纯的上访钉子户治理问题，而裹挟着浓厚的治理谋利型上访的色彩。怎么解决信访问题呢，研究者田先红的建议是，要调整国家的信访维稳战略，还原信访治理中专断权力的正当性和合法性，让国家权力能够在正常的治理轨道上运行。谋利型上访概念的提出真实地刻画了农民上访行动逻辑的时代转变，也深化了我们对上访制度变迁的认知与理解。从某种程度上讲，谋利型上访的出现也有信访制度的一份"功劳"。与田先红的研究类似，饶静（2011）等关于农民上访的研究提出了"要挟型上访"的概念，其认为农民会通过上访使得政府被迫介入其利益纠纷，从而实现其不合理的要求和利益注主张。不过，饶静认为农民的上访仍是属于底层政治逻辑的日常抗争，这一点笔者就有点不同意了。为什么说是，底层政治逻辑的日常抗争呢，笔者觉得为利益而起的要挟上访更多是一种底层经济逻辑的日常策略应用。

在维权话语之外的农民上访研究尽管数量较少，但是其影响正在逐步扩大。这类研究的拓展也使得农民上访问题的复杂性和多维性得以充分地展现，从而更加丰富了我们对研究问题的认识和理解。在两方面观点的分歧可以放在上访事件的情境和场域内得到印证和参照。笔者通过多次的实地调查认为，当前农民上访行为确实出现了"异化"的趋势，也就是一些钉子户和专业户在上访事件中成为了上访行动的代言人和领导者。这种趋势对中国解决上访问题并切实解决上访主体的问题是不利的，同时也将更加严重地扭曲中国信访体制。关于上访的研究成果非常丰富，但是针对上访主体本身的分析还是比较少的。不少上访研究的成果主要是对上访事件进行理想类型的归类，对上访事件发生的原因进行探析，对上访问题的解决提出对策和建议，对上访事件的性质进行分析。而本篇文章正是要针对上访群体本身进行分析，在社会分化的背景下，我们对上访主体的差异化分析会从微观层面呈现出以往上访研究没有触及的内容，也将进一步丰富我们关于上访问题的学术认知。

二、乡镇概况及上访情况

花镇紧邻长江，并有清江穿过，水陆空交通便利，是通往川东和鄂西的咽喉地带。花镇辖9个村和1社区，总人口28262人。2011年实现工业总产值43亿元，同比增长146%；规模工业总产值达40亿元，同比增长158%，产品销售额达36.93亿元。农村经济总收入达21亿元，同比增长32.91%；农民人均纯收入达11010元，同比增长29.42%；财政收入首破亿元大关，达到1.03亿元，同比增长31.6%，其中一般预算收入8300.8万元，同比增长38.8%。以上的数据展示了当地经济发展的成果，也展示了当地经济发展的方向及途径。

花镇在农业方面以柑橘种植为主导和核心。近些年全镇实施完成了柑橘密改稀1.5万亩，完成精品果园、生态橘园建设和老果园改造2.4万亩，当前全镇柑橘面积4.2万亩，省级无公害柑橘基地2.1万亩。柑橘年产量突破11万吨，带动农民增收幅度明显。全镇全年出栏育肥生猪4.76万头、山羊2.28万只、菜牛329头，家禽出笼35.32万只，水产品年出产量2560吨。组建有畜牧、清江鱼、柑橘等专业合作社11家，累计达到39家，覆盖全镇6900个农户，176个畜牧养殖户，户平增收过万元。在工业建设和发展方面，以沿江经济带为招商引资工业产业园，政府的工作逻辑体现"产业第一"的思想，其坚持把发展工业、提升工业、壮大工业作为转变经济发展方式的重中之重，大力引进强优项目，坚持以商招商，招大商、招名商，在装备制造、新能源、新材料、节能环保等新兴产业上实现了新突破。客观地讲，全镇范围内，招商引资成为第一工作，由招商引资发生的征地协调工作成为各级干部的中心工作。2011年新签约项目12个，新开工项目11个，新投产项目10个；新增规模工业企业9家，累计达到22家。全年完成项目征地1100亩，拆迁房屋169间。该镇给自己定下的目标是：挺进全省乡镇20强、打造200亿工业园。

一系列的经济数据都在给该镇的经济发展提供着积极而正面的印象，不过发展的过程总是伴随着问题的产生。快速发展的乡镇经济和不断提升的招商引资力度使得杨村成为了众多企业投资创业的理想选择。不过这给地方政府带了极大的征地协调任务，企业的入驻是以政府能够提供优越的环境为前提的，而其中最首要的就是要给协调并完成企业占地清场、赔付等工作。从2000年开始，该镇范围内的征地事件大量增加，近三年来，该镇每年平均要征地1000亩左右。截止到2010年7月份全镇已有失地农民3000多人，这两年全镇新增失地农民在500人以上。失地农民的增加让政府的社会保障工作面临的压力急速提高，而无法及时和全面处理失地农民的社会保障问题就很容易引发农民的上访行为。征地不仅仅是涉及赔偿的问题，还有房屋拆迁的问题，更有土地被征用后的失地农民问题。因征地而起的农民上访,占据了该镇上访事件的 80% 以上,而上访事件的增加与征地规模的不断扩大是正向相关的。

据不完全统计,近三年以来,该镇共发生省级上访事件 7 起,地区市级上访事件 30 起,县级上访事件 53 起,三年共发生上访事件 90 起。而乡镇自身处理的信访问题则是每周都有 2 起,全年大约是 100 起左右。到乡镇一级的信访尽管不是越级上访,但是同样可以构成我们分析的材料和对象,有助于我们深化对上访事件的认识。根据田先红在湖北桥镇的调查,在 2003 年至 2009 年的农民上访中,维权型上访在总量中下降至 4.31%,谋利型上访上升至 29.50%,而因治理问题导致的上访即治理型上访则高达 61.74%,还有其他无法归类的上访占 4.35%。① 另以笔者驻村调查的花镇杨村为例,本村在过去的 5 年中曾发生过两起到镇政府集体上访的事件。其中一起发生在 2007 年,是因为当地被征地的村民质疑镇政府压低征地补偿标准而不愿意征地,或者是同意征地而要提高征地补偿标准而采取的一种集体行动。这起事件最终并没有因为提高土地补偿标准而化解,因为整个宜都市的标准都是统一的,镇政府是无法答应村民的要求的。这起群体上访共有 20 多人,其中妇女和老年人占据上访者当中的 80% 以上。另外一起群体上访发生在 2009 年,是因为国家电网在村内建设换流站造成噪音污染而无法回应农民的合理诉求的。当时到镇政府上访的农民有 47 位,而其中绝大多数都是妇女和老人。村民们经过一年时间内的多次上访,最终还是获得了异地安置建房的补偿。而通过上访者当中的老干部和老党员,其要求也更快地得到了政府的正面反馈。

三、上访主体的差异化分析

(一) 上访主体的年龄构成、性别和经济层次差异表现

尽管关于上访群体年龄特征的专门研究并不多见,但是却有一些报道对上访主体的年龄特征进行了关注,"一份调查显示,上访者中 62% 是农民,82% 是 40 岁以上的中老年人。"② 经笔者统计,花镇上访事件中,上访主体存在年龄结构方面的差异,如表 1 所示:

---

① 田先红:《治理基层中国:桥镇信访博弈的叙事,1995—2009》,社会科学文献出版社 2012 年版,第 108 页。
② 姜晓明:《北京东庄:即将消逝的上访村》,载《新闻周刊》,2002 年第 5 期。

表 1　花镇上访事件中上访主体的年龄构成（2009—2011）

年龄组	45 岁以下	45 岁以上—60 岁	60 岁以上的
比例（%）	24%	40%	36%

除了上表 1 所体现出的上访者的年龄构成差异之外，上访主体还存在明显的性别差异。也就是说，不少上访事件中女性是多数，而且还构成了上访群体的核心力量。通过对上访主体的性别频次进行统计，我们就看到了上访主体的性别构成，具体情况如表 2 所示：

表 2　上访主体的性别构成（2009—2011）

性别	男性	女性
比例（%）	43%	57%

最后，对上访主体在乡村社会结构序列位置的分析，我们也发现了不同社会阶层在上访事件上或者具体的上访行动上呈现出差异。我们根据该乡镇的经济发展水平将村民划分为三个层次，即上等户、中等户、较差农户，但是为了呈现上访中的新情况，我们增加了钉子户这个层次。通过对上访者所归属的具体社会层次的统计和计算，我们获得了上访主体在经济层次上的差异化表现。具体内容可见表 3：

表 3　上访主体的经济层次构成（2009—2011）

经济层次	上等户	中等户	较差农户	钉子户
比例（%）	10%	40%	20%	30%

上访事件中的上访主体为什么会在以上几个方面呈现出差异化的结果呢？这是耐人寻味的，而对这种差异的分析，可以使我们更好地认识上访主体的主要构成。这样，我们思考和探索上访问题的解决途径时，才能够有针对性和现实性。

（二）上访主体性别、年龄与经济层次差异的进一步分析

1. 年龄构成差异

通过表 1，我们看到：青壮年与中老年在上访事件中有着明显的差异。45 岁及以下的上访者只占全部上访事件的约四分之一，而 45 岁以上的上访主体则构成了上访主体的绝大部分。通过实地调查和访谈，我们发现导致上访主体年龄构成差异的原因集

中在以下四个方面：工作机会的多少，对社会保障的要求与满足程度，对土地和农业生产的依赖程度，对未来生活的预期。

因为本地的上访事件绝大多数都与土地征用有关，因此我们就必须在这个背景下来思考和讨论。首先，青壮年与中老年人相比，可以在乡村社会或是农业生产外获得更多的打工机遇或是工作空间，因此对于土地征用，青壮年并不会表现出与中老年人相似的担忧感和焦虑感。因而青壮年在征地过程中出现的上访事件是很少的。其次，对于青壮年农民来讲，他们还不需要急切地考虑社会保障问题，因为自己所处的年龄段正是大量创造价值和积累资本的时段，他们暂时不担心自己的生活会没有保障，而是对好的发展前途抱着更多的期望。而中老年人的社会保障需求则更加急迫和现实。土地被征用就意味着农民自己最基本的社会保障资料的缺失，因此他们希望通过上访来阻止土地被征用或是想通过上访获得更多的土地赔偿，这也就是这个群体的客观心理和行动动机。再次，不同年龄群体对待农业和土地的感情不同。青壮年人从事农业生产的历史明显短于中老年人，其家庭生活对农业生产和土地种植的依赖程度也有明显区别。乡村社会的青壮年人更多的是通过外出打工获得其生活和发展资本，他们对于土地的基本保障作用的体会不如中老年人深刻。而中老年人因为多数没有到外地打工，所以他们对农业生产的依赖，对土地保障作用的重视，都使得其更加留恋自己手中的土地，不到万不得已，他们是不会放弃自己的土地的。最后，青壮年与中老年人对村庄生活的预期是不同的。多数青壮年人都希望通过自己的努力离开农村到城镇生活。而中老年人更现实的选择是，要让自己在农村的生活变得更加美好。这样，他们在征地所带来的各种困境与烦恼中选择上访来解决问题的可能性是差异很大的。中老年人因为在乎村庄生活，因为脱离这个环境的可能性更小，所以对乡村生活环境的改变如征地带来的影响更加敏感，也更加关注。所以这样的上访事件，中老年人更多些。

笔者还了解到这里还有两个关于老年人上访的案例，这在全镇都是相当有名的，可谓是"众人皆知"。案例一：一个老汉，今年 68 岁。在他 65 岁的时候，其田地被征用了。可是他在三年后要求征地的企业给他解决养老保障，企业不给他解决。这个老汉就来找镇政府，让镇政府给解决。按照地方关于失地农民养老保险的规定，失地农民保险是随着征地项目办理的，一旦错过就很难再办理了。镇里的副书记讲到这个案例时说，"已经 60 多岁了，这样的问题没法子解决；就是可以解决，也不能是政府买单啊。养老保险的规定都在书面上写着，政府怎么可能违法给你搞养老保险统筹呢。"可是该老汉仍然在上访，这事情让镇政府很是头疼，也没有什么好的办法。案例二：该案例说的是，有一个退休公办老师，因为其职业原因将其转成了非农户口，这样他们家里就应该减少一口人的田地。但是之前，这位教师曾开荒拓出一块田地来。他转户口之后，他的田地就由村里发包给其他农户了。他对村里减少其家庭土地的事情耿耿于怀。别人在经营了这位教师种过的那块田后，在田里种什么，这位教师就毁坏什么。又一次作物被大面积毁坏之后，这位农户就投诉了这位教师，教师被抓了，还给判了半年的有期徒刑。出狱之后，这位教师就给国家领导人和省委领导写信，一年的邮寄费都有1000多元。这个教师的上访举动产生了严重的负面影响，政府工作人员通过各种社会关系，还曾动员过其子女做他的工作，但是没有任何效果。案例一，让我们看到，老年人的上访是因为对养老保障的关注和担忧，但是因为错过了时间，而希望通过上访来进行弥补。而案例二，则让我们看到了，一个有知识的老年人如何通过自己的手段——写信进行上访，他认为自己对政府和制度的掌握是很充分的，但是事实上，他只选择了对自己有利的政策和制度，从而为自己辩护。

2. 性别差异

通过表2的内容，我们看到，在上访主体中，女性上访者比男性所占的比例更高。为什么会呈现出这样一个情况呢？首先是多数男性都外出打工，没有充裕的时间来进行上访，而同时多数女性都在家里带孩子或是经营农业生产。因为女性留守家庭，所以女性在上访事件中增多也是客观现实的选择。另外，女性参与到上访事件中，也说明女性家庭社会地位的提高，这种提高是以女性可以在家庭以外的公共场合"抛头露面"为表现的。其次，女性上访者明显多于男性，不仅仅是女性家庭地位的提高，这也是家庭内部社会分工的客观结果。按照传统家庭内的性别分工，女主内男主外。所谓的女主内，也就是说女性作为家庭的女主人，主要处理家庭内部事务为主，但是什么是家庭内部事务就没有统一的规定了。通过，大量的访谈，我们发现：与征地相关的，是与家庭收入与生活水准直接相关的内容，这在当地人看来是可以交给女主人处理的。按照性别分工，这个应该是由家庭的女主人负责的。女性对家庭过日子的意义与价值体验更加深刻，其实践也更加具体；男性的面子观使得男性不愿意在这样的事情上抛头露面，但是女性却能够抛开这些。最后，正如一些研究所发现的，农民的上访过程体现出越来越多民间智慧的特点。上访中出现的以女性为多的特点，也正是农民上访智慧的一种体现，这也正是对"弱者的武器"的自觉使用。女性对自己弱势地位的认识和不自觉的利用，也构成了弱者的武器，这种应用使得农民在上访中获得了更多道义和情感层面的支持，也更增加了上访事件处理者的心理负担和情感成本。女性上访者这样的身份和角色，让女性能够实现以柔克刚，也在上访过程中获得了更多的"胜利"。

3. 社会分层差异

我们通过经济层次的差异将上访主体进行划分也许并不十分严密，但是却可以说明问题。通过对不同层次农民上访主体的分析，我们可以更加准确地理解农民的上访动机与上访策略。困难家庭：他们在内心是很不愿意放弃土地的，土地作为其生活的基本保障的价值与意义是十分明显的。最后的土地就变成了"救命稻草"。但是因为弱势，也不懂政策和法律等，他们没有什么能力与征地者讨价还价。当他们在情感上不愿意接受征地，而同时又必须交地的时候，他们就会选择上访来为自己讨回"公道"。所谓的公道在村民看来就是不能强制征地。这种情况下出现的上访不是为了谋利，而是维权或是出"气"。人活一口气，就是这个道理。"过于强调权力、利益与理性，忽略了情感性的动因也可能成为农民集体行动的基点。"[①] 而这里强调的情感性动因也正是上文谈论的出"气"和自己内心的公平和正义观念。

还是以征地工作为例，一般家庭的观点是：征地是可以的，为了支持国家建设和地方发展。在这样的家庭内，土地的收入并不构成其家庭收入的大部分，只要是补偿合理，大家都同意征地，他也就同意征地。但是如果出现多数人都不同意的局面，就会发生集体上访。这种情况下，他们多是认为征地过程出现了贪污和腐败，土地赔偿的价格太低。在笔者的调查点，绝大部分村民都认为征地价格很低。当前征地赔偿标准为每亩3.68万元，而当地每亩橘园每年的纯收益是5000—6000元，这样计算和对比后，村民自然是不会对现有的土地补偿标准满意了。这类群体上访主要是希望搞清楚事实，要求上级政府对贪污腐败者进行惩治。但是其能够达到的效果怎么样，这些村民的心里并没有太大的把握，因为对贪污腐败的控诉并没有任何证据和清晰事实的支持。这一点，杨华的研究也可以印证，"上访，应该被看做是农民通过上访重塑农村基层组织的治理责任的一种机制。农民就通过上访，借上级政府之手向农村基层组织施压，重新塑造农村基层组织的治理责任。"[②] 从这里可以看出，农民上访已经区别于大多数研究者所言的是"农民的正当权益受到侵害"，而是变成农民学会了钻政策的空子，也发现了政府工作的软肋，以"弱者武器"面目出现的各种上访活动的策略让农民为追逐利益而行动。

我们再来看上等家庭的情况。上等家庭发生上访的情况是比较少的，一旦出现的话，上访所涉及的经济利益将是巨大的。对于上等农户而言，农业收入在其家庭收入中占有的份额更小甚至是其家庭尽管有土地但是已经脱离了农业生产，对土地的保障价值并不是很看重。但是他们的讨价还价能力强，他们还有多种社会关系，在征地中他们一般都能够获得更多的好处和利益。他们往往还在乡村社会带有一些政治性的身份，如各级的代表、党员身份等，他们若是上访的话，正如他们自己说的，"就是不明智的了"，他们往往通过其他更为隐秘的途径来为自己增加利益，如承包工程或是多丈

[①] 陈锋：《维权还是出气？贫富分化下的集体上访》，载《文化纵横》，2011年第2期。
[②] 杨华、王会：《重塑农村基层组织的治理责任——理解税费改革后乡村治理困境的一个框架》，载《南京农业大学学报（社会科学版）》，2011年第2期。

量一些土地。一方面，他们希望在征地后，政府可以更加完善地落实保障和就业安置，创业优惠等政策。而另一方面，他们通常是所有村民中通过征地而收益最高的村民。

最后，再来看钉子户的情况。这里的钉子户是广义上的钉子户，他不仅仅是指那些不配合政府各项工作的难缠农户，同时也有钉子上访户和谋利专业户的含义。钉子户的说法并不是按照经济层次划分的，而是超越于各个经济层次的。但是一般而言，本调查中发现的钉子户在经济层面主要是中等农户和较差农户。在征地过程中，这样的农户并不是不愿意征地，不过他们展现给别人的印象是，土地对他们极其重要，他们对土地的情感很深厚。其实，他们盼望着土地被征用，在没有别人的时候，这样的钉子户是"偷着乐"的。当政府和企业提出要征地的要求时，这样的农户就要提出各种条件并希望政府全部实现这些要求。在钉子户的视野里，征地的出现成为了他解决问题的机遇和机会，他会尽力使用好这样的机会。征地在这个时候变成了一种解决综合问题的过程，而并非是简单地解决土地补偿标准的问题。正如田先红观察到的，"在当前乡村社会中，谋利型上访开始凸显并呈现出蔓延趋势。在此基础上，还涌现了一批上访专业户群体，对基层信访治理工作构成了极大威胁，上访产业渐趋雏形。"① 对于这类上访事件，政府就应该坚持原则，要能够做到是非分明，不然不正的上访之风将会扩大并导致更多的合理上访转变为无理上访。

（三）一起上访案例的介绍

2004 年三峡工程为了方便电力输送在本村建立了换流站，占地 400 亩，这是经过多方专家考察和论证后才选址本村的。当时占用的土地大部分都是山地，工程建设也搬迁了几十户。当时占用的山地，占用一亩山地村民得到的补偿大约是 6000 元。在换流站建成 1 年多后，不少村民反映换流站存在噪音和电磁污染，为此事他们多次向乡村两级组织反映，在没有及时反馈的情况下他们选择了集体上访。

上访者当中，一部分是没有技能和生活困难的。征地了之后，他们预期自己的生活会变得更加艰难，所以希望政府考虑其后顾之忧；若是再遇上自己的子女面临结婚，则就会对房屋的拆迁带有更多的不满了。另一部分人则是因为历史遗留问题而上访的。如邻里之间纠纷没有解决，或者是与村里原有纠纷没有解决。有 1 户在自己田里做房子，未通电，他自己也不愿意架设电线，后来就上访，说村里不管他。村里不可能给一个人拉电线，到现在这一问题也没有解决。在信访工作上，村里主要是配合镇里，镇里有专门的办公室负责维稳和上访。2005 年，本村被征地农民因为怀疑镇村两级克

---

① 田先红：《从维权到谋利——农民上访行为逻辑变迁的一个解释框架》，载《开放时代》，2010 年第 6 期。

扣和降低征地补偿标准而上访，一直到省政府。

受到噪音污染而搬迁的农户共有67户。当时为了尽快地实现自己搬迁的目标，村民们进行了有组织的上访活动。除了上访，拦车、打架和静坐的事情也不少发生。拦车和静坐的事情多是由涉及拆迁的妇女和老年人参与的。这些人往公路上一站，所有车不得不下，换流站的工作人员都认为这里的老年人和妇女是最不好惹的，一方面是因为他们身体素质较差，另一方面是因为这些人"不讲理"。村民们都认为，要是不把事情搞大，上面的人就不会管。国家工程建设首先没有考虑到噪音和辐射对村民的影响，这让村民很不满意。工程占地可以，但是要必须不能损害村民的利益，正是基于这一点，村民才上访要求解决污染的问题。经过近2年时间，村民反映的问题得到了解决。受到噪音和电磁污染的60多户农户被搬迁到了新的集中居民点。村民要拆掉自己原有的住房，工程方按照每平方450元的标准对村民进行补偿。新居住点的土地征用费、地基建设和下水道等附属设施也是由工程方负责建设的。新居民点的住房都是统一规划的结构，有每层两间和每层3间两种类型，每栋房屋都是2层半。3间每层的住房，总建设费用约是26万，2间每层的，每栋造价20万元。对于多数村民来讲，房屋拆迁补偿费用是足以支付其新房建设费用的。但是对于一些原有住房面积小，土坯房结构的村民，其获得的补偿则是较少的，其补偿也不足以支持新建住房。

在搬迁拆迁的农户当中，有些家庭原本就比较困难，家中的房子只是1层的平房，拆房子后能够得到的补偿很少，而新建的小区是统一规划的楼层，他们这样的家庭就没钱建房子了。对于一些到了结婚年龄的人，没钱建新房，老房子又被拆除了，这样的结婚都成问题，只能往后拖着了。2011年7月份村民就开始拆迁老房屋了，到现在大半年的时间里，他们还住在已经被拆掉部分结构的房子里。去年春节前，村民们又再次去上访，要求给村民提供一定的生活补助。到腊月二十七的时候，镇政府给每个拆迁户送来了500元的慰问金。对于自己的举动，一位代表的说法是，"我们让政府的工作很顺利，但是让政府的工作主动之后，我们在这些方面的工作变得很被动了。原来说是，自己拆房子的村民，政府给补贴3000元的劳务费和误工费，但是这笔钱到现在还没有兑现。"

这起上访案例能够很好地反映出当前阶段农村上访主体上的一些特征。正如上文所强调和论述的，上访的主体有女性化和老年化的趋势。本案例中共有上访者47人，其中50岁以上的中老年女性是23人，50岁以上的男性中老年人为17人，还有50岁以下的是7人。从经济分层的角度看，真正困难的家庭是有上访需求的，但是这种上访的动机和需求在某种程度上被经济条件较好的农户利用了。对67户搬迁户来说，有些是确实不愿意搬迁的，因为他们没有资金建立新房，而家庭条件较好的家庭则希望抓住这个机会拆掉旧房换新房。在一些农户的鼓舞和怂恿下，一些有真正困难和诉求的农民就充当了上访活动的先锋,而其背后则是真正的获利者。

四、上访主体差异化分析的启示

对上访主体差异的分析可以让我们获得多个方面的启示,而这些启示则构成了我们进一步认识和理解上访问题的素材,同时为我们思考如何解决上访问题提供一定的方向性途径与空间。

1. 上访问题上的农民阶层分析是一种基本视角

本文之所以强调对上访群体本身进行研究,就是因为当前的中国农民和农村社会已经不是铁板一块。在经历了改革开放和市场经济的不断发展后,农民的社会分层和农村社会分化已经相当明显。农民社会分化的事实在提醒我们:对农村问题的认识不能脱离开对具体农民阶层的考察,不然就可能犯一刀切的错误。

2. 农民上访主因的多元化呈现

通过我们对农民上访主体差异的分析,我们实际上可以看到不同主体在上访问题上有着多元和差异化的动机。以往关于农民上访的研究很多是从农民维护自身正当权益的角度出发的,而我们的差异化分析就发现,农民的上访有维权的动机,也有出"气"的成分,农民会为自己心里的公平和正义观念而行动。在一些上访行动中,农民上访的行为是对地方干部的警示,同时也是撬动上级干部处理下级干部错误与不足的杠杆。还有一些上访则是对无奈现实的一种担忧,他们并不是纯粹的利益追求者,而是希望政府的公共工程和行动应该考虑对农民的现实影响,只要能够解决其后顾之忧,他们的上访也就不会存在了。过分强调农民上访的维权模式或是过分强调农民上访的乡村治权弱化,对该问题的研究都是不利的。对农民上访问题的治理不仅仅需要在解决问题的环节对农民的上访进行分类,区分出合理上访、无理上访,也需要我们对上访事件的主体进行分类,这样的分类治理才能够从头到尾部贯通起来,研究者提出的上访治理和应对策略才能够发挥切实的效果。例如,桂华和陶自祥认为,"近年来出台的一系列'确权'性质土地政策法规逐步赋予农民'地权',削减村组集体在土地上的权力,不仅没有减少农民'地权'纠纷,反而激化了土地矛盾,导致大量的农民土地上访。"[①] 这种分析是很有道理的,但是这种结论可能会忽视农民意识中土地作为基础社会保障的意义,之所以地权纠纷增多和土地上访上升,是因为农民在深层的意识上,仍然看重土地的基础保障功能。

---

① 桂华、陶自祥:《农民土地上访类型及其发生机制探析——基于豫东某县的调查》,载《南京农业大学学报(社会科学版)》,2011 年第 2 期。

3. 上访治理的基础是对上访主体的差异化分析和认识

贺雪峰的研究认为，"农民上访甄别系统的瓦解，是造成农民上访增多的主要原因。本质上，上访制度与法治是两套完全不同的话语体系。上访制度能有效运作的前提是上访甄别机制的存在，如果还不能废除上访制度，就需要重建上访甄别机制。"[①] 而如何建立农民上访甄别制度则是学术界和政府需要花费大力气去思考和探索的一个问题。要区分农民上访是否合理，就需要我们在社会分层的视角下来思考不同上访主体的动机和理由，这样才可能建立有效和现实的农民上访分类和甄别系统，最终推动上访问题的解决。不同阶层的上访问题应该有不同阶层的特殊或者是特殊的要求与逻辑，我们并不是简单地对其要求和需要进行满足，而是分类分析和深入了解这些上访活动背后的推动因素与运行机制。在此基础上，我们再对上访的动机与诉求本身进行分析和区分，这样就能够相对客观和正确地将上访问题转化为合理上访与无理上访两类，最终在不同的框架与适用范围内对问题进行解决。

4. 上访成为形塑政府行动与角色的重要事件

在农民上访中，我们看到的是农民对"保姆型政府"的呼唤。当整个社会都在呼唤有限政府和小政府的时候，我们却发现在不少的事件上，尤其是需要政府承担责任的时候，我们的大众和农民则呼吁我们的政府成为"大政府"和"全能政府"，成为可以为其提供各种福利和服务的"保姆型政府"。村民在自己的意识与行动中展现出两条规范和准则，对内即对自己的事情是要求照顾和多得利益的，而对外则要求一定要公平，不能比自己获得的利益更多。村民在内心深处还是很依赖政府的，政府没有做到的地方，村民就不满意了。农民在上访事件中对政府的期望与公共管理理论发展趋势对政府的期望是大相径庭的。其背后反映的是国家与农民关系的变化，同时也是乡土社会本身的变化。从国家与社会关系的角度看，国家改变了以往的从农村汲取资源，如今则是向农村注入资源。尽管在征地的问题上，还是一种资源的汲取，但是不同于以往的是，农民在征地的问题上有了与政府和企业进行讨价还价的空间和声音。土地制度的改革与变迁也使得农民对土地的私有化认知与想象越发的深厚，而导致的结果就是农民的土地经营权还是侵占集体的土地所有权。信访本来是国家体察民意和监督地方政府的一种手段，而现在则变成了一种农民与政府进行"交易"的筹码和工具。在这种"以弱胜强"的博弈中，政府在维稳的"红线"下被束缚了手脚，也丧失了原则，最终的结果是政府变成了一定程度上任上访者"摆布"的无权威和无权力的政府，政府失却了合法性和政治性，也难以获得多数人的信任和支持。上访事件的层出不穷

---

① 贺雪峰：《国家与农民关系的三层分析——以农民上访为问题意识之来源》，载《天津社会科学》，2011年第4期。

既是上访制度变革后的结果，同时也是国家与社会关系扭曲状态的客观反映。只有，重塑国家与农民关系才能够化解上访事件中的异化和混乱现象。政府要对上访事件进行清晰的调查和认定，要对上访进行分类，要敢于惩恶扬善，只有这样才能摆正国家与农民之间的关系。

当我们看到上访主体在性别、年龄和经济层次上的分化差异表达后，我们会理解中国农村和农民的分化已经对诸多的社会事实和社会问题产生了影响，这种影响对社会的发展和社会治理的效果都构成挑战。调查中，我们发现了一个现象：村中的富有者总是喊穷。其实，上访事件中，这些人是最大的受益者，因为上访的结果往往具备溢出效应与正外部性，因此社会分化背景下的农民上访不仅要关注上访事件的信息和过程，更要关注上访主体的信息、构成及其相互关系，唯有如此，我们才能够在农民分化的背景下拿出"因地制宜"的解决方法。

研究报告

中国环境维权群体性事件：
过程演化与对策分析*

刘晓亮**

摘　要：中国环境维权群体性事件的数量正在逐年增多。环境维权群体性事件包含潜伏、诱发、准备、高潮和恢复五个阶段。其中，企业、政府及公众构成平行的三方博弈主体，但企业和政府却结成隐性利益同盟，在各个阶段与公众展开博弈。应从公共决策、项目建设、环境监督、公众维权、媒体舆论等方面采取措施，减少或避免环境维权群体性事件的发生。

关键词：环境维权群体性事件；隐性利益同盟；博弈

一、环境维权问题显现

随着经济社会的快速发展和人民生活水平的不断提升，环境保护问题正日渐成为社会广泛关注的一项重要议题。2011年8月14日，受台风"梅花"的影响，辽宁省大连市福佳集团投资的PX（二甲苯的简称）项目防波堤决口，引发了大连市民反对PX项目的群体性事件。在此之前，2007年厦门也曾爆发反对PX项目事件，而2008年的上海磁悬浮事件、2009年的六大垃圾焚烧群体性事件①亦属此类。上述事件的一个共

---

*　基金项目：2011年教育部社会科学研究规划基金项目"网络时代基层社会管理存在的主要问题及释困路径研究"（项目编号：11YJA810025）；中央高校基本科研业务费探索研究基金项目（WE1122001）。
**　刘晓亮，华东政法大学博士后流动站研究人员，华东理工大学社会与公共管理学院讲师。主要研究领域：公共安全、危机管理。
①　2009年3月，北京朝阳区上千民众反对在高安屯垃圾掩埋场再兴建垃圾焚烧厂；4月，上海江桥垃圾焚烧厂周边居民到厂区悬挂标语、口号，称"团结起来，为生存环境不被恶化而抗争"；5月，深圳数百居民聚集工地反对建设白鸽湖垃圾焚烧项目；8月，北京部分群众组织车队或在论坛发帖反对建设阿苏卫垃圾发电厂；10月，江苏吴江万人街头抗议，反对垃圾焚烧厂投产；11月，广州番禺垃圾焚烧发电厂周边居民集体前往广州市政府上访。

同议题是反对环境污染,参与者为维护自身的生存权和发展权而对环境污染项目发出反对的声音,并且通过行动寻求获得公共事务的知情权和参与权,因此可以将这类事件称为环境维权群体性事件。

目前,中国已经进入了群体性事件的高发期。而在这些事件中,环境维权群体性事件无疑将会处在一个越来越凸显的位置。首先,人们的环保安全意识逐渐增强,各种环境污染对公众健康造成伤害的案例频频发生,特别是日本核泄露等典型事件的强烈冲击,强化了社会的环境安全观念。而中国过去粗放式发展遗留下很多环境污染问题未得解决,从而为未来爆发环境维权群体性事件埋下了隐患。其次,不少地方领导的决策思维仍未转变,追求GDP增长仍是许多官员的第一守则,致使一批利润可观但污染严重的项目纷纷上马。"当增长而不是环境、企业家而不是分散的民众更直接影响官员的政绩和政治前程,在面对民众环境保护的诉求时,地方政府常常会出现立场性的偏差","政府作为制度化解决群体利益受损的公器性质产生了异化,沦为某些利益团体的私器"①,制度化的维权路径受堵,公众最终只能被迫选择以制造群体性事件的方式对政府和企业施压,以求解决问题。最后,网络媒体成为环境维权群体性事件发展的一大助力。伴随着互联网和手机的广泛普及,通过短信、微博、博客和论坛等方式,环境维权群体性事件获得了快速、广泛地传播,并在社会中产生共鸣。许多处境相似的公众个人和群体会通过网络进行交流和学习,最终可能在社会中形成连锁的环境维权反应。以上原因均成为推动环境维权群体性事件发展的重要动力,由此导致的结果是,环境污染引发的群体性事件正以年均29%的速度递增,且对抗程度明显高于其他群体性事件。②

萨缪尔·亨廷顿认为:"社会的动员和政治参与的扩大日新月异,而政治上的组织和制度化却步履蹒跚,结果必然发生政治动荡和骚乱。"③ 环境维权群体性事件集中体现了经济发展与环境保护、不同社会阶层和群体利益冲突、地方治理与公众参与等多种社会结构性矛盾,有着深刻的基础性、社会性、结构性根源。④ 目前国内学者多从其特点和形成机理角度展开分析,提出对策。本文将从博弈的视角对事件的演化过程展开分析,深入剖析不同阶段的主体博弈策略,进而提出环境维权群体性事件的应对

---

① 商磊:《由环境问题引起的群体性事件发生成因及解决路径》,载《首都师范大学学报(社会科学版)》,2009年第5期。
② 潘岳:《和谐社会目标下的环境友好型社会》,载《资源与人居环境》,2008年第7期。
③ [美]萨缪尔·亨廷顿:《变化社会中的政治秩序》,王冠华等译,上海人民出版社2008年版,第4页。
④ 余光辉、陶建军、袁开国、李振国:《环境群体性事件的解决对策》,载《环境保护》,2010年第19期。

思路。

二、环境维权群体性事件的演化过程

环境维权群体性事件是一个持续的动态博弈过程。按照时间顺序,一次完整的事件演化过程可以被分为潜伏阶段、诱发阶段、准备阶段、高潮阶段以及恢复阶段五个部分。事件中,构成博弈主体的分别是企业、政府和公众。其中,企业是项目的投资方,拥有资本和技术,出于获利的目的而具有推动项目实施的强烈动机;政府拥有行政权力和监管责任,同时又会因为项目的实施带来就业、税收和地方GDP的增长,从而成为项目的受惠者;公众是环境问题的承受者,作为利益受损方,他们无法直接影响企业的项目进程,必须通过政府的行政手段施加干预。原本三方应该是相对独立的平行博弈主体,但是"在以经济增长为主要任期考核指标的压力型行政体制下,GDP和税收财源的增长成为地方官员的优先选择,从而导致他们容易采取重增长、轻环保的污染保护主义行为,并与追求利润的企业家结成利益同盟。"[①] 因此,环境维权群体性事件中的博弈实质上就变成公众与企业和政府隐性利益同盟间的博弈。

(一) 潜伏阶段

环境维权事件的潜伏源于传统行政决策模式的继承和对复杂特殊利益关系的庇护。我国传统的行政决策模式是计划经济时代的直接产物,在过去的30年中仍然扮演了主导角色[②],至今仍存在很大影响。这种模式下,单向的管理主义切断了公众需求和偏好表达的政策输入途径,使得公众的诉求和潜在的公共危机被隐匿于政府的权威之下。此时,隐性利益同盟对于公共项目的决策方式存在民主协商和独断专行两种选择。考虑到潜在的环境污染风险,若面向社会公开征求意见,进行民主决策,则项目很难顺利获得通过。但如果决策过程不对外公开,只通过少数政商精英的内部评估[③]便可实施,则没有哪个地方政府愿意放弃项目。为了能够实现特殊利益,传统行政决策模式再次回到决策者的视野,而这也在某种程度上解释了传统行政决策模式为何得以继承

---

① 张玉林:《政经一体化开发机制与中国农村的环境冲突》,载《探索与争鸣》,2006年第5期。
② 王锡锌、章永乐:《我国行政决策模式之转型——从管理主义模式到参与式治理模式》,载《法商研究》,2010年第5期。
③ 通常也邀请少数专家进行论证,但专家仅负责向政府提交论证报告,不负责向社会发布信息。而且专家要从政府手里获取论证劳务费,因此很多论证报告会受到政府意图的影响,某种程度上也是隐性利益同盟的成员。

和难以消除的原因。2006 年初国家环保总局颁布了《环境影响评价公众参与暂行办法》，其中第五条规定："建设单位或者其委托的环境影响评价机构在编制环境影响报告书的过程中，环境保护行政主管部门在审批或者重新审核环境影响报告书的过程中，应当依照本办法的规定，公开有关环境影响评价的信息，征求公众意见。"① 虽然有了相关法规制度，但是只要传统封闭式行政决策模式没有被彻底废除，在利益杠杆的驱动下，大量未向社会公开的潜在重大环境污染项目依然可以顺利启动，也正是这些违规决策，为未来爆发环境维权群体性事件埋下了隐患。

（二）诱发阶段

环境维权群体性事件的诱发需要一定的导火事件，而这类事件往往与公众发现自身合法权益受损或隐性利益合谋被曝光有着密切的联系。例如大连 PX 事件中，受台风影响发生溃坝，8 月 9 日大连市委、市政府将 PX 项目搬迁论证问题公之于众，至此 PX 项目正式浮出水面，并随即成为大连市民环境维权的导火事件。该事件的引爆点在于，PX 项目的位置距离市区太近，对大连市民的安全构成严重威胁，但此前多数市民对它一无所知，更不知道早在 2005 年项目就已经获批并开始动工。这暴露了政府与开发商在项目被迫公开之前采取了规避博弈的策略，有意识地掩盖了这一重大项目。但溃坝事件导致项目公开，随即引发了社会关于项目决策过程公众知情权和参与权被剥夺的追溯，并进一步生出对政府与开发商之间隐性利益合谋的怀疑。正是这一过程在公众中间引起了强烈的情绪波动，潜伏已久的结构性矛盾清晰地呈现出来。求生存、护发展、谋参与等多种思想和意识开始融合、酝酿发酵，并且与社会动员和政治参与扩大化相结合，为环境维权群体性事件的爆发提供了直接动力。

（三）准备阶段

这一阶段的最大特点是网络日益成为公众利益表达、情绪发泄的空间以及群体性事件准备、酝酿和组织的主要平台。除了通过全国人民代表大会、中国人民政治协商会议等渠道之外，当前中国社会公众的利益表达方式多缺乏制度化的保障；另外利益表达不平衡的问题也同时存在，尽管维权群体人数众多，但却始终处于弱势地位。② 社会公众的目标是要移除环境污染项目，但却无法获得制度化的沟通渠道和公共决策的话语权，最终他们只能被迫通过非常规渠道表达利益诉求。在社会公众可以选择的范

---

① 《环境影响评价公众参与暂行办法》，http://www.mep.gov.cn/gkml/zj/wj/200910/t20091022_172384.htm。

② 李亚：《利益博弈政策实验方法》，北京大学出版社 2011 年版，第 26 页。

围内，网络成为他们能够获得的最有力的工具。基于网络的互动性、匿名性、平等参与性及低成本等特点，网络公共领域成为网民表达诉求的绝佳参与空间。[1] 可以说，由体制内的诉求表达转向从开放的网络空间中找寻解决问题的途径，这是体制缺陷的结果，也是社会与政府展开博弈的一种体现。由于社会上网人群数量的急剧增多，将事件发布到网络之后，可以快速聚集起大量具有思想共鸣的社会公众，再经过活跃的意见领袖进行号召和组织，维权行动的计划方案很快即通过网络平台成型、传播。网络空间各种反映心情的语言发泄，也为实际展开的社会行动提供了强大的精神动力。从厦门、上海、大连等事件中可以发现，维权活动的准备阶段基本都是通过微博、QQ、短信等方式进行交流和商讨，最终形成统一的着装、口号、宣传海报，并确定时间、地点、路线等，这显现了网络自媒体极强的自发性、高效性和一致性。

（四）高潮阶段

公众为了维权而采取集会、游行、示威等群体性活动，使事件演化进入高潮阶段。目前中国的维权行动，大都是因处于社会弱势地位的工人、农民或市民的合法权益受损而引发的，它是一种反应性的抗争行动，其反应性大于进取性，具有明显的被动性特征。[2] 但是环境污染问题的长期性、普遍性和严重危害性使公众的维权意志更加强烈和坚决，导致环境维权更具有主动性。在博弈的策略选择中，公众会尽量促使事态的影响扩大化，以争取解决问题。此时政府和企业的应对选择会直接影响事件的发展。如果他们能够采取积极的态度应对危机，重新审视公共利益和群体价值，通过内部协调达成一致，及时与社会沟通，借助利益协调机制缓和危机、靠拢民意、承担责任，通常可以促进问题在最短时间内得到解决，使事件尽快进入恢复阶段。但是如果政府和企业坚持不让步，则公众将会进一步施加压力，这时政府和企业或者被迫妥协，或者继续对抗。而持续对抗的结果可能会将博弈关系引向更加失控的局面，造成事态恶化和升级，最终超出本级政府的应对能力，引起更高层级政府的关注和介入。面对这类事件，地方政府往往不希望上级政府的介入，而诉求得不到满足的公众则寄希望于高层出面给地方政府施压。因此，公众的揭露和抗争行动与政府的掩盖和压服（或妥协）反应，决定了该阶段事件发展的激烈程度及持续时间。

---

[1] 罗亮、黄毅峰：《网络群体性事件：转型时期社会危机的新形态》，载《求实》，2011年第1期。

[2] 于建嵘：《当前我国群体性事件的主要类型及其基本特征》，载《中国政法大学学报》，2009年第6期。

（五）恢复阶段

作为整个事件的阶段性终点，这一时期的主体博弈主要围绕事件后续处理工作展开。博弈的最终结果总会出现一方妥协或双方共同退让，以达成共识。如果各方履行承诺，则事件很快便可结束，社会恢复常态。但若一方违约，特别是处在强势地位的政府和企业如果采取迂回拖延战术，虽可能暂时缓解矛盾，但却将事件推入一个新的潜伏酝酿阶段，当下一次导火事件出现，群体性事件就可能以更剧烈的方式爆发。因此，政府和企业必须在此阶段不断修补、完善和提升与社会的关系，尤其政府部门需要重新审视自身利益取向和角色定位，整合不同利益主体间的矛盾，建立良好的利益整合机制，避免危机再次爆发。同时从一个更宏观的角度出发，特定环境维权群体性事件的恢复阶段也是整个社会环境维权的重要博弈基础，即某一特定事件的处理结果可以成为全国其他地方处理类似事件的参照坐标。在中国社会整体环境问题的结构性矛盾无法回避的情况下，一次环境维权群体性事件的结束恰恰可能预示着更多环境维权事件的开始。

三、环境维权群体性事件的应对路径

环境维权预示了社会发展模式的转变，可持续发展目标将逐渐取代片面的经济发展目标。同时，政府的传统思维和决策模式也被提出了改革的要求。社会力量成为推动上述转变的根本动力。当环境领域出现违背上述转变的问题时，就会导致环境维权群体性事件的发生。为加快改革的进程，有效减少或避免类似的维权事件再次发生，我们应该从以下几个方面进行努力。

（一）加强公共决策的公开和民主

从公共政策学的角度来讲，公众意见是公共决策必不可少、不可轻视的依据，因为每项政策的出台都与公众的利益紧密相连。但是现阶段，"我国的国家治理模式尤其是行政决策模式在结构和程序上都是封闭的"[①]，这种模式下的决策难免会在执行过程中侵犯公众利益并遭遇阻力。当前，整个社会都在关注环境安全，倡导可持续发展，这就要求政府将环境问题放在当前经济和社会的整体发展背景下，设计面向全社会的

---

① 王锡锌、章永乐：《我国行政决策模式之转型——从管理主义模式到参与式治理模式》，载《法商研究》，2010年第5期。

参与式公共治理框架。[①] 为实现此目标，必须确保两个方面：1. 保证公开。政府需要转变观念，以治理理念重新塑造环境问题框架，严格遵守《环境保护法》、《政府信息公开条例》等法律法规，及时向社会公开相关信息，并努力推动环境信息权成为一项全民的基本权利。2. 保证民主。政府应通过提供公开、公平、信息充分的公共参与渠道和沟通平台，保障公众能够真正参与决策。具体而言，政府应在项目决策之前，通过民主座谈会、听证会等规范化的形式，广泛了解民愿、收集民智、体现民意，并在此过程中协调各方利益。事实上，公共决策要满足的公共利益并无具体明确的规定，所谓的公共利益实质上是社会多数力量共同参与博弈，讨价还价之后所达成的共识。公共利益的这种多数人意识的价值指向，决定了公共决策必须坚持最大化的社会公开和民主参与。

（二）确保项目建设的科学与合规

收益与风险往往是成正比的，环境污染项目就兼具收益性和风险性两种特征，关于此类项目的建设问题，不应仅仅局限于"是"或"否"两种选择，而应更多地关注项目建设的标准和科学性，在满足一定条件的情况下，还是应该发展此类项目，以满足经济社会发展的物质需要。这些条件中最主要的包括：1. 以法律法规等严格的形式，对具有环境污染风险的项目进行标准设定。例如，规范生产流程与工艺、项目选址、过程监督与控制、突发事件应急处理等；2. 严格规范环境风险性项目的立项和审批程序，除了进行社会公开听证，还要特别注意发挥"智库"的作用，在经过多方专家分别独立的论证之后，符合科学标准的方能批准实施；3. 建立全套环境监测与评估系统，实时监测风险因子，并成立专业化的应急处置队伍，提供充足的设备和物资保障，准备好应急预案，做好各种极端情况的危机应对准备。

（三）推进环境监督的严肃和公正

环境污染可能造成十分严重的社会危害，必须实施非常严格的监督办法。环境监督主要有两个方面的作用：一是监督是否存在社会公众不知情的重大环境风险性项目，这类企业可能在立项审批过程中与政府进行了隐性合谋，避开公众视线，找到了权力寻租与利益最大化的结合空间；二是监督企业正常进行的项目是否按国家有关标准进行环境污染的防治工作。为实现环境监督的严肃性和公正性，应通过制度性手段加以保障。1. 建立官员环境问责制度。这项制度的关键在于从政府角度进行约束，防止官员在设立项目以及项目运行过程中出现权力寻租，从而以行政手段阻断企业的盲目逐

[①] 刘淑妍：《公众参与导向的城市治理》，同济大学出版社2010年版，第219页。

利行为。当然，这项制度要想真正有效，还必须从政府管理体制入手，使约束制度避免流于形式，防止只有发生重大环境污染问题才简单对个别官员进行处分的执行方式。2. 建立多元监察主体的监督体系。通过政府监察或企业自律性监察无法避免政府与企业合谋的风险，这也是公众维权的矛头指向目标之一。为实现监督的公正性，应该设立政府、企业、社会推举代表共同组成的联合监督主体，或者各自独立的多元监督主体，赋予他们平等的监督权和公布权。发现问题后，提请人大或上级政府监督本级政府依法处理，并由多元监督主体继续监督，直到问题最终解决。在监督工作中，要展开主体间的工作竞争，用合理的奖惩制度鼓励和约束各种行为，推动建立多元监察主体的良性运行机制。

（四）促进公众维权的规范和有序

由于体制制度的局限性，中国政策制定系统缺乏制度化的、公开化的利益博弈平台①。这使得项目决策过程缺少公众参与和有效制约，激发处于不平衡位置上的利益主体采取错误的行为选择，并进而导致环境维权群体性事件的层层演化和升级。在环境维权群体性事件中，群众反映利益诉求时往往会面临信访部门"无能"和环保部门"无为"的局面。因此必须明确信访部门和政府部门的职责，为利益表达渠道提供制度化保障，保证公民维权的博弈规则公平。1. 规范信访举报制度的反应流程、反馈机制和重大信访事件的预警机制，及时向相关政府部门报告群众反映强烈的环境问题，第一时间排查风险因子，稳定群众情绪，最大限度地把问题解决在基层，同时加快公众利益表达渠道制度化进程，使公众的维权行动可以在法律制度的框架内依法开展。2. 对于一些重大项目，政府可以指导企业建立指挥中心服务热线，对社会各界的各类意见、投诉等进行细致分类、认证统计、严格督察、满意回复。3. 公民也应当规范自身的维权行为，特别是借助网络舆论的渲染，一些事件被蓄意夸大、扭曲，进而引发更多网民不实的猜想和愤懑的言论，公众应在维权活动中始终保持理性的价值判断与行为选择。

（五）注重媒体舆论的参与和引导

纵观整个环境维权群体性事件的演化过程，媒体虽然不是维权事件的直接利益相关者，但其作用往往通过影响博弈主体的行为选择获得体现，并且它在信息传播和舆论引导中正扮演着越来越重要的角色。目前，官方媒体报道与网络草根舆论之间已经隐然形成两大媒体阵营，遇到环境维权群体性事件时，舆论就呈现多元化的特点。如

---

① 李亚：《利益博弈政策实验方法》，北京大学出版社2011年版，第27页。

何正确发挥媒体作用、引导舆论健康发展是一项重要的待解问题。1. 政府应通过媒体与社会进行坦诚沟通。应对突发群体性事件时，政府博弈的正确行为选择便是积极应对，其中信息的发布与公开将会对事件的发展产生关键作用。政府应通过主流媒体这个大的信息平台，把握好舆论的引导方向，及时回应社会上的质疑和谣言，保证信息传递的权威性、连续性和真实性。2. 媒体要坚持职业道德操守。新闻媒体工作者需要始终注意严把导向，牢固树立全局意识、大局意识、政治意识。客观准确地报道焦点事件，对事件进行公正的评判。3. 培养公众意见领袖。从网络中寻找公众意见领袖，与他们进行沟通，在某些事件中邀请这类意见领袖作为公众代表参与事件调查，并通过他们向社会解释，这样更利于民众接受事实。

四、结语

"十七大"以来，科学发展观已经被确立为指导中国经济社会发展的根本思想，转变经济发展方式和走可持续发展道路也被写进很多官方文件。但是制度建设的落后和监管、协调机制的缺失，使得环境维权中的主体博弈从根本上存在着规则不公平、利益表达不完全和话语权不平衡等问题，从而导致群体性事件在现有体制机制下频频发生。这不仅使环境问题矛盾复杂化，更使维权者将污染项目与官员腐败联系到一起，损害了政府的公信力，并且从外部冲击了政权的合法性和社会稳定。"十二五"规划纲要指出："要加快构建资源节约、环境友好的生存方式和消费模式，增强可持续发展能力，提高生态文明水平。"① 在未来的时间内，广大民众将形成对环境保护的一致认识，对于环境污染和环境公平问题的敏感度也将不断提升。环境维权群体性事件的发生不应被视为社会失序的偶然事件，更应被当做政治民主化进程中一个值得反思的契机。因为它不仅能够敦促政府调试相关政策和制度、发挥对广大民众的启蒙作用和单方面促进民主政治的渐进发展，而且能够通过制度建设、民主协商来促进国家权力与公民权利的良性互动。

---

① 《中华人民共和国国民经济和社会发展第十二个五年规划纲要》，人民出版社2011年版，第62页。

关注恐怖主义受害者*

李 捷**

摘 要：恐怖主义受害者的问题长期为我国学界所忽视。在恐怖主义策略中，受害者实质上充当了恐怖分子制造恐怖气氛的工具和信息传递者。无论是直接受害者还是间接受害者，都遭受了严重的身心伤害，所以必须给予他们充分的救助与关怀。

关键词：恐怖主义；受害者；斯德哥尔摩综合征；创伤后应激障碍

虽然恐怖主义对直接、间接的受害者乃至整个社会造成了巨大的影响和冲击，但是我们对恐怖主义本身的关注要远远大于对恐怖主义受害者的关注。对于恐怖主义受害者来说，在灾害后损伤的不仅仅只是身体和财产，心灵所蒙受的巨大创伤才是他们所面临的最痛苦、最残酷的现实。我们必须努力帮助这些被恐怖主义所折磨的人，使之不再陷入到孤立无援的悲惨处境中。

一、恐怖主义的策略

（一）攻击者与受害者之间的纽带

恐怖主义的策略，简言之，就是"杀一儆百"。恐怖分子通过恐怖暴行影响特定的目标群体，或者以受害者的特性和灾难影响更大规模的受众。如果受众注意到恐怖分子的要求，或因恐怖袭击而引发恐慌和痛苦，恐怖分子就初步达到了他们的目标。虽说今天对恐怖主义的定义五花八门，但许多定义都点明了恐怖主义的这一策略。例如，"恐怖主义是通过对平民进行警告性屠杀以使其感到畏惧，来寻求政治权力的一种策

---

* 基金项目：国家社科基金青年项目《新时期新疆发展与稳定协调关系研究》（批准号 11CZZ028）。

** 李捷，博士，兰州大学中亚研究所讲师。主要研究领域：恐怖主义与分裂主义。

略"。① "恐怖主义是一种通过重复的暴力行为进行的心理战。暴力的直接目标并不是它的主要目的,而是通过它特定挑选的受害者或随机的受害者作为信息传递者。"②

恐怖组织在平民中散播恐怖,这主要是出于两种目的。第一个假设是,如果它是某个国家支持的恐怖组织,秘密地为"宗主国"服务,那么它的目的就是影响目标国政府的国内政策或者对外政策,以求直接或间接地于己有利。第二个假设是盲目攻击,没有明确的短期目标,意图所在乃是侵蚀被统治者和统治者之间的契约关联,造成政局或政体不稳,因为统治者未能提供保护和安全。比如说,可以此为政变的正当性争取舆论,或者是想通过恐怖达到宣传效果。这些袭击的目的是要表明敌人的脆弱,削弱其士气,并鼓励其他人加入恐怖组织。

当恐怖分子反对一个国家时,他们通常向公众或政府部门施加暴行。而且恐怖分子通常喜欢自称为游击队,并称他们的组织为军队。但是他们并不是战士,因为在战争中,士兵的攻击目标一般限于士兵。如果蓄意袭击非武装人员,那么这些士兵就是战犯。在战争中实施暴行本来就是错误的,而在非战争状态下对非武装人员施暴就更加恶劣了——恐怖分子就是这样做的。而且恐怖分子并不在乎直接的受害者,他们对直接受害者施暴以影响第三方。根据目标而定,恐怖分子的策略通常包括三种:通过宣传、强制和恐吓的手段,以达致注意力目标、需求目标和恐慌目标,而这些目标均由受害者传达。所以说,这些被杀害、杀伤、绑架和劫持的人,成为了恐怖分子的信息传达者。在舆论以及媒体对于统治者和被统治者关系发挥一种核心作用的社会中,恐怖组织所采纳的恐怖战略也将有效得多。这种情况同时也解释了为什么民主社会尤其容易受到伤害。恐怖主义策略中恐怖分子与受害者、受众之间的关系可以用下图来表示。

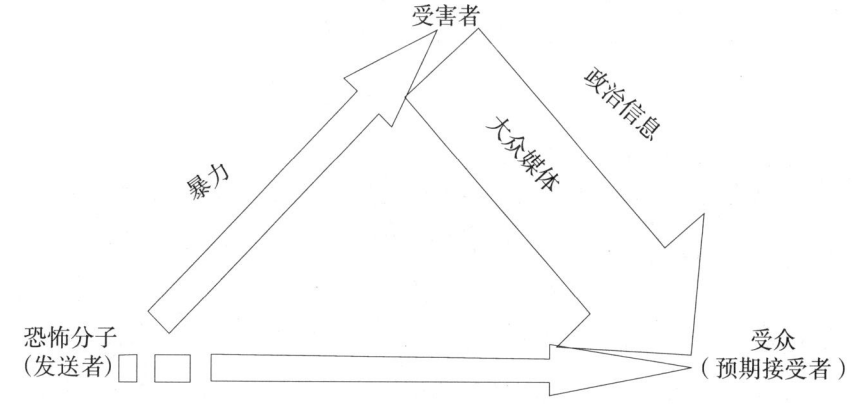

---

① A. P. Schmid, "The Response as a Definition Problem", in A. P. Schmid and R. D. Crelinsten, eds., *Western Responses to Terrorism*, London: Frank Cass, 1999, p. 12.

② [法] P. 麦斯纳德·门德兹:《甄别"恐怖主义":语词和行动》,载《新华文摘》,2004 年第 2 期。

恐怖主义的根本目标就是对心灵的控制。将受害者同目标——以及通过媒介而达到目标的手段——区分开来，这正是恐怖主义行为的逻辑。从恐怖主义的策略手段来看，恐怖主义有三个特点：1. 对死亡的工具化和对受害者的非人化；2. 对人的意愿的有计划的灭绝；3. 恐怖主义在大众中所唤起的道德声讨和恐惧。①

按照戏剧论范式，由恐怖组织实施的恐怖活动必定要拥有尽可能多的观众，并通过"演出"来加强其戏剧效果。"9·11"事件再次将这样的理论推向了极致，在这次事件中，事实超越了"虚拟的现实"，甚至超越了想象。对效果的追求解释了这次行动的场面化、甚至戏剧化的特点，也解释了它先天无情和完全不合理的特点。恐怖主义首先是"戏剧"，是为第三方，而不是为直接受害者筹备和上演的。这种将受害者用作工具的极端方法表明，恐怖主义从根本上是反道德和反人类的，对暴力施加限制，并区分正义和非正义行动的政治编码不复存在。

（二）恐怖主义的类型

恐怖分子在选择直接的恐怖侵害对象时，一般考虑以下三个原则：

第一，最大象征性原则。是指通过恐怖袭击对象的不确定性，从而致使几乎所有受众都可能成为恐怖分子的攻击目标，达到"人人自危"，引起社会恐慌的功效。第二，最小代价性原则。即以最小的成本达到最大的破坏性。恐怖活动具有灵活、简便、隐秘的特点，一支手枪、一个爆炸装置，单枪匹马就可以制造一起骇人听闻的恐怖事件。因此，恐怖主义也被称为"穷人的作战方式"、"超限战"等。第三，最适合宣传性原则。是指恐怖分子在选择恐怖袭击的目标时，绝对要考虑是否适合于大规模的宣传。可以说，没有一个恐怖组织会选择非常偏远的农村进行恐怖犯罪活动，最主要的原因在于这些地方不利于宣传，从而不会对社会制造出大的恐惧感和不安全感。

根据受害者的不同，我们可以将恐怖主义简单划分为两大类：

1. 焦点型恐怖主义：在这种类型的恐怖活动中，受害者是恐怖分子事先精心选择的，恐怖活动以这些受害者为中心。这种类型的恐怖主义往往是以重要的政治人物为目标，对其实施暗杀。这种暗杀通常会导致公众的震惊和悲伤，并在一定程度上破坏正常的政治程序的运转。但是由于这种焦点单一的特性，所以公众的恐慌一般较少。随着现代政治制度的不断完善，某一政治人物的缺位对整个政治系统运转的影响下降，而且各国对重要政治人物的反恐安防措施也在不断地完善。从恐怖主义发展的现状和

---

① ［法］伊萨贝拉·索米尔：《作为总体暴力的恐怖主义?》，载《国际社会科学（中文版）》，2003年第4期。

趋势来看，对重点人物实施焦点型的恐怖袭击的比例有所下降。

2. 无区分型恐怖主义：在这种类型的恐怖活动中，当恐怖活动发生时，受害者是恰好在场。例如在公共场所制造爆炸事件，只要炸弹爆炸了，造成了伤亡，恐怖分子的目的就达到了，至于受害者是谁，他们就不考虑了。恐怖分子的动机是通过在公共场所发动恐怖袭击以制造公共恐慌。

如果说随机攻击是恐怖主义最具代表性的操作模式，那么这是因为攻击所依赖的乃是两个非常具体的逻辑。一个就其性质而言是心理的：随机攻击最容易造成恐怖气氛，因为它可以攻击任何地方的任何人。另一个则是意识形态的：即它所攻击的那个社会的所有成员都是有罪的。如一位巴勒斯坦黑色九月组织的领导人所说，"没有人是中立的，没有人是无辜的"。一些宗教极端主义的恐怖分子把攻击目标视作"异端"和"邪恶社会"，这样一种心理，导致了其行为的不加区分性和残忍毁灭性。无区分型恐怖主义，典型的如公共场所的自杀式炸弹袭击，不仅造成巨大的人员伤亡，也制造了公众的恐慌，打击了公众的信念和政府的权威。所以无区分型恐怖主义的随机攻击，正是恐怖主义危害最核心的体现。

二、恐怖主义受害者分类

（一）按受害持续阶段来划分

1. 单一阶段受害者：枪击、爆炸等恐怖袭击中的受害者。
2. 多阶段受害者：即在开始至结束之间，持续一定时间的恐怖活动的受害者。按照性质的严重性又可以细分为：被劫持为人质（至少可以现场确认他们的所在地点，有希望获救）；被绑架（稍微糟糕一点，因为可能被秘密撕票）；被折磨（更糟糕，可能被迫从事某些破坏活动）；失踪（最糟糕，杳无音讯）。

1968—1993 年恐怖袭击策略比例				
爆炸	袭击	劫持交通工具	绑架	劫持人质
46%	22%	12%	6%	1%

资料来源：The Rand Chronology of International Terrorism, "Responding to Terrorism across the Technological Spectrum by Bruce Hoffman", *Terrorism and Political Violence*, vol. 6, no. 3 (Autumn 1994), p. 369.

对于恐怖组织而言，实施枪击、爆炸等恐怖袭击的成本或许相对较低，因为相对于劫持人质、绑架等手段，枪击和爆炸的隐蔽性更高。特别是实施自杀式炸弹袭击，对恐怖组织而言，无疑是低成本，高收益。但是，无论是单一阶段的受害者，还是多阶段的受害者，无疑都无辜地蒙受了巨大的身心伤害，他们的灾难充分证明了恐怖主义对死亡的工具化和对受害者的非人化。

（二）按照受害的直接和间接性划分

1. 直接受害者

第一，在恐怖事件中被杀伤、折磨、绑架、劫持为人质及失踪者。

第二，由于恐怖袭击间接伤亡者（如救援行动导致的伤亡）。

2. 间接受害者

第一，直接受害者的家人、朋友、同事等。

第二，与直接受害者同名者。

第三，有足够理由成为潜在受害者的人（例如，恐怖组织在对某一民航客机发动袭击后宣称，将对其他民航客机发动袭击，那么航空公司的员工就有足够理由成为潜在的受害者）。

第四，与直接受害者有同样心理创伤者。

第五，因其政府从事的国家恐怖主义而受牵连的民众。

第六，因恐怖事件收入受影响者。

第七，目击者、报道者、救援者。

另外，政府为了打击和防范恐怖主义而实行的严格的安防措施，必然使得很多民众的自由和人权受到一定的影响。所以，恐怖袭击造成的间接受害者的人数要比直接受害者多得多，其范围也要广得多。

间接性受害者涉及那些虽然没有在恐怖事件中受到直接的人身伤害，但是受事件后果剧烈影响的无辜群众。长期以来，许多人忽视了恐怖主义的间接受害者所受伤害的严重性。这一方面一个比较明显的例子是1997年发生在埃及卢克索的袭击旅游者事件。这一事件的间接受害者是埃及南部靠旅游业为生的数以万计的居民，他们经受了不亚于直接受害者的伤害。一夜之间，数以万计的埃及家庭发现他们的生计难以为继。该地区几乎所有行业的群众都受到了影响：导游、旅馆工人、司机、商人、医生等等。而且恐怖袭击造成的冲击迅速蔓延，埃及几个地区的经济活动受到了剧烈影响。事件发生后，仅1997—1998年埃及就损失了超过20亿美元的收入。实施这次暴行的恐怖分子的目的，就是想对埃及经济的支柱产业旅游业实施打击。他们希望恐怖袭击能破坏埃及的旅游收入和对外资的吸引力，以此来打击埃及的经济。

三、关注和帮助恐怖主义受害者

(一) 受害者因恐怖主义遭受的身心伤害

1. 人质型受害者的病理症状过程

人质型受害者在被绑架或劫持过程中经历着巨大的恐怖——一种极度焦虑的状态,[①] 在心理状态上,有学者通过研究,归纳出四个阶段:[②] 第一阶段,震惊,无法相信现实,错觉等。表现为行为瘫痪和心理上极力否认感官印象等。第二阶段,绝望,情感瘫痪等。孤立、无助的受害者开始思考自己的性命问题。在被绑架和劫持时间不断延续的情况下,受害者开始忙于寻求脱险的方法。第三阶段,在剧烈的心理冲击阶段结束后,很多受害者表现出一种心理创伤后的幼稚症。在幼时学习到的一种适应性反应行为重新出现:如对恐怖分子的依从、缓和、谦恭、逢迎等,甚至会出现对恐怖分子的理解和同情。第四阶段,如果恐怖持续,受害者可能发生病态的心理转变。受害者可能不再关注于事实上的死亡威胁,而可能会感到生命是恐怖分子给予的。由于受害者对恐怖分子认同的发生,其对恐怖主义的态度可能出现明显的软化。这就是所谓的"斯德哥尔摩综合征"。

"斯德哥尔摩综合征"(Stockholm syndrome),又称为人质情结,指的是被绑架的人质对于绑架者产生某种情感,甚至反过来帮助绑架者的一种情结。从本质上说,也是绑架者在具体绑架过程中驯服了人质。该症状的命名源自于发生在斯德哥尔摩的一桩人质劫持事件。1973 年 8 月 23 日,两名劫匪闯进瑞典首都斯德哥尔摩的一家银行打劫,之后劫持 6 名银行职员为人质。6 天以后,绑匪被制服,人质获救。出乎意料的是,人质在被救出以后,并不为此高兴,反而对警察表现出明显的敌意。更令人惊奇的是,其中一位人质竟然爱上了绑匪,跑到监狱里要与他私订终身,而另一位则搞了一个救援基金会,四处筹钱请律师为绑匪脱罪。

"斯德哥尔摩综合征"是患者在绑架者制造的极端恐惧环境下的产物。即某些人在遭到绑架,生命完全处在绑架者的控制之下,并且时时感到生命威胁时,会对绑架者

[①] 恐怖,被一些学者定义为"一种极度的焦虑状态……伴随有惊恐和不断回想",详见 A. P. Schmid, *Political Terrorism: A Research Guide to Concepts, Theories, Data Bases and Literature*, Amsterdam: North-Holland Publishing, 1984, pp. 67 - 72。

[②] Alex P. Schmid, "Magnitudes of Terrorist Victimization", in Dilip K. Das and Peter C. Kratcoski, eds., *Meeting the Challenges of Global Terrorism: Prevention Control and Recovery*, Maryland: Lexington Books, 2003, p. 38.

产生一种精神依赖，对绑架者保留自己生命产生感激之情，甚至在感情上产生认同感，认为绑架者是自己的保护者和亲近者。研究表明，它的产生主要有以下四个条件：人质生命受到严重威胁，人质处于某种绝望之中，人质只能获得绑匪给他们提供的信息，人质会得到绑匪的某些恩惠。

"斯德哥尔摩综合征"最近的案例就是著名的"娜塔莎绑架案"。早在1998年3月2日，时年10岁的娜塔莎在上学途中失踪，2006年，娜塔莎在被绑架8年后获得了自由。但是她对被绑架生活的表述却使人吃惊。在她看来，遭绑架不全是"坏事"。娜塔莎的具体理由是："每天的生活都有精心安排很充实，虽然总是伴随着因孤独而产生的恐惧感。总的来说，我的童年是和别人的不一样，可是我觉得我没有错过任何东西。遭绑架也不完全是坏事，我避开了一些不好的事情——我没学会吸烟和酗酒，也没有交上坏朋友……从某种角度来说，他对我非常关心。他是我生命中的一部分，因此从某种程度上来说，我为他感到悲伤。"[①]

"斯德哥尔摩综合征"不仅对受害者本身造成了极大的身心伤害，而且在某些情况下，它对社会也将产生巨大的消极作用。如Quote Rona Fields所指出的："通过对一些国家和战争中被折磨和劫持的受害者近10年的跟踪研究，我发现一些6—15岁的儿童在经历了持续的暴力后，他们都从小受害者变成了大恐怖分子。"[②]

2. 受害者的长期症状

虽然受害者受恐怖主义的影响程度因人而异，但是，可以肯定的是，恐怖主义对受害者将会形成长期的消极影响。具体来说，恐怖主义对受害者造成的身体和心理方面的症状主要有：恐惧、悲伤、冷漠、绝望、作为幸存者的内疚、孤僻、身体状况恶化（如失眠、噩梦、注意力难以集中、记忆力减退）、无法恢复正常的生活等等。

这些长期症状在医学上被称之为"创伤后应激障碍"（post-traumatic stress disorders，PTSD），是指突发性、威胁性或灾难性生活事件导致个体延迟出现和长期持续存在的精神障碍，[③] 其临床表现以再度体验创伤为特征，并伴有情绪的易激惹和回避行为。[④] "创伤后应激障碍"的症状主要有：反复重现创伤性的体验（尽管患者对经历的事件极不愿想起，但却不自觉的反复回忆当时的痛苦体验，或反复发生错觉、幻觉、

---

① 熊培云：《人质为什么爱上绑匪》，载《南方周末》，2006年9月28日。
② Alex P. Schmid, "Magnitudes of Terrorist Victimization", in Dilip K. Das and Peter C. Kratcoski, eds., *Meeting the Challenges of Global Terrorism: Prevention Control and Recovery*, Maryland: Lexington Books, 2003, p. 39.
③ 中华医学会精神科分会编：《中国精神障碍分类与诊断标准（CCMD-3）》，山东科学技术出版社2001年版，第97—98页。
④ *Diagnostic And Statistical Mental Disorder*, Fourth Edition (DSM-IV), Washington, DC: APA, 1994, pp. 393–445.

幻想形成的创伤事件重演的生动体验,如"闪回"即"flash-back"、噩梦等);回避与创伤事件有关的活动;情感范围有所限制(例如不能表示爱恋等);持续的失眠;夸张的惊吓反应;对弄清楚所有事情的强烈意愿,警觉性增高等等。[1]

1994年,安德鲁·希尔克(Andrew Silke)等学者对恐怖主义受害者的诊断发现,高达55%的人患有"创伤后应激障碍症"。而且直接和间接经受创伤性事件者发生重症抑郁症、惊恐症、焦虑症的危险性增加。研究表明,恐怖主义受害者患PTSD同时患有抑郁症的比例是其他受害者的3倍以上。[2]

1995年4月,俄克拉荷马城爆炸案当场炸死165人。此后,恐惧的阴影一直笼罩在俄城人的心头。据1998年8月美国报纸披露,爆炸案发生后,当地警察和消防队员中离婚者的数量已分别增长了20%至25%,至少4个与爆炸有某种关联的人已经自杀。俄市卫生局还发现,爆炸幸存者中,一些人再也没有回到工作岗位。心理学家说,幸存者和营救人员一直被许多问题所困扰,包括记忆丧失和可能与爆炸产生的心理压力有关的中风。而1988年12月洛克比空难遇害者的家属连续10年未过圣诞节。[3]

(二)恐怖主义受害者的权利和义务

虽然恐怖主义受害者经受了严重的身心伤害,但遗憾的是,社会对恐怖主义受害者的关注明显缺乏。对这种忽视的一种解释是,绝大部分受害者都是无辜的旁观者,他们是在错误的时间出现在错误的地点上;另外一种解释是,媒体关注的跨度是相当短的,在恐怖事件后它的关注度会逐渐消减;还有一种解释就是社会的关注点更多的是放在恐怖分子身上。

需要指出的是,恐怖主义受害者除了享有基本的人权外,根据联合国大会的宣言,其享有作为犯罪受害者的特殊权利,在道德和法律上都享有被救助的权利。联合国《2012全球反恐怖主义战略》中明确指出,救助恐怖主义受害者仍然是秘书长努力支持全球反恐工作,尤其是在《2012全球反恐怖主义战略》的指导下促进和保护恐怖主义受害者的权利和取得国际支持的优先事项之一。

根据联合国大会42/34号决议,犯罪的受害者享有的权利包括:得到尊重和承认

---

[1] U. S. Department of Justice, Office of Justice Programs, Office for Victims of Crime, *Handbook for Victims of the East Africa Embassy Bombings*, Washington, DC: U. S. Department of Justice, n. d. (1998/99), pp. 1 – 4.

[2] Andrew Silke, "The Psychological Impact of Terrorism: Lessons from the U. K. Experience", in Dilip K. Das and Peter C. Kratcoski, eds., *Meeting the Challenges of Global Terrorism: Prevention Control and Recovery*, Maryland: Lexington Books, 2003, p. 194.

[3] 张保平:《关于恐怖主义犯罪心理和行为特点的初步研究》,载《犯罪研究》,2003年第5期。

的权利,得到引导取得适当支助服务的权利,得到案件进展情况信息的权利,出庭和参与决策过程的权利,咨询的权利,保护人身安全和隐私的权利,得到犯罪者和国家补偿的权利。当然,受害者在享有权利的同时,也有其应尽的义务:如为事件的调查、起诉、审判和处理提供支持,防止暴力报复,在受害问题的公众教育等等。①

2008年9月9日,联合国在纽约总部举行恐怖主义受害者专题讨论会。联合国秘书长潘基文、大会主席克里姆、联合国其他高级官员以及来自世界各地的恐怖主义受害者代表参加了会议,这也是联合国有史以来第一次为恐怖主义受害者举行国际会议,表明联合国正在对恐怖主义受害者予以更多关注。联合国秘书长潘基文认为,恐怖主义受害者无论在身体上还是在心灵上都曾遭受到常人无法想象的摧残,但他们中的许多人依然坚定、勇敢地面对生活的挑战,因此,他们完全应该得到人们更多的关注。他说:"恐怖主义受害者应该得到人们共同的支持,他们应该得到社会的承认和尊重,他们完全有权表达自己的诉求并维护自己应该享有的人权,当然,他们也完全应该获得正义。"

2012年7月9日至10日,全球反恐怖论坛在西班牙马德里召开。在关于恐怖主义事件受害者问题高层会议(Global Counterterrorism Forum's High-Level Conference on Victims of Terrorism)中,美国副国务卿玛丽亚·奥特罗提出了以4个方面为支柱的综合战略:首先,确保恐怖主义事件的受害者获得治愈创伤的工具;其次,受害者应该有机会参与袭击事件发生后追究责任的过程;再次,国际社会必须向恐怖主义事件的受害者提供获得支持和康复的环境;最后,世界各地的政府应倾听受害者的声音。②

(三) 为恐怖主义受害者提供救助与关怀

为了应对恐怖主义犯罪,一些国家如法国、美国、西班牙、意大利、以色列、英国等国都建立了救助恐怖主义受害者的计划。

美国专门为受害者提供帮助的犯罪受害者办公室(Office for Victims of Crime, OVC)在工作中积累起了一套救助受害者特别是直接受害者的经验机制。其针对恐怖主义事件的快速反应机制包括:确定一个精确的受害者名单;建立一个受害者死亡通报部门,这一部门由受过专门培训的专家组成;组建拥有应对突发灾难经验的心理专家和危机应对专家队伍;建立一个中心机构,以供受害者及其家庭了解信息和进行危机干涉;建立一个信息接收部门,接受来自于救援队及其他一线人员的最新信息;建

---

① 联合国:《为罪行和滥用权力行为受害者取得公理的基本原则宣言》(1985),大会第40/34号决议附件。
② 《美国与合作伙伴共同抗击恐怖主义和支持受害者》,载《美国参考》,2012年7月11日。

立专门遴选和协调自愿者的部门,例如在美国俄克拉马城爆炸案后,就有2000多名的自愿者参与到救援工作中;协调救援队与精神治疗队等工作组之间的工作;为所有服务于受害者的人员拟定缓解压力和心理安抚的计划;拟定紧急事件的追加资金;通过媒体帮助受害者家庭,选定发言人以向社会和政府通报受害者及其家庭的需求和心理健康状况。[1]

法国在1986年就建立了名为"应对恐怖主义S.O.S计划"。"应对恐怖主义S.O.S计划"的主要目标是为恐怖主义受害者提供政府帮助。其具体行动包括:协调受害者与政府、法院之间的关系;为受害者提供心理和社会支持体系;为受害者创造相互见面和交流的机会;为困难的受害者提供资金支持;为受害者提供医疗帮助;在司法审讯过程中,从预审至判决阶段,为受害者提供帮助;在司法费用方面给受害者提供帮助。"应对恐怖主义S.O.S计划"拥有常设机构,向所有的恐怖主义受害者及其家庭开放,它拥有代表恐怖主义受害者进行申诉的权利。在法国,恐怖主义受害者可以在10年内向该机构寻求帮助。由于该计划由政府的财政收入支持,所以没有赔偿的最大金额限制。"应对恐怖主义S.O.S计划"的另外一个重要的目标是起诉所有支持、参与恐怖活动的人。仅在2000年,它就参与了25宗反对恐怖主义支持者的案件。

针对2004年"3·11"恐怖事件[2],西班牙政府在追查、打击恐怖组织的同时,及时地给予了相关受害者救助,其中的一些经验值得借鉴。2004年3月24日,西班牙政府为遇难者举行国葬。欧洲议会宣布3月11日为"恐怖主义受害者日"。随后,西班牙政府创建了恐怖主义受害者援助部,隶属于内政部。恐怖主义受害者援助部负责对恐怖袭击遇难者家属的经济补偿和心理援助。

首先是对受害者经济补偿。由于恐怖分子没有任何偿还的可能,西班牙政府全力承担了支持受害者的责任,其中192位遇难者每人90万欧元;政府建立了一套程序以估算伤者严重程度及后果,根据轻重程度,对伤者支付最少3万欧元的补偿。除此之外,对正在读书的受害者子女提供额外助学金,为其寻找监护人等等。据2011年3月的《经济学人》西班牙语版报道:西班牙政府已为"3·11"案受害者及其家属发放补助3.14亿欧元,用于支付3555份由伤者和死者家属正式提交的申请;对在"3·11"爆炸案中来自16个不同国家的外国受害者,根据各国继承法,确定并通知了外国伤者

---

[1] Noel Brennan, "Addressing the Needs of Victims", in Dilip K. Das and Peter C. Kratcoski, eds., *Meeting the Challenges of Global Terrorism: Prevention Control and Recovery*, Maryland: Lexington Books, 2003, p. 295.

[2] 2004年3月11日,西班牙首都马德里阿托查火车站发生连环爆炸案,恐怖分子在4列火车上放置炸弹,造成192人死亡,2050人受伤。这是"二战"后西班牙人员伤亡最重的恐怖袭击,被称为"欧洲的9·11事件"。这一天距美国"9·11"整整911天。

或遇难者的继承人,收到1849份补助申请。到2009年末,所有申请都已被支付。

其次是2006年开始的"整体援助",是指对受害者家人心理的援助。要让这些死者家属及伤者知道,政府没有忘记他们,通过心理专家、医生、社会工作者等,为他们提供各种帮助,跟踪他们的发展,陪伴他们的伤痛期、恢复期,直到最后可以重新融入社会。此外,还有各种悼念活动。例如,2011年3月11日,马德里举办"3·11"遇难者7周年纪念活动,整个西班牙也都举行了包括诵读、默哀、音乐会等形式的纪念活动。①

四、结语

对突然的暴力伤害的恐惧恰恰给恐怖主义提供了力量。对于一个经受了恐怖袭击的社会来说,"我是否会是下一个受害者"是很多人关注的问题。恐怖分子伤害一小部分人而恐吓大部分的人。他们的谋杀仅是灭绝某一些个体,而任何人却有可能成为受害者。恐怖分子匿名的随机杀戮是对人的生命的蔑视。对它最有力的回应是尊重生命,帮助受害者,这样文明社会与恐怖主义之间的道德鸿沟就非常明显了。一个包容的、互助的、充满人文关怀与凝聚力的社会要比那些各群体相互孤立,按阶级、人种、宗教、语言或地域割裂的社会更少面临来自内部的恐怖主义的威胁。从这个意义上看,团结、帮助恐怖主义的受害者不仅仅是服务于受害者本身,还可以提升整个社会的品质。

---

① 《"那是可怕的时刻,也是考验国家的时刻"——专访西班牙内务部恐怖主义受害者援助部总指导何塞·马努埃尔》,载《南方周末》,2011年3月17日。

案例分析

群体性事件现实考察与学理分析
——从三起具有"标本意义"的群体性事件谈起

王赐江[*]

摘　要：新世纪以来，在中国高发的群体性事件中有三起非常典型，即2004年四川"汉源事件"、2008年贵州"瓮安事件"和2011年广东"乌坎事件"。纵观中国层出不穷的群体性事件，基本可分为基于利益表达的群体性事件、基于不满宣泄的群体性事件和基于价值追求的群体性事件，对它们则可从集体行动和集群行为两种学理视角予以观照。

关键词：群体性事件；标本意义；集体行动；集群行为

整体上看，中国正处于群体性事件高发期，呈现出发生起数、参与人数"双增多"的态势。从1993年至2003年这10年间，群体性事件数量急剧上升，年均增长17%，由1994年的1万起增加到2003年的6万起，增长5倍。规模不断扩大，参与群体性事件人数年均增长12%，由73万多人增加到307万多人；其中，百人以上的由1400起增加到7000起，增长4倍。[①]

2008年12月15日，中国社科院发布的《2009年中国社会形势分析与预测》透露：全国群体性事件在2005年一度下降，但从2006年起又开始上升，2006年全国发生各类群体事件6万余起，2007年上升到8万余起。在"社会矛盾明显增多"的今天，对呈现易发、多发态势的群体性事件予以深入考察分析，无疑具有重大现实意义。

---

[*] 王赐江，《人民日报》主任编辑，法学（政治社会学专业）博士。主要研究领域：政治发展和社会稳定。

[①] 汝信、陆学艺、李培林主编：《2005年：中国社会形势分析与预测》，社会科学文献出版社2004年版，第235页。

一、新世纪以来具有标本意义的三起群体性事件

进入新世纪以来,考察中国屡见不鲜的群体性事件,有三起非常典型,即2004年四川"汉源事件"、2008年贵州"瓮安事件"和2011年广东"乌坎事件"。

(一) 2004年四川"汉源事件"

从2004年9月起,因对安置地点、补偿标准不满,瀑布沟水电站涉及的数万汉源移民聚集起来阻工、静坐、游行、罢市,甚至冲击当地党政机关,并于11月4日发生警民冲突。

整起事件又可分为以下几个部分:

1. "9·21"事件(阻工),上万农民阻止施工方挖取工程用料;

2. "10·27"事件(静坐),数万民众到施工现场静坐抗议;

3. "10·29"事件(游行、罢市、冲击),汉源县城罢市,中学生上街游行,县政府办公楼玻璃被砸;

4. "11·4"事件(警民冲突),村民再次上坝并与警察发生冲突。

基本特征:

1. 从发生过程看,持续性和长时间。从2002年底瀑布沟水电站正式立项,到2004年9月21日工程施工遭到上万农民阻止,再到10月27日数万移民在施工现场静坐抗议,其间移民的不满情绪有个较长时间的发酵过程,整个事件则持续两三个月时间。

2. 从方式策略看,群体行为选择多样化。在事件发展变化过程中,汉源民众采取了阻工、静坐、游行、罢市以及冲击当地党政机关等方式表达意愿,由于参与人数众多,这些抗议行为对当地社会秩序造成了很大影响。在中央工作组抵达后,该事件被称为"'10·27'不明真相的移民大规模聚集事件"。

3. 从实施主体看,参与者为特定群体。瀑布沟位于四川汉源境内,是当时大渡河上在建规模最大的水电站。大坝建成后,将淹没整个汉源县城和邻近的几个乡,涉及耕地44383.22亩、移民9万多人。而"汉源事件"的参与者均为当地居民,是与瀑电工程紧密相连的利益攸关方。

4. 从诉求对象看,行动目标明确。移民们采取行动的目标为当地政府和施工企业,这在很大程度上是由于这起事件的核心诉求还是由瀑电工程引发的利益问题。为使自身利益免遭侵害,当地政府和施工企业显然是最直接的诉求对象——因为这两者才能在征地补偿和移民安置上作出决定。

(二) 2008 年贵州 "瓮安事件"

2008年6月28日下午，瓮安部分群众对一名女中学生"溺水死亡"的警方鉴定结论不满而上街游行，上万人聚集在县委县政府和县公安局门口请愿，一起普通民事纠纷最终演变成为直接针对党政机关的打砸抢烧事件。

主要过程：

1. 警方处置方式引起死者家属和部分群众不满。2008年6月22日凌晨，瓮安三中学生李树芬在县城旁边的西门河大堰桥"溺水身亡"，其家人对公安机关的"自杀"鉴定结论不服，拒绝安葬并将尸体停放在桥头"讨要说法"，连续到相关部门上访。各种"李树芬被杀害"、"警察包庇疑犯"的版本随着到停尸桥头看热闹的人流四处扩散，对警方和政府的不满情绪随之蔓延。

2. 死者之叔李秀中被打激起更大怨怼。6月25日下午，李树芬之叔李秀忠——乡镇中学语文教师，到县公安局反映情况时与一名警察发时争执并遭殴打，当天傍晚返回大堰桥头途中再次遭到多名男青年围攻（后证实为警察指使）。当地群众怀疑打人者受警方指使，民愤进一步发酵，其间"去公安局报案的李树芬幺爸被打死"的谣言快速传播，对政府的不满升级。

3. 限期安葬点燃已升级的民愤。6月28日上午，瓮安县公安局向李树芬家属送达了《尸体处理催办通知书》，限李家于当日14时前将李树芬尸体领回安葬，"否则，公安机关将依法处理"。这激起了众多围观者的不满，15时左右两名高举"人民群众呐喊申冤"白色横幅的中学生走在前面开始游行请愿，一路上不断有人尾随加入，到县委和县政府办公楼时聚集者已达上万人。

基本特征：

1. 从发生过程看，突然性和短时间。从李树芬"溺水身亡"，到"瓮安事件"最终爆发，虽然历时8天。但在6月28日下午，学生的游行请愿活动却迅速演变成为针对党政机关的打砸抢烧，事件持续数小时，一哄而起、一哄而散。

2. 从方式策略看，暴力性突出。瓮安县委办公楼被整体烧毁，党政机关的160多间办公室、42辆车被烧毁，150余人受伤，直接经济损失1600多万元。

3. 从实施主体看，为不特定多数人。事件发生时，死者李树芬的家人还在省城上访，打砸抢烧者为中小学生、黑恶势力成员及其他阶层民众。

4. 从诉求对象看，目标单一。攻击对象直指党政机关及其工作人员，目标取向单一，县委、县政府和公安局等机关办公楼被砸烧，一些消防队员和公安民警被打伤，而公安局对面的商铺却毫发未损。

(三) 2011年广东"乌坎事件"

2011年9月21日,由于土地、选举等问题对村干部不满,数百乌坎村民开始聚集上访、静坐、游行,打砸、冲击相关企业及村委会,最终形成严重的警民对峙局面。

主要过程:

1. 矛盾激化阶段(2011年9月21日—12月19日):村民上访、静坐、游行、打砸、冲击,被拘村民死亡,警民双方互设关卡、路障并形成对峙。

2. 事态缓和阶段(2011年12月20日至12月27日):广东省委副书记朱明国带队进驻,释放被捕者,村民拆除路障,官员开始良性互动;

3. 还权于民阶段(2011年12月28日至2012年3月4日):新一届乌坎村"两委"依法产生,为进一步解决群众诉求提供组织保障。

基本特征:

1. 从发生过程来看,持续性和长时间。早在2009年乌坎村民就开始上访,但在两年多时间内问题并未得到解决,矛盾日积月累。从2011年9月21日至2012年3月4日,整起事件持续数月。

2. 从方式策略来看,阶段性和多元。伴随着集会、游行、示威,部分村民采取了打砸、围攻行为,发生警民冲突、形成对峙局面。而后在村庄灵魂人物的主导下,村民行为趋于理性。

3. 从实施主体来看,参与者为特定群体。这一事件的参与者均为乌坎村民,属利益攸关方,土地和选举等问题直接与己利益相关。

4. 诉求对象来看,目标明确。主要针对侵害其利益的相关企业、村委会,以及没有及时满足合法诉求的当地党政机关。

从整体上看,上述特征与其他群体性事件相比并无特别之处。但是,"乌坎事件"在群体诉求、组织方式和参与力量上的新变化值得特别关注:

1. 在群体诉求上,趋于复杂化、多样化。乌坎村民主要有村级财务、土地、选举、扶贫助学和乌坎港污染问题等5大诉求,其中村干部倒卖土地问题为核心诉求。除了与自身紧密相关的利益诉求外,乌坎村民还有依法行使村委会选举权的权利诉求,甚至在集会时打出了"反对独裁"、"还我人权"、"打倒贪官"等有明确价值追求的横幅。经过抗争,当了41年的村党支部书记和村委会主任被"双规",乌坎村民在今年3月迎来了该村首次民主选举。

2. 在发起方式上,组织性和主动性突出。为有效维护合法权益,乌坎村民经推选产生了村民临时代表理事会、妇女代表联合会等组织,并捐款筹集活动经费。尽管村民们的上访、集会、游行及打砸、对峙行为,在某种程度上是多方求告无果后的被迫举动，但其在活动方式、策略选择上却表现出明显的组织性和主动性。在灵魂人物——林祖銮的主导下，从2011年11月21日再次集体上访起，乌坎村民变得更加讲究策略和方式。

3. 在参与人员上，新生代农民工成为重要力量。70后、80后，甚至一部分90后在"乌坎事件"中是个很重要的群体，他们常年在外谋生，与父辈相比见识更为广阔，对自身权益更为在意，且善于运用录音、摄像设备和QQ、微博等新媒体记录事实、传播消息。为凝聚力量、扩大影响，乌坎年轻人开设了QQ群，并有多人开通微博。在新一届村委会7位成员中，有4位是"80后"，最小的仅25岁，还有一位是"70后"，而其中3位在"乌坎事件中"曾被警方刑拘。

（四）标本意义

之所以说上述三起群体性事件具有标本意义，主要原因是它们在事件规模、核心诉求和政府处置方式等方面，均有警示意义和借鉴价值。

1. 事件规模：人数众多，情节严重。参与人数成千上万，其行为选择尽管也有游行请愿等和平方式，但警民冲突等暴烈行动更是产生了本不应有的惨痛后果，就事态发展而言堪称严峻。

2. 处置方式：既有教训，也有经验。虽然，三起事件最终都得到了较为圆满的解决；但是，在政府处置过程中，却存在着基层政府和上级工作组对事件性质的解读差异，不同的定性和姿态也带来了迥异的结果。

3. 核心诉求：利益表达、不满宣泄与价值追求。如果说，"汉源事件"的内在驱动力是利益问题，"瓮安事件"的内在驱动力为长期积累的不满情绪；那么，"乌坎事件"的动力机制和群体诉求则表现为"利益"与"权利"的交织。

二、群体性事件界定和分类

毋庸讳言，中国的群体性事件正呈现出"易发"、"多发"态势，引起了国内外对中国社会矛盾和公共治理的高度关注。对其予以认真梳理和学术观照，无疑具有十分重要的意义。

（一）概念界定

在很大程度上，"群体性事件"并不是严格意义上的学术概念，尽管此类事件由来已久，但正式字眼最初出现在一些官方文件中，这一颇具中国特色的表述方式"是20

世纪 90 年代后才出现的"①，是对当时国内发生的一些聚众上访、阻工、堵路和围攻党政机关等行为的统称，也包括一些群体间的械斗等冲突。

目前，尽管人们已习惯于在党政文件和日常生活中谈及"群体性事件"，但较少进行概念分析和语义界定，似乎这已是一种约定俗成的表述。综合看来，对其内涵和外延的现有探讨可谓千差万别，从观察问题的出发点和着眼点来看，主要有以下几种：

1. 违法说或暴力说

这主要在一些部门出台的规范性文件中得以体现，着重从行为特征方面来予以定性：2000 年公安部颁发的《公安机关处置群体性治安事件规定》提出了"群体性治安事件"的概念，将其定义为"聚众共同实施的违反国家法律、法规、规章，扰乱社会秩序，危害公共安全，侵犯公民人身安全和公私财产安全的行为"。

2004 年，中央预防和处置信访突出问题和群体性事件联席会议制定《关于积极预防和妥善处置群体性事件的工作意见》，称群体性事件是"由人民内部矛盾引发、群众认为自身权益受到侵害，通过非法聚集、围堵等方式，向有关机关或单位表达意愿、提出要求等事件及其酝酿、形成过程中的串联、聚集等活动"。河北省《关于积极预防和妥善外置群体性事件的实施办法（试行）》规定，"群体性事件是指公众参与人员较多，违反国家法律、法规、规章，扰乱社会秩序，危害公共安全，侵犯公民人身和公私财产安全，以及对社会造成较大不良影响的活动和行为"②。

显然，党政机关对"群体性事件"的界定侧重于表述群体行为的"违法性"和"危害性"，带有很强的治理立场和管制色彩，这与其角色和地位是吻合的。对党政机关及其工作部门来说，维护社会稳定是其重要职责，多人参与的群体活动尤其是主要以党政机关为诉求对象的聚众行为无疑属于挑战执政权威的"不安定因素"，一旦发生就须尽快予以平息，以免产生连锁反应，造成社会动荡乃至危及政权巩固。

然而，有学者认为这些定义"在中国的语境里，一味强调群体性事件的危害性、违法性特征，甚至认为这种事件同一般的'群体利益的表达行为'有本质的区别，在经验上和学理上是经不起推敲的"③。而且，在 2007 年福建厦门"PX 事件"和 2008 年上海"磁悬浮事件"中，市民表达诉求的主要方式为"集体散步"和"集体购物"，这种理性、平和的抗议活动既与暴力无涉，也无明显的违法性。因此，需要对"群体性事件"给出更为严谨、更有容量的界定。

---

① 杨和德：《群体性事件研究》，中国人民公安大学出版社 2002 年版，第 1 页。
② 周保刚：《社会转型期群体性事件预防、处置工作方略》，中国人民公安大学出版社 2008 年版，第 36 页。
③ 王国勤：《社会网络视野下的集体行动——以村镇群体性事件为案例的研究》，中国人民大学博士论文，2008 年，第 5 页。

2. 人民内部矛盾说

中共中央党校副校长王伟光教授在相关著作中谈到和谐社会构建时认为，一定要妥善协调各方面的利益关系，正确处理人民内部矛盾。群体性事件"是指主要由人民内部矛盾引发的，一定数量群众参与的游行、示威、静坐、上访请愿、聚众围堵、冲击、械斗、阻断交通，以及罢工、罢课、罢市等严重影响、干扰乃至破坏社会正常秩序的事件"①。

还有人直接将其归之于"人民内部矛盾"的范畴，"所谓群体性事件是指因人民内部矛盾而引发，或因人民内部矛盾处理不当而积累、激发，有部分公众参与，有一定组织和目的，采取围堵党政机关、静坐请愿、阻塞交通、集会、聚众闹事、群体上访等行为，并对政府管理和社会秩序造成影响或潜在影响的群体性行为"②。

"人民内部矛盾"最早来自1957年毛泽东在最高国务会议上的讲话，他认为：社会主义社会存在着敌我矛盾和人民内部矛盾这两类性质完全不同的矛盾，在剥削阶级作为阶级消灭以后人民内部矛盾处于突出的地位，敌我矛盾需要用强制的、专政的方法来解决，人民内部矛盾只能用民主的、说服教育的方法，也就是团结——批评——团结的方法去解决。现在一般认为，"人民内部矛盾"是指人民群众在根本利益一致基础上产生的矛盾，为非对抗性的矛盾。

应该说，"人民内部矛盾"虽然带有较强的阶级分析意味，但在今天对执政者分清不同性质的问题进行区别化处理，从而促进政权巩固、维护社会稳定仍有十分重要的意义。不过，从学理上看，对"群体性事件"的分析应该偏重于其运行特征，而不能提前为其设定讨论框架、被政治话语所困扰。而且，"人民内部矛盾说"也无法解释2008年拉萨"3·14"事件和2009年乌鲁木齐"7·5"事件——它们显然属于"敌我矛盾"范畴内的群体性事件。

3. 目的说或组织说

持这种观点的人很多。如有学者认为，"所谓群体性事件，是指一定的群体基于某种目的，形成一定的组织，在特定的环境下实施的危害社会治安秩序，造成公私财物损失或重大社会影响的事件"③。

2002年中国行政管理学会课题组提出了"群体性突发事件"的概念，认为它"因人民内部矛盾而引发，由部分公众参与并形成有一定组织和目的的集体上访、阻塞交

---

① 王伟光：《妥善协调各方面的利益关系　正确处理人民内部矛盾》，见王伟光主编《提高构建和谐社会能力》，中共中央党校出版社2005年版，第98页。
② 叶姝静：《从群体性事件看当前党群关系》，载《湘潮（下半月）》，2011年第10期。
③ 邱志勇等：《群体性涉访事件处置研究》，群众出版社2006年版，第6页。

通、围堵党政机关、静坐请愿、聚众闹事等群体行为,并对政府管理和社会造成影响"[1]。北京大学教授邱泽奇认为,群体性事件是"为达成某种目的而聚集有一定数量的人群所构成的社会性事件,包括了针对政府或政府代理机构的、有明确诉求的集会、游行、示威、罢工、罢课、请愿、上访、占领交通路线或公共场所等"[2]。

可以看出,在很多人眼中,群体性事件是由有明确目的并呈现出一定组织性的群体实施的行动。这种界定明显忽略了那些并无明确目的,也未发现策划者和组织者的群体性事件,而且此类事件在近些年呈现越来越多的态势。例如:2004年重庆"万州事件"、2005年安徽"池州事件"、2006年浙江"瑞安事件"、2007年四川"大竹事件",2008年贵州"瓮安事件"和2009年湖北"石首事件"。它们都是由与初始纠纷当事人无利害关系的多个阶层民众,实施的无明确利益诉求的暴力活动,参与者的行为具有很强的自发性和表现性。

笔者认为,从学术研究的角度出发,对群体性事件概念的学理界定应侧重于其表现形式和运行特征,而不能预先为其设定某种价值判断和性质归类。因此,可将群体性事件界定为,"特定群体或不特定多数人通过规模性聚集,采取没有法律依据的行为,对一定范围内的社会秩序造成影响的体制外活动"。这种表述顾及到了实施主体、行为特征和后果等多方面要素,在某种程度上克服了上述概念界定的不足,具有较大的包容性。

将群体性事件归入"体制外活动",比较符合中国社会的变迁现实和人们的表述习惯。一方面表明参与者不在所处的国家机关、企事业单位内部组织机制框架下谋求问题的解决,将其与通过内部自洽机制化解冲突的活动区别开来;另一方面表明其采取的策略、方式和手段还未被完全纳入制度化轨道,属于政策法律未置可否的"模糊地带"或予以明确禁止的"违法活动",对一定区域内的社会层面造成了较大影响。

(二) 类型化

中国的"群体性事件"类似西方狭义上的"集体行动"概念,不同专业领域的学者可从政治、经济、社会等视角作出千差万别的界定和诠释。但是,在准确界定的基础上对其进行科学分类,是开展进一步研究和妥善处置的前提和基础。

按照事件性质,群体性事件分为人民内部矛盾性质的群体性事件和敌我矛盾性质的群体性事件两大类。目前,中国的群体性事件绝大多数还属于人民内部矛盾的范畴,

---

[1] 中国行政管理学会课题组:《我国转型期群体性突发事件主要特点、原因及政府对策研究》,载《中国行政管理》,2002年第5期,第7页。
[2] 邱泽奇:《群体性事件与法治发展的社会基础》,载《云南大学学报》,2004年第5期。

具有敌我矛盾性质的群体性事件主要是指由"三股势力"（暴力恐怖势力、民族分裂势力和宗教极端势力）制造的打砸抢烧活动，如 2008 年拉萨"3·14"事件和 2009 年乌鲁木齐"7·5"事件。

根据目标指向的不同，则可将群体性事件分为抗争、纠纷和骚乱三种：抗争指那些以党政机关、立法机构和司法部门等行使公权力者为诉求对象的群体性事件，参与者主要是为了维护自身权益或发泄不满情绪，处于相对弱势地位、与诉求对象的关系不对等，如 2004 年四川"汉源事件"、2008 年贵州"瓮安事件"和 2011 年广东"乌坎事件"；纠纷则是指由平等主体在民事关系基础上产生的矛盾引发的群体性事件，参与者主要是基于经济利益而采取行动，其诉求对象为在法律关系上的"对等方"，如近些年来越来越多的由劳资矛盾引发的群体性事件等；骚乱指伴随着暴力活动、攻击目标为"不特定对象"的群体性事件，参与者行为的最显著特征是波及无辜，机关、商店、学校，甚至素不相识的路人等都可成为其攻击对象，如 2008 年拉萨"3·14"事件和 2009 年乌鲁木齐"7·5"事件。

在对近些年来中国层出不穷的群体性事件进行比较分析时，笔者发现，核心诉求和驱动力量与事件的运行机制、方式手段密切相关，对核心诉求作出准确判断还可为政府有效处置和化解群体性事件提供明确的策略选择。根据核心诉求和驱动力量的不同，可将群体性事件分为以下三类：基于利益表达的群体性事件，基于不满宣泄的群体性事件和基于价值追求的群体性事件。

1. 基于利益表达的群体性事件

顾名思义，基于利益表达的群体性事件由具体的利益问题尤其是经济利益引发，目的在于维护、争取和实现自身利益。"利益"通俗地来说就是"好处"，它涵盖经济利益、政治利益以及精神生活层面的利益等，也包括个人身体健康方面的利益。在现实生活中，"利益"主要表现为物质层面的经济收益。

其实，"基于利益表达"实际上在很大程度上表明了这类群体性事件的基本特征：

（1）由特定群体实施，有明确利益诉求。一定地域内具有相似身份和地位的群体，往往拥有共同的经济利益。这类群体性事件由具体的经济利益引发，目的在于维护、争取和实现自身利益，如云南"孟连事件"和甘肃"陇南事件"。在自身权益受到现实侵害或即将受到侵害时，会自发或有组织地结成特定"利益共同体"，以信访、集会、游行，甚至围攻党政机关等方式反映诉求、施加压力。如云南"孟连事件"中的胶农、甘肃"陇南事件"中的拆迁户等，近年来集中在土地征收、房屋拆迁、移民安置、环境污染、企业改制和劳资纠纷等方面的群体性事件均由特定群体实施。

（2）具有一定的组织性，事件爆发之前的诉求表达方式相对温和。由于群体的形成基于共同的利益诉求，相似的处境、共同的目标使他们较易呈现一定的组织化形态，在目标设定、方式选择上显得较有章法，有些甚至选出了"意见领袖"和"维权精英"。如，在税费负担较重时代农民的依法抗争或以法抗争，以及近些年来在城市社区出现的"业主维权"活动，等等。组织化特征使"利益表达"主体的前期维权活动，多以不断上访请愿等相对温和的方式呈现出来，只是在多方求告无门、走投无路后才采取暴力方式，最终酿成事端。

（3）诉求对象比较明确。由于行为主体为相对特定的人群，且是为了具体的利益而展开行动，因此诉求对象为损害其利益或者能够实现其利益的"利益攸关方"。在中国这个各级政府掌握着大量资源、权力比较集中的国家，基于利益表达的群体性事件诉求对象往往为各级党政机关及其工作人员。无论是早期的农民依法抗争和以法抗争，还是近年来兴起的各种维权活动，群体性事件的实施者都有既定而明确的诉求对象。

（4）化解相对容易。特定群体和具体经济利益诉求的特性使政府在处置基于利益表达的群体性事件时，有明确的协商对象，如果能够满足参与者的利益诉求，群体性事件就失去了发起和开展的基础。而且，由于此类事件具有一定的组织性，降低了政府对话、协调和瓦解的成本，将组织中的意见领袖或维权精英争取过来，可为化解此类事件减轻很大的阻力。

2009年12月18日，中共中央政治局常委、中央政法委书记周永康在全国政法工作电视电话会议上称："信访和群体性事件背后反映的大多是因利益诉求而引起的人民内部矛盾，是改革发展过程中的问题。"

需要警惕的是，目前在一些基层官员眼中，基于利益表达的群体性事件常被视为可以用人民币解决的问题，花钱买平安、花钱买稳定成为他们的习惯做法。但是，在稳定压倒一切、一票否决的压力型体制下，对一些既不合法也不合理利益诉求的无原则满足，已超越了法规政策的框架，不仅损害了法律的尊严和政府的权威，还易助长"无理取闹"行为，反而影响社会和谐稳定。

2. 基于不满宣泄的群体性事件

近些年来，发生了多起没有具体利益诉求、重在发泄不满的群体性事件，如重庆"万州事件"、安徽"池州事件"、四川"大竹事件"、贵州"瓮安事件"和湖北"石首事件"等。在此类事件中，参与者在行为动机上既无"利益诉求"，又与作为事件诱因的当事方并无利害关系。

这种基于不满宣泄的群体性事件正越来越引起社会的关注，其主要特征如下：

（1）由不特定多数人实施，无明确利益诉求。此类群体性事件的主体与事件的直接诱因或导火索并无关联，甚至与当事人素不相识，属于无利益相关方、参与其中并不能得到任何好处。他们实施群体性事件，从表面上看是出于对处于弱势地位当事人的同情、对政府或警方处置方式的不满，但从深层次分析却源自对当地施政偏差所造成的问题和矛盾，以及对分配不公、官员腐败、环境污染等现象的不满，而这三方面的情感倾向最后都集中在党政机关身上。社会不满这种宽泛的情感指向决定了其主体成分的多样性和复杂性，此类群体性事件的实施主体常来自于社会各个层面，尤其是处于相对弱势地位的群体。

（2）基本无组织性，行为方式比较暴烈。由于没有具体的利益诉求，来自不同阶层、处于不同地位，由不特定多数人临时组合的群体难以采取一致的行动步骤，因此行动过程一般表现为来去匆匆，这种群龙无首的特性使得参与者的行为容易失控而演变成为暴力事件。无论是重庆"万州事件"、安徽"池州事件"，还是四川"大竹事件"、湖北"石首事件"和贵州"瓮安事件"，在打砸抢烧活动中都没有发现整个暴力事件的组织者和策划者，散乱参与群体的行为具有很强的突发性、自发性和攻击性。

（3）诉求对象相对宽泛。无论起源于何种具体而细微的偶发事件或日常纠纷，在此类群体性事件中非特定群体的不满和怨恨常最终集中在党政机关身上，其诉求对象一般是作为国家权力象征的各类党政机关及其工作人员。由于公安干警和武警常被基层政府推上一线维持秩序，因此在局势失控时"官民矛盾"首先直接表现为"警民冲突"。还有些表现为对公共基础设施的破坏上，如对公路、铁路等的围堵，甚至夹杂着对超市、商店等私人财物的打砸抢烧，借以发泄不满。显然，这类群体性事件的攻击目标有扩大化甚至波及无辜的倾向。

（4）从根本上予以化解比较困难。对基于不满宣泄的群体性事件来说，由于局限在一定地域范围内，尽管围观者众多但只有少数人参与打砸抢烧，因此政府动用警力平息暴力活动比较容易。但是，要从根本上铲除群体不满的社会心理基础却很费时日，有些则需通过政治、经济、社会等方面的体制改革才能予以缓解。比如，民众对贫富差距、贪污腐化等方面的不满，绝不会随着单个群体性事件的平息而消除，如果又有导火索出现，在政府管治乏力的情况下则还有可能酿成大的事端。

此类群体性事件已引起决策层注意。2006 年 11 月 27 日，中共中央政治局常委、中央政法委书记罗干在全国政法工作会议上指出："在一些地方，有的参与群体性事件的群众，自己并没有直接利益诉求，而是借机宣泄长期积累的不满情绪。这种社会现象很值得我们深思。"

3. 基于价值追求的群体性事件

在此类群体性事件中，参与者的行动目标既不是为了维护和实现自身的经济利益，也不是重在发泄不满情绪，而主要是为了追求某种具有意识形态色彩的价值。这里所说的价值不是指经济学意义上的"体现在商品里的社会必要劳动"，也不是指社会学意义上的"用途或积极作用"，而是指政治学意义上的理念、规范、原则或主张。

基于价值追求的群体性事件的核心诉求和驱动力量主要为权利和自由，参与者的行为具有较强的主动性。这些政治权利和自由既可是宪法和法律所明确赋予但没有落到实处的，也可是公民认为应当享有但未以法律和政策文本予以确认的，如：选举权和被选举权，言论、出版、集会、结社、游行、示威自由以及宗教信仰自由等。

进入新世纪以来，在一些农村地区围绕村委会选举因村民自治权引发的群体性事件呈多发态势。2002年在浙江省永康市古山镇前黄村发生的选举风波就是一个典型案例[①]：2002年5月，前黄村进行村委会换届选举，但是政府领导下的选举指导小组多次违反选举程序，暗箱操作，村民们觉得其民主权利受到侵害，从而与政府官员发生对峙并到市政府集体上访。

又如，曾引起社会广泛关注的河南省唐河县"农民上访被抓事件"[②]：2001年至2002年，唐河县上屯镇张清寨村岳春栓等部分群众，因村级财务不清、村民选举等问题，多次到县乡政府及有关部门集体上访。2002年10月11日，唐河县人民法院以聚众扰乱社会秩序罪，分别判处岳春栓、张明才、谢志法等5名上访者有期徒刑二至五年。唐河县检察院指控认为，岳春栓等人多次组织群众集体上访，用拖拉机堵住县委机关的大门，并在大门口敲锣打鼓，起哄谩骂，致使有关部门工作无法正常进行，已构成聚众扰乱社会秩序罪，依法应予严惩。

另外，价值追求也表现在对某种具有意识形态色彩的话语符号的宣扬，或者对执政者施政理念的质疑。如，在中国1989年春夏之交发生的政治风波，学生行为在早期具有鲜明的群体性事件特征（后来更像一场社会运动），一些学生打出了"反对'官倒'"、"惩治腐败"等横幅并在游行请愿过程中高呼口号。在中国这个多民族的国家，由于历史、文化、宗教以及国外势力介入等方面的复杂因素，价值追求有时还会以某个民族中的分裂分子寻求"民族自决"、"建立国家"的极端方式呈现出来，如拉萨"3·14"事件和乌鲁木齐"7·5"事件——这两起事件背后既有恐怖主义、分裂主义和极端主义思潮的深厚影子，也有根深蒂固的宗教思想支撑。

基于价值追求的群体性事件往往由特定群体实施，带有较强的组织性，诉求对象为执政者或权力机关。就化解难度而言，对那些有法律明确规定、在广大区域内已经落实、只是在特定范围内没有执行的"权利诉求"，化解起来较为容易，相关部门认真执行法律规定就可以了；但对于那些追求法律之外权利和对执政方式提出异议的群体性事件，由于其价值追求涉及法律修订和政策调整，真正化解起来难度很大。

---

① 熊伟、杨志敏、李正超：《浙江前黄村选举风波》，载《中国改革（农村版）》，2002年第7期，第38—39页。

② 李钧德：《上访该不该被判刑：河南唐河县五名上访村民被判刑的调查》，载《瞭望新闻周刊》，2003年第14期。

就目前状况来看,在中国"基于价值追求的群体性事件"相对较少,主要以农民维护村民自治权的形式展现出来。但是,随着经济社会的发展和人们权利意识的觉醒,此类群体性事件必将呈现出日渐增多的态势。如何将其限定在一定范围内,防止向社会运动方面演进,是值得执政者认真思考的问题。

当然,在复杂多变的社会情势下,上述三类群体性事件并非泾渭分明,在很多时候会发生某种程度的交集,但是其核心诉求往往只有利益、不满和价值中的一种。如在"乌坎事件"中,村民的主要诉求虽然是以土地为核心的"利益问题",但是他们同时还有依法行使村委会选举权的价值(包含权利)追求。

三、学理分析:集体行动与集群行为

目前,国内学者在分析群体性事件时常在起源于西方的"集体行动"理论中寻找学术资源,这种理论诠释对理解中国的群体性事件起到了重要的支撑和深化作用。

但是,它并不能完全涵盖中国复杂多变的社会现实,硬性嫁接不仅有损学术研究的严谨性和规范化,也不利于对中国社会冲突事件的准确认知,还有可能为政府有效处置相关群体性事件带来偏差。因此,对中国层出不穷、形式多样的群体性事件,需要在借鉴和运用西方有关理论资源的基础上,给予更加贴合实际的本土化解释。

(一)集体行动的概念梳理及分类

在国外,集体行动是社会心理学、经济社会学、政治经济学(尤其是公共选择学派)和公共管理学研究的一个共同主题,凡是涉及群体或集体行为的研究都离不开对集体行动这一范畴的探讨。

社会心理学中的群体行为、社会学的社会运动范畴、新制度经济学的制度变迁,以及公共管理学中的公共物品(或集体物品)供给等有关集团利益或共同利益的获取过程,都属于集体行动的范畴,这可看作对广义"集体行动"的界定。最广义的集体行动,是指代各种形式的由一定群体参与的社会冲突的共同属性[①]。芝加哥大学教授赵鼎新认为,"所谓集体行动(collective action),就是有许多个体参加的、具有很大自发性的制度外政治行为"[②],这种界定可称为狭义的集体行动,在很大程度上类似于中国的"群体性事件"范畴。

目前,国内外尤其是国内学者对集体行动的认知和界定,可谓众说纷纭、莫衷一

[①] Bert Useem, "Breakdown Theories of Collective Action", *Annual Review Socidogy*, 1998, 24.
[②] 赵鼎新:《社会与政治运动讲义》,社会科学文献出版社 2006 年版,第 2 页。

是，尚无一致认可的概念。但是，很多学者跳出纠缠于概念界定的泥潭，直接用它来阐述和分析纷繁芜杂的社会现实，尤其是多人参与其中的社会冲突事件。对基本概念的不同理解显然不利于学者间的对话和交流，也易引发不必要的学术争论和冲突，更不利于对群体性事件本身的科学探究和认知。

近年来，国内已有学者意识到对集体行动进行概念界定及类型化的重要性，并作了初步探讨。如中国人民大学国际关系学院博士王国勤认为：集体抗争、维权行动、群体性事件、社会冲突、社会运动、集体行动等，在中国当前各类研究社会矛盾或冲突的文献中，构成了一组具有家族相似性的概念，而其中每一个概念又往往包含一系列的子概念。在对这些具有家族相似性的概念逐一简要分析后，他尝试对"集体行动"给出了一个初步的多维度的界定：

第一，参与者：很多个体参加的。行动的发起者是普通民众，政府是该行动的诉诸对象或协调人或其他重要第三方；第二，组织化程度：很低，具有很大的自发性；第三，制度化程度：很低，多属于制度外政治行为；第四，改变现状的诉求程度：很低，寻求或者反对的目标一般是与具体的物质利益或较低范围内的抽象利益有关；第五，持续时间：一般比较短；第六，行动方式：表现为从有节制的行动到逾越界限的行动间的连续谱，一般规模较小。据此，王国勤认为，当前中国的集体行动，"主要是由于各种利益即将或已被损害或剥夺而引发的旨在维护或索赔的利益表达的行动或过程"，将其界定为"主要是社会上弱势群体的各种利益表达的集体行动，简言之，就是基于利益表达的集体行动"①。

笔者部分认同王国勤对集体行动的界定，他从名目繁多的概念中提炼出共同的特征予以归纳，并将其统摄于一个总概念之下的尝试无疑很有意义。但是，将集体行动与利益表达联结在一起甚至进行等同化处理的做法，明显没有考虑到复杂多变的社会矛盾或冲突现实，表现出简单化的倾向。

如，这种界定无法解释2004年重庆"万州事件"②和2005年安徽"池州事件"③，它们均由偶发因素当天便迅速发展成为带有骚乱性质的突发群体性事件，主体参与者实际上与初始当事人并无关联，在参与过程中也无明显的利益诉求。同样，这一界定

---

① 王国勤：《"集体行动"研究中的概念谱系》，载《华中师范大学学报（人文社会科学版）》，2007年第5期。
② 文玉伯：《万州突发万人骚动事件》，载《凤凰周刊》，2004年31期（总164期）。
③ 王吉陆：《池州群体性事件调查：汽车撞人何以变成打砸抢？》，载《南方都市报》，2005年7月1日。

也无法解释2008年贵州"瓮安事件"①和2009年湖北"石首事件"②。至此,王国勤试图探寻"契合中国情境的研究社会矛盾或冲突的一个统摄性、规范性和学理性概念"③的努力,显然并不能涵盖复杂多变的中国群体性事件形态。

另外,在华中科技大学中国乡村治理中心刘燕舞博士看来,"集体行动研究首要的问题是厘清其基本类型"。但是,弄清其基本类型的前提是对"集体行动"予以准确界定。他在相关研究中将"集体上访、集体维权、集体抗争、群体性事件、集体行为"等泛指为集体行动,认为所谓的集体行动"是指由有相互关联的个体、群体或组织按某一种方式所组成的集合体,采取某些策略与技术,为达到某一特定的共同目标而做出的努力"④。

在长篇论文《基于利益表达的农民集体行动研究》中,刘燕舞对为何如此界定做了较为详细的解释:一是关系结构对集体行动的影响,所以定义中强调"有相互关联";二是强调参与行动的规模,如果是个人所采取的行动则不叫集体行动,所以定义中强调"集合体";三是基于学界关注对集体行动的动员机制的研究,将"按某一方式组成"考虑进来;四是基于学界普遍关注集体行动的策略与技术研究,所以定义中需要将"采取某些策略与技术"考虑进来;五是基于对集体行动的动力机制的强调,将"为达到某一特定的共同目标"考虑进来。

刘燕舞关于"集体行动"的概念界定最大缺陷是过多考虑了学者的研究现状,有将研究凌驾于社会现实之嫌,存在强烈的"削足适履"意味。其实,近些年来许多群体性事件的参与者之间并无多大关联甚至彼此陌生,刘燕舞的概念界定中"有相互关联的个体、群体或组织"与此相悖。而且,所谓"按某一方式组成"、"采取某些策略与技术"和"为达到某一特定的共同目标"的表述,由于未能描述其与众不同的特征而实属多余;因为任何群体行为都天然地具备这些要素,关键是要指出这些方面的独特性。刘燕舞对集体行动的界定过于泛化,依其概念,课题小组、健身团体甚至临时聚会都可归入集体行动的范畴。

中国社科院研究员单光鼐认为:⑤对于"自下而上"的体制外行为,若依诉求、组织化程度、持续时间和对制度的扰乱程度四个维度,可以将其排列成一个谱系,那就

---

① 丁补之:《瓮安溯源》,载《南方周末》,2009年7月13日。
② 欧阳洪亮:《石首的愤怒》,载《财经》,2009年第14期。
③ 王国勤:《"集体行动"研究中的概念谱系》,载《华中师范大学学报(人文社会科学版)》,2007年第5期。
④ 刘燕舞:《基于利益表达的农民集体行动研究——以豫东曹村的土地纠纷为个案》,三农中国,http://www.snzg.cn/article/show.php?itemid-13153/page-1.html。
⑤ 覃爱玲:《"散步"是为了避免暴力——中国社会科学院社会学所研究员单光鼐专访》,载《南方周末》,2009年1月14日。

是：集体行为、集体行动、社会运动和革命。目前中国的群体性事件尚表现为集体行为和集体行动，是广义社会运动的初始阶段。它既不是诉求明确、组织化程度高、持续时间长的社会运动；更不是带有鲜明政治诉求，有党派势力从中作祟的、社会危象频仍的革命前夜。

如上所述，王国勤和刘燕舞均将集体行动作为一个可以涵盖所有社会冲突的统摄性概念，群体性事件只是其中的一个类别，而单光鼐则认为集体行动只是体制外行为的一种形式。其实，从严格意义上讲，集体行动并不能完全包容中国丰富的社会冲突情形，尤其是那些由非特定群体自发开展的体制外活动，将其作为一个总括性概念有些牵强附会。而且，集体所蕴含的组织性也决定了集体行动范式，对那些由不特定多数人实施、重在发泄不满的群体性事件并不适用，这就需要另辟蹊径。

（二）对集体行动的界定

必须认识到，在中国社会这个特定的语境中，"集体"是"许多人合起来的有组织的整体（跟'个人'相对）"①，"有组织"是其重要特性。集体有比较高的内聚性，集体成员愿意参与集体的活动，不做有损这个集体的行为；也就是说，集体行动具有高度的组织性②。综合众多典型群体性事件的特征，我们可以将"集体行动"界定为，"主要由利益诉求引发，特定群体实施的带有一定组织性的体制外活动"。如此界定，主要有三方面的考量因素：

1. 矛盾性质。整体看来，目前中国数量众多的群体性事件并未呈现对改变政治制度和社会结构的目标诉求，基本属于以维护经济利益和法定权利为核心的"人民内部矛盾"，远未达到挑战中国共产党执政地位、颠覆社会主义制度的"敌我矛盾"层面，矛盾性质的判定对分析研究和妥善处置群体性事件具有至关重要的意义。

2. 参与主体。"集体"二字本身就有"许多人聚集在一起"的意思，"特定群体"体现了参与者之间的关联性，主体一般有相似的身份、地位和共同的诉求目标。其关键内核是"组织性"，即：行动有相对明确的目的和步骤，显得较有章法，甚至有自己的"意见领袖"或"维权精英"。

3. 策略方式。相比于"制度外"，"体制外"更符合中国的社会变迁现实和人们的表述习惯，它一方面表明参与者不在所处的国家机关、企事业单位内部组织机制框架下谋求问题的解决，将其与通过内部自治机制化解冲突的活动区别开来；另一方面表

---

① 中国社会科学院语言研究所词典编辑室编：《现代汉语词典》，商务印书馆2005年版，第640页。

② 吴江霖等：《社会心理学》，广东高等教育出版社2004年版，第212页。

明其采取的策略、方式和手段还未被完全纳入制度化轨道，属于政策法律未置可否的"模糊地带"或予以明确禁止的"违法活动"，对一定区域内的社会层面造成了较大影响。

"值得注意的是，新的集体行动或者集体行动的新的特征的大量出现，挑战了很多既有的理论，它需要研究者们给予更多的关注"①。尽管"集体行动"理论资源对中国拥有相似利益诉求、带有一定组织性的群体性事件是有解释力的（如广东"乌坎事件"）；但是，对于那些并无明确利益诉求，由临时聚集形成的耦合群体自发实施的群体性事件却难有说服力（如贵州"瓮安事件"），这类群体性事件需要新的解释框架。

（三）一种新的解释框架：集群行为

人们的行为一般说来大都处在既定的社会规范制约之下，但在特殊情境中产生的一些不受通常行为规范约束的，自发的同时也是难以预测的群体行为方式，就是社会心理学上所说的"集群行为"。

美国社会学家帕克在其1921年出版的《社会学导论》一书中，最早从社会学角度定义"集合行为"，认为它"是在集体共同的推动和影响下发生的个人行为，是一种情绪冲动"。斯坦莱·米尔格拉姆认为，集群行为"是自发产生的，相对来说是没有组织的，甚至是不可预测的，它依赖于参与者的相互刺激"。戴维·波普诺也指出，集群行为"是指那些在相对自发的、无组织的和不稳定的情况下，因为某种普遍的影响和鼓舞而发生的行为"②。

在社会心理学上，"集群行为"是指"一种相当数量的群众自发产生的，不受正常社会规范约束的狂热行为"③，"自发性"是其关键特征。"集群"是由多个社会阶层的民众聚集而成的临时性群体，而"集体"则是有共同利益和共同目标的个体集合。"集群行为"有多种表现形式，哈佛大学心理学家布朗（R. W. Brown）把它分为四类：一是侵略性集群行为，如暴乱行为；二是逃避性集群行为，如一批有组织或无组织的群众在遇到危险情况时产生的恐惧反应；三是获取性集群行为，如群众在物价上涨时抢购和囤积商品的行为；四是表现性集群行为，如宗教群众狂热的情绪和行为表现。

集群行为有如下特征：一是情绪支配性，每个参加者的情绪都异常兴奋，处于狂热状态，失去了正常的理智思索，在认识上持有偏见，无法反省和控制自己的行为；

---

① 王国勤：《当前中国"集体行动"研究述评》，载《学术界》，2007年第5期。
② 张兆端：《关于集群行为和群体性事件研究若干观点述评》，载《新华文摘》，2002年第5期。
③ 全国13所高等院校《社会心理学》编写组编：《社会心理学》，南开大学出版社2008年版，第307页。

二是迅速接受性，集群行为的参加者互相传递的每一种信息都会被迅速接受并引起反应，他们不愿意怀疑也不会怀疑这些信息的真实性；三是容易越轨性，虽然集群行为并非都伴随着暴力，但是参加者受狂热情绪支配，很容易背离正常的社会规范，发生扰乱社会秩序的行为甚至打砸抢烧。

还有学者在运用西方集体行动理论阐释中国的群体性事件时认为，"行为"与"行动"有细微差异。在中国社科院研究员单光鼐看来，作为自下而上的体制外行为，集体行为与集体行动的差异为：在诉求、目的，组织化程度，持续时间以及与现存制度的关系上，集体行为都要比集体行动弱得多[①]。虽然，笔者并不认同将中国群体性事件的行为主体全部划入集体的范畴，因为部分群体性事件的行为主体实际上是由不特定多数人组成的集群；但是，单光鼐对"行为"与"行动"的比较分析是有道理的。

现代西方哲学有一个专门领域叫做行动哲学（philosophy of action），而"行动"和"行为"之间的区分被认为是行动哲学的基本前提。行动哲学是在维特根斯坦（Ludwig Wittgenstein）的影响下形成起来的一个哲学分支；研究这个分支学者的一个基本共识，是认为"行动"（action）和"行为"（behavior）的区别在于有无"意向性"（intentionality）。行动当然是行为，而行为如果没有意向性的话就不是行动。[②] 哲学家尤根·哈贝马斯曾做过一个题为"行为与行动的区别"的演讲，他"在肯定行动与行为的区别在于行动的意向性的同时，强调行动的意向性特点与行动的遵守规则的特点有密切联系"[③]。这就是人的自由与社会规范的对立统一。

综上所述，"行动"的意向性、规范性和组织性明显，而"行为"则有随机性、散乱性和自发性的特征；加之，由特定群体组成的"集体"与由不特定多数人形成的"集群"之间也有差异；而且，无论是 2004 年重庆"万州事件"和 2005 年安徽"池州事件"，还是 2008 年贵州"瓮安事件"和 2009 年湖北"石首事件"，这些群体性事件中针对党政机关的暴力活动并不是基于利益诉求，而是重在发泄不满。因此，从学术严肃性和规范性的角度考虑，应使用基于不满宣泄的集群行为来概括和描述此类群体性事件。

在以上分析的基础上归纳提炼，可以给基于不满宣泄的集群行为下个定义：由不特定多数人临时聚集形成的耦合群体，受外界刺激而实施的没有法律依据、重在发泄不满的体制外活动。其主要特征为：

[①] 覃爱玲：《"散步"是为了避免暴力——中国社会科学院社会学所研究员单光鼐专访》，载《南方周末》，2009 年 1 月 14 日。

[②] 童世骏：《大问题和小细节之间的"反思平衡"——从"行动"和"行为"的概念区分谈起》，载《华东师范大学学报》，2005 年第 4 期。

[③] 孙惠柱：《社会表演学与和谐社会》，载《解放日报》，2006 年 4 月 3 日。

1. 行为主体为"耦合群体"。实施者由没有利益牵涉和价值诉求、来自不同阶层甚至素不相识的民众组成，这种临时聚集而成的群体没有组织性和凝聚力，在完成相关行为或行为被迫中止后便自动散开，个体重归茫茫人海。

2. 行为本身具有高度自发性。尽管某个环节或某些人的行为可能源于旁人调唆或某个团体的策动，但绝大多数参与者并未收到明确指令，而是受外界影响自愿加入其中。

3. 行为的驱动力为不满情绪。参与者之所以采取行动并不是因为有利可图，而是为了发泄郁积于胸的不满和怨恨，这种情绪由于受到某种刺激（导火索）而被点燃化为实际行动。

4. 行为方式容易失控。在谣言和暗示的动员下群体行为趋于情绪化，在管治无术的情况下常最终失控而发展成为伴随着打砸抢烧的暴力活动。

纵观近些年来中国发生的群体性事件，在学理上可分两大类：集体行动和集群行为。前者实施主体为"特定群体（集体）"、着眼于利益表达或价值追求，可表述为"基于利益表达或价值追求的集体行动"，如2004年四川"汉源事件"和2011年广东"乌坎事件"；后者实施主体为"不特定多数人（集群）"、重在释放不满，可表述为"基于不满宣泄的集群行为"，如2008年贵州"瓮安事件"。

信息主导：社会稳定预警机制建设的永恒主题
——基于南方 N 县 "6·15" 事件的个案分析

肖 飞*

摘　要：社会稳定预警机制是维护社会稳定的一道重要屏障。尽管我国社会稳定预警机制建设总体成效不错，但在部分地区和行业仍然存在信息网络不广、预警触角不深、风险评估不足、基层基础不实和机制运行不畅等诸多问题。加强社会稳定预警机制建设是积极预防和妥善处置各类群体性事件的重要保证，必须始终坚持情报信息主导战略，更加注重情报信息网络建设，不断加大社会风险评估力度，着力健全情报信息研判机制，切实加强预警行动组织领导，严格落实社会稳定预警责任。

关键词：信息主导；社会稳定；预警机制；主题

所谓社会稳定预警机制，通常是指社会管理部门依据所掌握的相关信息，对社会发展运行状况发出警示信号，显示社会已经或即将可能发生无序现象的临界状态，以期引起政策决策者、社会管理者和广大市民的关注，确保防患于未然的系列制度和方法。2009 年 3 月 5 日，国务院总理温家宝在政府工作报告中明确指出，要"健全社会稳定预警机制，积极预防和妥善处置各类群体性事件。"此后，中央多次召开维稳工作会议，研究部署社会稳定工作，要求各级党委、政府和各部门、各单位切实把维护稳定当做硬任务，认真担负起第一责任，结合实际抓好落实。加强社会稳定预警机制建设意义重大。

当前，我国社会稳定总体形势是好的，但近年来一些地方接连发生的群体性事件也表明，正处转型时期的当今中国，影响社会安全稳定的不确定因素依然较多，社会稳定预警机制建设仍然任重而道远，南方 N 县 2009 年 "6·15" 事件就是一个很好的例证。

---

* 肖飞，中共赣州市委政法委干部，江西省犯罪学研究会理事，江西省警察协会警学理论特邀研究员。主要研究领域：应用法学、公共行政、社区警务和"三农"。

一、N县"6·15"事件的发生及处置

(一)基本情况

N县为南方内陆省A市所辖。当地民营经济活跃,产业聚集,家具是其主要的支柱产业之一,县内共有家具企业6000余家,就业人员20万余人。2009年6月15日上午10时左右,当地百余名家具业主因对N县政府出台的《家具行业清理整顿工作方案》和家具业新税负标准不满而聚集到N县行政大楼集体上访,同时,数十名家具企业主聚集在105国道N县"国际家具城"路段拦截国道,造成交通堵塞;随后,随着聚集人员的增多,105国道N县路段全面瘫痪,并接连发生掀翻、打砸警务车辆,攻击现场执勤民警现象和对过往车辆实施"打、砸、抢"行为。此后,部分聚集人员见聚堵国道未能达到预期目的,又涌入大广高速N县段并对过往车辆实施"打、砸、抢",大广高速N县段关闭。17时,105国道疏通;18时,大广高速恢复通车;22时,聚集人群全部疏散,事件现场处置基本结束。

(二)处置经过

N县"6·15"事件发生后,A市市委市政府立即启动处置群体性事件应急预案,下令对N县部分路段实行交通管制,同时,封闭部分现场,阻止新的车流和人流,减少人员聚集,并抽调特巡警250名急赴事发现场进行增援,随后,又在大广高速公路N县收费站口成立现场指挥部,由A市市委常委、政法委书记、市公安局局长任总指挥,市委维稳办、市信访局、市公安局和武警、消防部队主要负责人及当地党政主要领导任成员,具体负责"6·15"事件的现场处置工作。随着事态向打砸抢方向发展,现场指挥部迅速就近抽调增派数百名公安、消防、武警赶赴现场协助维持治安秩序,同时,向省公安厅请求警力支援;在省公安厅的统一调度下,A市周边地市特警部队不断向N市驰增,事发现场开始形成"大兵压境之势",给非法聚集人群造成强大的心理震慑,部分人员由此主动退出聚集现场;17时45分左右,现场指挥部发现部分聚集人群攻击现场指挥部时,立即调集武警和特巡警组成战斗方队,及时实施拦阻和强行驱散,当场抓获6名参与"打、砸、抢"的犯罪嫌疑人,有效地控制了现场局势,遏制了事态发展;21时30分左右,现场指挥部集结现场优势警力,依法强行驱散非法聚集人群,事件得到平息。

二、事件处置的主要经验

这起群体性事件虽然爆发突然、升级极快、人数众多、对抗激烈，但由于处置及时，措施得当，没有激化更大的矛盾和造成人员死亡、重伤，当地社会秩序也在最短时间全面得到恢复，中央和省委有关部门对此予以充分肯定。该事件之所以能够得到较快妥善处置，主要得益于以下几个方面：

其一，各级领导高度重视和强力支持。事发当日，中央领导就专门作出指示，要求省委派人到现场指挥，及时研判情况，抓紧处理，防止事态扩大。省委主要领导就此作出批示，N县事件由A市主要领导全权处置，并表示如有需要，可即时到达现场。省委政法委、省公安厅高度重视，省委政法委书记、公安厅厅长亲自在省公安指挥中心坐镇指挥调度，并指派公安厅一名副厅长到现场担任总指挥，同时调遣警力驰援现场。A市市委、市政府迅速启动应急机制，立即派出维稳、信访力量赶赴现场，并适时提出"积极稳妥，以疏为主，分化瓦解首恶分子，孤立少数、教育多数，稳控局面，防止事态升级"的处置原则；随后，主要领导又亲临事发现场，亲自组织、指挥处置工作，确保了处置工作的科学性、针对性与有效性，鼓舞了现场干警的士气。

其二，充分发挥方方面面的力量做好群众工作。本着以群众工作统揽群体性事件处置的总体要求，现场指挥部确定了"为了群众、深入群众、依靠群众"的指导思想，自始至终坚持群众路线，动员和发挥各方面力量做好群众工作。一是要求N县县委、县政府立即通过电视滚动播放、短信群发、张贴公告等形式，向社会大众宣传废止清理整顿家具企业的决定，让群众吃下"定心丸"，缓解了现场对立情绪。二是安排N县主要领导与群众现场对话，表明党委政府维护群众权益、支持企业发展的态度，劝导群众通过正当渠道反映诉求。三是抽调N县县直单位、各乡镇干部职工1000多人，到现场做好政策法规宣传解释和群众情绪疏导稳控工作。四是组织A市市直（驻市）100余名N县籍副处级以上干部，连夜赶赴N县协助做群众工作，通过发挥原籍干部的人缘、亲缘、血缘关系，进一步加强党委政府与聚集人群的沟通联系，同时，及时向指挥部报告事发现场可能出现的各类苗头性、倾向性、行动性信息，使应急处置指挥部对事发现场始终做到心中有数。

第三，坚持信息公开透明，有效抢占舆论主导权。对内，迅速组织辖区内各类媒体进行客观报道，公布事件真相，引导广大群众不造谣、不信谣、不传谣。对外，第一时间向国务院新闻办、新华社、省委宣传部提供真实情况和处置措施。同时加强网络舆情的监控引导。政府各网站第一时间滚动报道事件新闻统稿，宣传、网监及各级网络评论员队伍24小时蹲班值守，收集研判网络舆情，及时查删负面言论，通过回帖、跟帖、发帖等形式进行正面回应和引导。

第四，强大警力的支撑，雄壮警威的震慑。根据 A 市处置群体性事件应急预案规定，A 市群体性事件应急处置指挥部第一时间启动应急预案，维稳、信访力量迅即赶赴现场。随着事态发展，不断增派警力，并主动向省委、省政府请求支援。事发当日下午 17 时许，现场警力达到近 2000 人，形成了"大军压境"的"高压"态势，使聚集人群的心理压力持续加大。受强大警力的震慑，部分聚集人员主动散去。随后，现场处置组又以压倒性优势的警力强制驱散了余下聚集人群，事件得以迅速平息。

第五，准确把握时机，灵活实施战术。按照宜散不宜聚、宜顺不宜激、宜解不宜结的原则，应急处置指挥部全员动员、全警戒备、全力处置，做到了重不授人以柄、轻不贻误战机。一是注意方法，避免正面对抗。现场指挥部及时指派当地干部职工进入人群开展思想教育，派 200 名便衣民警进入现场开展调查取证、制止违法行为，并管制疏导交通。同时，集结警力待命，调集消防车防范纵火，调集警犬预备对付突发性破坏行为。二是讲究策略，注重因势利导。事件发生后，指挥部根据前线报送的情报信息和当时的可用警力现状及聚集人群焦急心态，及时把聚集人群的注意力适时转移到现场指挥部，使其无暇进行其他破坏活动。同时，要求有关部门加大现场群众的情绪疏导力度，力争在最短时间内疏通国道和高速公路。三是审时度势，科学果断决策。当晚 19 时起，现场情报人员陆续反馈，聚集人员呈现疲惫状态，恢复现场秩序进入最佳时机，现场指挥部当即组织优势警力进行强制驱散，不足一个小时，聚集人员全部散离，事件得以平息。此外，指挥部还对初步掌握的少数为首分子连夜核实、固定证据，做好传讯和思想转化工作，促使其当夜取消次日的预谋行动。

三、事件引发的原因分析

群体性事件是我国经济和社会变革过程中各种矛盾和问题的综合反映。综观人类社会发展的历程，大凡社会大变革、大转折时期，往往是各种群体性事件的多发期和高发期。毋庸讳言，N 县"6·15"群体性事件的发生发展与我国当前正处于社会矛盾凸显期的大环境有一定联系。但外因是条件，内因是关键，"6·15"群体性事件之所以发生，主要原因还在于当地党委政府工作不得力，还在于当地人民群众不信任，还在于当地的经济社会发展不全面。

1. 少数领导政绩观不正是引发群体性事件的核心所在。

政绩观决定工作态度、工作思路和工作方法。有什么样的政绩观，就会追求什么样的政绩。追求什么样的政绩，是衡量一个领导干部能否正确对待群众、正确对待组织、正确对待自己的试金石。主要领导的政绩观正确与否，直接影响到一个班子、一支队伍的健康成长，影响到一个单位、一个部门、一个地方的稳定发展。N县由于地理位置特殊，相对其他县、市，其领导干部晋级晋职都具较大空间，而且，一般情况下，其主要领导过渡两至三年后都会得到提拔重用，所以，N县主要领导职位都被常人看做是厅级领导的过渡职务。2008年，由于受世界金融危机的影响，N县工业经济指标增幅较小，市委主要领导觉得脸上无光。为改变这一现状，2009年全省经济工作会议之后，N县领导决定在主导产业的税收上做"活"文章，力争在三五月内让地方财政翻番，以给省、市主要领导一个"惊喜"，也为自己的快速"进步"夯实基础。于是，在没有认真进行社会稳定风险评估，也没有经过党政班子成员集体酝酿、讨论的情况下，市委就出台加税政策，为群体性事件的发生埋下了隐患。

2. 政府培育市场不遵循市场经济规律是事件发生的重要诱因。

遵循市场经济规律是培育市场的基本要求，但由于我们一些领导干部习惯于以权代政、以权代法，把行政权看做是包治一切的灵丹妙药，不愿做打基础、管长远的事情，不遵循客观规律，热衷于短、平、快，导致重发展、轻稳定，重小团体利益、轻群众利益，重领导权威、轻群众诉求等不良倾向。N县家具产业"小、乱、散"的问题由来已久，开展整顿势在必行，做大、做强也符合市场发展要求，广大家具业也理解、支持这一工作。但关键在于采取什么方法、按照什么思路、达到什么目的。尽管N县领导在平时大会小会没有少讲市场经济规律、没有少提科学发展观要求，但在清理整顿家具行业的思路和操作上，却把科学发展观、把市场经济规律远远丢弃一边。不是按照市场经济规律引导、鼓励家具企业自主进行整合整改、逐步使无发展前景的家具企业在竞争中自动退出市场，而是采取行政命令方式强行企业整合、整改，导致众多企业联合抵抗。特别是在清理整顿受阻的情况下，有关部门就上路检查拦截外运家具成品、半成品车辆，并课以罚款，使众多家具业感到难以容忍，进而采取联合对抗。这是"6.15"事件发生的最初诱因，也是事态发生发展的重要因素之一。

3. 部分执法部门长期不作为、乱作为加速了社会矛盾的激化。

群体性事件是社会矛盾激化的外在表现。"6·15"群体性事件之所以发生，与当地部分执法部门长期的不作为、乱作为不无关联。一方面，少数单位不作为。如，N县有关部门对家具生产企业和物流企业长期疏于监管，致使很多企业主认为无证收购木材、无证加工、无证运输、税收"跑冒滴漏"以及厂房乱搭乱建等都是正常和应该的。另一方面，一些部门乱作为。据事后多家业主反映，当地林业、森林公安、供电、工商、税务等部门普遍存在乱收费、乱罚款、乱放行和随意执法等问题，而且，收"保护费"、"护送费"等潜规则非常盛行，家具市场形成"黑吃黑"的恶性循环。事后调查还发现，N县家具产业普遍存在的违法违规生产经营行为，根子就在政府相关执法部门尤其是少数干部的不良作风，甚至存在一些腐败问题。由于家具业主的合法权益得不到有效保护，群众早已是怨声载道，群体性事件的发生只是一个时间问题而已。

4. 部分职能部门不重视、不尊重、不关心群众利益诉求是社会矛盾恶化发展的助燃剂。

"知政失者在草野"。多年来，N县家具业的税负标准一直保持在较低水平，与临近省的家具业税负标准不相上下。县政府在清理整顿家具行业的方案中最初也未涉及税负这一敏感问题。5月中旬，县税务部门出台了新的税负标准，家具企业主为此两次集体上访，反映该标准增幅过高，县里虽然也两次作了下调，但仍高于原标准的1.5倍。与此同时，税务部门又改变家具行业多年形成的征税方式，明确规定不再按电量征税，而改为企业在销售家具产品前先交税，凭税收发票再办理木材准运证，凡无税收发票的外运家具车辆一律不予通行。无视世界金融危机，出台新的税负标准，改变原先征税方式，增加企业税收负担，犹如火上浇油，以致家具业主不满之"火"迅速燃烧。再加上县里信访接访领导对家具企业主的信访问题迟迟不作明确答复，县委主要领导又一直不肯与上访业主见面对话，以致不少企业主认为，现在的领导听不进老百姓的意见，只有把事情闹大，县委、市政府才会罢休。正是在一个又一个矛盾的积聚之下，使当日起初的集体上访迅速演变成重大群体性事件。

5. 少数领导干部缺乏政治敏锐性和危机意识，错失了化解矛盾的最佳时机。

群体性事件虽然具有突发性的特点，但突发并不意味没有任何征兆，任何一起群体性事件都是由细小的矛盾和冲突逐步累积而成的，都有一个由小到大的过程，当一些苗头和带倾向性的问题出现时，只要引起高度警觉，认真分析研判，密切关注动态，并施以相应措施，做到见微知著，防微杜渐，就完全可能避免事件的发生，从这个角度来说，N县这一事件的发生正是由于当时的县委县政府重视不够、应对不足而导致"小事拖大、大事拖炸"的。一是对已经显露的苗头不够敏感。自N县开展家具市场清理整顿活动之后，社会上就有各种不满传闻，并不时发生串联上访苗头和集体抗税问题，但这些都没有引起当地党委政府的足够重视，没有及时开展不稳定因素排查化解，最终酝酿成大事。二是对已经出现的隐患过于自信。其实N县各级党委政府事先也掌握到了一些苗头信息，如6月初曾有部分家具业主两次到N县行政中心集体上访，但N县没有及时对这些信息进行研判和预警，也没有安排人员跟踪掌握这一问题的发展变化情况。特别是6月15日上午刚发生群体上访时，N县没有对这一情况的严重性及时进行预判并报告给上级有关部门，自信当地老百姓不会有什么过激行为，即便是少数人闹一闹，只要当地公安机关出动，关他一两个带头"闹事"人员，事情就会很快过去，也正是由于当时主要领导的麻痹大意和过于自信，导致事态不断恶化，小事件最终酿成大事件。

6. 处置突发事件的应急装备不够完善，降低了群体性突发事件的处置效果。

科技装备是处突战斗力的重要基础，加强应急装备是提升应急处突战斗力的重要保障。由于我国应急管理实行条块结合、以块为主，即属地管理为主的原则，应急保障通常由各级财政负担。因受地方财力制约，目前各级维稳部门普遍存在装备落后、配备不全的问题，难以适应较大规模的群体性突发事件的处置任务。如在"6·15"事件中，聚集人员利用随处可见、随手可捡的石头、木棒等器物对现场维稳人员实施攻击，但由于警棍、盾牌、头盔、防暴服等个人防护器材和非杀伤性武器配备不齐全，造成部分人员受伤。在群众聚集时，因使用通讯工具的人员太多，造成移动网络堵塞，传统的通讯工具基本瘫痪，对及时传达指挥员各项指令带来影响，也使党和政府的声音不能及时传达到聚集的群众之中。

四、事件发生暴露出来的主要预警问题

预警是对已经或即将可能酿成社会问题，妨碍政治稳定及社会发展偏离现象和失序状态的预先警告①，是对已经或即将发生的突发事件进行紧急指示②，是预警主体根据有关数据、情报和资料，运用逻辑推理和科学预测的方法技术，对某些危险信号出现的约束性条件、未来发展趋势和演变规律等作出的科学估计和推断，并向相关部门发出紧急信号，报告危险情况，以便有关部门及时采取相应策略，防止或消除不利后果的发生③。纵观 N 县"6·15"事件的发生发展，尽管在上级党委政府的正确领导下，在当地各部门的大力支持配合下，最终得到有效解决，整个事件没有造成人员死亡和重伤，社会治安秩序也迅速得到恢复，被省委领导称之为群体性事件成功处置的一个典范，但事件未能消灭在萌芽状态所暴露出来的预警机制不足问题也完全值得我们认真加以反思。

（一）情报信息触角不灵

所谓情报信息，是指可能发生影响社会稳定的苗头性、倾向性问题，已经或正在发生影响稳定的事件及动态情况，是社会稳定预警的核心所在。任何预警都是建立在一定的情报信息基础之上，抓好情报信息收集是实现有效预警的重要前提，真实完整的情报信息是准确预测和有效防范各种群体性事件的关键所在。现代社会，无论何时

---

① 肖飞：《我国社会稳定预警机制构建探略》，载《公安研究》，2000 年第 1 期。
② 王珉：《公共危机管理》，中国传媒大学出版社 2008 年版，第 115 页。
③ 陈福今、唐铁汉等：《公共危机管理》，人民出版社、党建读物出版社 2006 年版，第 109 页。

何地何种类型的群体性事件，都有它的前因、酝酿和准备过程，都有一个长短不等的显形或隐形发展过程，一般有迹象和轨迹可循①。N县"6·15"事件也不例外。N县家具市场清理整顿活动启动不久，就有传闻少数群众对政府行为不满，且有部分家具企业主多次到N县行政中心上访，甚至早在6月1日就有人在网上发帖说"N县这几天要出事"，在随后的跟帖中也反映了大量的情况和苗头信息，但当地有关职能部门对此缺乏应有的重视、警觉和深入了解，情报信息工作存在触角不灵、摸排不细、情况不清等问题，进而严重影响了对事件发展趋势的预警和预测。

（二）预警指标参数不多

预警指标即可能引发社会不稳定事件的各种因素，是关于社会稳定变化的关键性、具有战略意义或概括性的度量②。完善的预警指标可以对社会稳定现状进行描述和解释，并对需要解决的各类社会问题提出参考性意见和建议。一个国家、一个地区是否发生影响社会稳定的不良事件，其决定因素很多，既有政治方面的，也有经济方面的，还有社会方面的和文化方面的，浙江财经学院张维平教授就曾罗列6类46种，如，生态环境问题、资源问题、非法滥开滥采（小煤矿）问题、社会差距（贫富、地区和城乡）问题、节假日燃放烟花爆竹问题、针对基层政府的群体闹事问题、就业需求与失业问题、通讯与网络安全问题、社会保障与保护问题、征地拆迁问题、进城民工问题、公共卫生（疾病控制）问题、边疆少数民族地区毒品问题、社会治安问题、教育问题、中产阶级的成长及其对权力的要求问题、家庭暴力问题、少数民族的文化与宗教民族主义诉求（特别是国家分离主义活动）问题、腐败问题、劳工权益问题、"三农"问题、"台独"问题、党和国家领导人的更迭问题、国有资产流失问题、金融风险问题、石油的价格波动问题、劳资矛盾突出问题、粮食问题、利用外资问题、经济全球化问题、行政执法混乱和行政行为不规范问题、政府对各部门应急预案落实情况的监管力度不够问题、财政预算软约束问题、防灾机构设置不规范和力量不足及权威性不够问题、安全投入不足问题、信心和诚信问题、国民安全意识问题、防灾思想观念陈旧问题、负面心理效应的影响问题、道德信仰危机问题、恐怖主义问题、非法宗教活动问题、因局部战争引发的核战争问题、朝鲜半岛（核）问题、中美关系问题、国家周边的安全问题②，等等。N县"6·15"事件，从表面上看，是由于N县政府清理整顿家具的决策和操作失误引起的，实际上，人民群众特别是广大家具业主及其员工，对整

---

① 朱庆芳、吴寒光：《社会指标体系》，中国社会科学出版社2001年版，第4页。
② 张维平：《突发事件预警指标选择偏好与权重赋值阈值研究》，载《公共行政》，2009年第4期。

个家具行业的管理混乱，尤其是有关部门的不作为、乱作为积怨太久，如"人情税"、"保护费"和物流企业变"镖局"，等等。正是这些业已存在且严重侵害群众利益的不良因素，最终酝酿成了群体性事件。倘若事件发生之前，有关部门能够及时获取相关信息，并主动深入当地家具行业进行调查，及时向有关部门提出专题预警报告，或许事态就会朝着良性方向发展。

（三）社会风险评估不足

社会稳定风险评估，是对重大事项在实施过程中是否会引发影响社会稳定的重大事件或危及公共安全的情况进行先期预测、先期研判，为先期介入、先期化解提供科学依据，以便更好地服务经济社会发展，确保社会稳定和公共安全。社会稳定风险评估是维护社会稳定的一项基础工作，是社会稳定预警工作的一个重要环节。早在1999年，中央就曾提出明确要求，各地区、各部门、各单位要按照中发［1999］4号文件的要求，大力增强风险意识，超前分析可能发生的群体性事件；2007年11月1日起施行的《中华人民共和国突发事件应对法》明确提出："突发事件应对工作实行预防为主、预防与应急相结合的原则。国家建立重大突发事件风险评估体系，对可能发生的突发事件进行综合评估，减少重大突发事件的发生，最大限度地减轻重大突发事件的影响"；2009年1月召开的全国维护稳定暨信访工作电视电话会议进一步强调要求，各地区、各部门、各单位要建立社会稳定风险评估机制，努力把可能引发群体性事件的苗头和隐患消除在萌芽状态。对于那些因政策不当、管理不当、执法不当而引起群众广泛关注、社会反响强烈的问题，要抓紧纠正和改进，决不能置若罔闻、久拖不决；对于政策和决策不符合大多数群众根本利益的，决不能强行出台实施；对于政策和决策本身符合大多数群众根本利益，但一些群众一时难以理解的，要充分做好宣传解释工作，不要仓促出台；对于涉及群众现实切身利益的问题，要认真对待，及时研究解决。纵观N县"6·15"事件的发生发展，可以说，N县市委、市政府对市内家具企业进行清理整顿，要求违法违规经营的家具企业迅速转为合法经营，其出发点无可厚非，但问题的关键是，在国际金融危机冲击下中小企业举步维艰的特殊困难时期，政府出台的增税政策措施究竟能为多少企业所接受，是否充分考虑政策的强力推进究竟会有什么样的不良后果，特别是在6月初发生部分家具业主到N县政府中心集体上访后，当地有关职能部门并没有及时对这些信息进行研判，也没有谁去跟踪掌握这一问题的发展变化情况，而且，在上级维稳部门针对网上发帖明确要求该市务必对舆情动态引起足够重视的情况下，相关职能部门对潜在的社会稳定风险仍然麻木不仁，导致主要决策人员对事态发展的严重性认识不足，进而未能及时有效采取措施，最终酿成不良事件的发生。

（四）综治基层基础不实

基层是情报信息的汇聚地，是一切工作的落脚点，基层政权组织是党和政府一切工作的基础，基层综治维稳力量是确保社会和谐稳定的重要支撑，基础不牢、地动山摇。没有强有力的基层基础，一切都是"空转"。N县虽然连续多年被评为省市综治先进，但"6·15"事件的发生，足以说明这个先进的基层基础并不扎实。一方面，基层党组织和党员干部未能发挥战斗堡垒作用。从街道到社区，党组织始终置身于事外，没有一级组织主动去排查矛盾，没有一级组织认真去化解矛盾，尽管近半数企业都为各级领导干部亲自领办，其中的主要董事不乏为党员领导干部，但大家都怀着多一事不如少一事的处事原则，把维护社会和谐当做分外之事而丢向一边，从矛盾的引发到事件的发生，没有一个基层组织报告、没有一个党员干部报告，在这样的政治生态环境下，群体性事件发生已是必然。另一方面，基层综治干部无暇顾及综治工作。尽管中央一再强调加强基层综治工作，但真正全面落实的并不多，一是没人办事，二是没钱办事，具体负责综治维稳工作的，基本上都是"光杆司令"，而且还常常被抽调抓中心工作，很难有精力去协调不稳定因素排查、去协调矛盾纠纷化解，加上综治考评长年格式化、机关化、表层化，只要突击两天挂牌子、下文件、定制度、补台账，就可以把全年综治工作"摆平"，这也助长了一些地方党委政府在综治维稳工作中的飘浮作风。

（五）运作机制运行不畅

预警机制是为在某个特定时期和条件下将要发生的事件或者已经发生的重大事件的提示警告机制。建立社会稳定预警机制，目的在于防范危机的发生，使社会各个系统处于安全状态之中。根据我国现有国情，一个比较完整的预警机制，其至少应当包含信息的收集、分析、预测和处理等基本要素，事实上，我国应急管理的政策要求也基本如此，但由于责任主体不明，由大家都拥有责任，变大家都没有责任，信息收集报送缺乏主动性，危情分析研判缺乏有效性。N县"6·15"事件的主要导火索是政府出台新的家具税收政策，那么，政府出台这一政策之前，当由谁去对家具行业进行风险评估呢？决策者似乎对此并没有作过认真思考，现实中也没有一个职能部门去主动承担这一责任。如果政府出台新的政策之前，有一部门深入家具行业进行认真调查，让决策者深知政策出台可能酿成不良事端，进而推迟税收政策的出台和实施，或许这一事件就有可能避免发生；如果事件发生之前能有一个职能部门对网络反映N县的舆情动态引起足够重视，或许这一事件也有可能避免发生，最起码能够有效减少事件发生所造成的各种损失。

五、信息主导是社会稳定预警机制建设的永恒主题

预警机制就好比是社会的"体检系统"和"诊断系统",能提前发现社会的"病灶"①,社会稳定预警机制是有效防范和解决社会矛盾和问题的重要基础,是维护社会稳定的重要屏障。社会稳定预警机制的缺失和不完善,常常导致各级领导干部"耳不聪、目不明",不仅不能及时发现和阻隔群体性事件的扩大,同时,也会破坏党和政府的形象,降低党和政府的公信。及时科学预警离不开全面准确的情报信息作支撑,情报信息贯穿于预警工作的始终。各级党委政府必须牢固树立情报信息主导维稳工作理念,把情报信息工作摆到社会稳定预警机制建设的重要位置。

(一) 加强情报信息网络建设,增强情报信息收集能力

预警的实质是对信息的分析和处理,情报信息不灵是制约社会稳定预警工作的最大软肋,建立完善情报信息网络,不断扩大情报信息收集范畴是完善社会稳定预警机制的核心所在。要建立多层次覆盖整个社会面的情报信息网络,着力把信息工作的触角延伸到各个领域、各个行业,及时准确地掌握社会矛盾和不安定因素的动态②,努力做到信息准确、及时、全面。

1. 完善信息收集平台。整合情报信息资源,拓宽情报信息渠道,有效提升情报信息收集能力。在网下,要成立省、市、县情报信息工作组,构建党委政府信息系统为主流、公安国安信息系统为骨干、社会信息员为补充的情报信息网络,实现省、市、县、乡(镇)、村(居)、组一体联动和立体覆盖。在网上,研发启用与省(市、县)长信箱联网联享联动的"开放式网上维稳情报信息收集系统",解决群众"不敢说、不好说、不便说、不能说"的问题,方便群众反映涉稳问题。在收集重点上,加大敏感领域、敏感行业、敏感群体中的特情物建力度,着重收集可能引发群体性事件、群体性规模上访事件的深层次、行动性、内幕性信息。在工作基础上,把信息触角延伸到村组一级最终端和各阶层、各角落、各领域,充分依托各级党建组织和社会信息员收集社情民意。"信息洼地"效应的形成提升了不稳定苗头的发现率、在控率和早期处置率。

2. 强化信息队伍建设。一要明确专门信息联络员。指定专人负责本行政区域或本

---

① 顺康:《论构建重大群体性事件的源头阻断机制》,载《国家行政学院学报》,2011年第3期。
② 肖飞:《预防和处置由欠薪引发的群体性事件工作探略》,载《河北公安警察职业学院学报》,2008年第1期。

部门（行业）维稳信息的收集上报；二要强化专职信息督察员。推动维稳情报信息工作向农村村组、城市社区和基层单位延伸，及时发现、报告、处理可能影响社会稳定的各类苗头和隐患；三要发展基层社会信息员。在人员密集且流动量大的集市、商场、车站等公共场所，分布较广、矛盾较多的行业部门，以及重点厂矿企业、工业园区、院校等单位大力发展社会信息员，千方百计把信息触角延伸到乡镇、村组和社会各个阶层、各个领域、各个部位，确保维稳工作目标早发现、早报告、早控制、早处置。

3. 加强专门力量建设。公安机关、国家安全机关是维护稳定情报信息工作的主力军，应当认真落实《中央政法委员会关于进一步做好维护社会稳定工作的意见》精神，充分发挥获取维稳情报信息的主渠道作用，根据国际国内的新情况，大力加强专门力量建设，不断拓展信息覆盖广度和工作深度，进一步提升获取战略性、内幕性、预警性、行动性信息情报信息的能力水平。要统筹网上网下两个战场，用好人防技防两种手段，力争把影响社会稳定的各类隐患和苗头全部纳入工作视线，提高信息数量和质量。

4. 加强基层组织建设。树立重视基层、加强基层、关心基层的工作导向，进一步加强基层党组织和群众自治组织建设，选优配强人员，加大人财物投入，规范工作机制，增强组织活力，强化基层组织在社会管理服务、化解矛盾纠纷、协调利益关系、维护和谐稳定方面的职责。推进基层党风廉政建设和规范化建设，纠正损害群众利益的行为，解决发生在群众身边的腐败问题，防止干部作风问题引发社会矛盾。加强城乡社区建设，推动城市街道和农村乡镇的社会服务管理中心建设，全面推广网格化服务管理模式，将公共服务和社会管理落实到社区、单位和家庭，把社区打造成和谐社会的坚实基石。加强基层维稳机构建设，进一步落实乡镇党委政法委员在党委领导下的维稳职责，配齐配强乡、村两维稳办专（兼）职工作人员，整合综治、公安派出所、法庭和村级治保会、调委会等资源，强化责任，完善职能，发挥作用。加强维稳信息督察员队伍建设，进一步拓展维稳触角，掌握社情民意，上报重大信息，疏导群众情绪，同时加强教育培训和规范管理，使其充分发挥维护稳定的重要作用。

（二）建立健全信息研判机制，加大稳定风险评估力度

情报信息研判是将那些分散、无头绪的情报资料进行梳理、分类、归纳，在进行分析、研究判断后提炼出有价值的信息，为领导正确决策服务。根据目前的工作情况，主要应抓好以下几个方面的工作。

1. 坚持定期会商研判。注重实效、着眼实战、坚持实用，推动维稳信息的高度共享和高效应用，通过研判找准矛盾触点，把握工作难点，掌控社会热点，消除稳定燃点。要坚持信息研判常态化，做到边收集、边研判、边处置、边报告，满足维稳信息

时效要求,并加强部门联动,做到及时会商情况,互通互享信息,形成工作合力。要坚持重点研判专题化,分析研判重点领域、重点部位、重点行业、重点群体、重点问题、重点人员的涉稳情况,在主动与动态中掌控态势。要坚持趋势研判深度化,把握倾向性,研究规律性,并适时对国内外发生的重大事件、省(市、县)内重大活动、敏感时期及阶段性矛盾开展研判,研判趋势发展,评估社会影响,防止矛盾积累叠加。

2. 确立预警核心指标。社会预警活动通常要经历寻找警源、收集警情、分析警兆、确定警限、预报警度、实施预防、落实预控等系列工作,构建一个完善合理的社会预警指标体系是社会预警活动的核心工程。我国目前尚无一套全国通用的预警指标体系,但完全可以设立若干对维护社会稳定有特别关联的社会指标作为参照的核心指标,如,市场物价跌涨率,社会失业待业率,企业下岗待岗率,农民经济负担承受力,职工收入实际增减数,影响社会安定的重特大刑事案件宗数,特大交通和火灾及其他自然灾害事故的起数,国家机关特别是政法机关违法违纪的发生发现和查处比重,经济犯罪案件涉案人员中的公务员比重,市民请愿、上访、学潮、工潮发生数,等等。[1]

3. 明确研判责任主体。研判的实质是特定机关和人员通过对一定阶段、区域社会涉稳信息的分析研究并作出判断,进而通过一定形式指令相关部门高效防范或严厉打击的一种工作措施。信息分析研判是情报信息充分应用的前提基础和有效保障,没有科学的研判,就不可能有科学的预警。实施科学研判,应当成立研判机构,在各级维稳办和公安指挥中心成立专门的研判组织,并确定专门人员,提供专门研判平台,使各种情报信息能够及时得到甄选、分析、加工、综合、归纳和总结,[2] 进而为领导科学决策提供有效依据。

4. 强化稳定风险评估。稳定风险的发生发展看似繁复但并非密不可测的。"任何社会过程与社会结构的存在都非偶然因素作用的结果,它的生成、演化等有其自身的规律性"[3]。各级职能部门应当根据事物发展规律,依据国家法律法规和党的方针政策,按照规范程序,全面深入分析,科学预测评估,准确把握人民群众长远利益和现实利益的平衡点,通过建立风险评估体系,及时对社会稳定风险程度进行评估定级并加以规制,保证社会始终运行在稳定与秩序的轨道上,最大限度地防止和减少不稳定隐患和问题,努力促进经济发展、群众受益、社会稳定。

(三)加强预警行动组织领导,落实社会稳定预警责任

由于我国紧急事务立法分散,加上管理体制分散,在客观上造成了难以对一定时

---

[1] 肖飞:《我国社会稳定预警机制构建探略》,载《公安研究》,2000 年第 1 期。
[2] 肖飞:《基层公安信息化建设要突出"五抓"》,载《贵州警官职业学院学报》,2009 年第 2 期。
[3] 邓伟志:《关于社会风险预警机制问题的思考》,载《社会科学》,2003 年第 7 期。

期、一定区域内各种涉稳问题进行总体考虑,甚至对一些明显可能成为群体性事件的问题缺少事先详细的预警分析,很难做到防患于未然①,加强预警行动组织领导已是势在必行。

1. 整合维稳情报信息工作力量。各级维护稳定工作领导小组作为各级党委的重要议事协调机构,应当充分发挥自身职能作用,有的放矢组建维稳情报信息工作组。根据我国目前涉稳工作的基本情况,维稳情报信息工作组可以由党委维稳办、公安、国安、信访、民政、卫生、教育、人力资源、社会保障、民族宗教、安全生产监督、国资委等相关单位编成,并视社会发展情况增加相应职能部门(单位)。维稳办作为维护稳定工作领导小组的日常办事机构,负责维稳情报信息收集、整理、研判和预警的日常组织协调工作。

2. 协调预警系统内部主体联动。一是职能机构内部的协调联动。主要是职能机构领导者对所属部门之间以及执行人员之间的协调。职能机构领导可以通过下达计划、布置任务和督促检查来进行协调,也可以通过调配人力、物力等物质资源进行协调;二是职能机构之间的协调联动。上下级职能机构之间应保持经常性的、密切的联系,下级职能机构有责任及时向上级汇报情况、请示工作,反映问题、意见和要求,上级职能机构对下级职能机构不仅要有工作布置,而且更要有工作检查和指导,对下级提出的困难和问题,要及时给予答复和解决。平行职能机构虽无隶属关系,但作为预警系统的组成要素,也应主动配合、协同动作,做到情报互通、信息共享,一旦出现分歧和矛盾,上级有关领导应及时出面协调,消除分歧,解决矛盾,达成新的协同一致。②

3. 建立健全专业化的预警团队。维护社会稳定是政府的主要职责,现代社会的稳定预警工作主要由政府来完成,政府的预警能力大小取决于政府所设立的专业部门及其研究能力,一支专业化的预警团队是有效预警的前提条件,通过对日常社会生活中存在可能引发不稳定事件的各种因素进行动态监测,及时掌握相关信息,可以在一定程度上避免或缓解不稳定事件的发生。各级党委政府应当充分整合维稳、应急力量,建立一支党委统一领导下的专业预警联合团队,并加强培训,提升素质,形成合力,通过开展定期不定期、的情报信息会商,努力促成社会稳定预警效能得到最大程度发挥。

4. 建立完善预警工作责任制度。一要建立健全矛盾纠纷排查化解机制。按照"分

---

① 薛澜、张强、钟开斌:《危机管理——转型期中国面临的挑战》,清华大学出版社2003年版,第110页。

② 刘学彬:《地方政府应急管理中的协调联动》,载《公共行政》,2009年第4期。

级负责、归口办理"和"谁主管、谁负责"的原则,把矛盾纠纷排查落实到部门、落实到单位。是哪个部门、哪个单位的问题,就由哪个部门、哪个单位负责处理、解决,各级、各部门都要看好自己的门,管好自己的人,真正做到守土有责,守土有力,守土有方;二要建立和完善维稳预警工作领导责任制。各级党委、政府和各部门、各单位的一把手是维护稳定工作的第一责任人,对社会稳定预警工作负总责,分管领导为主要责任人,其他领导各司其责;三要严格落实维护稳定责任追究制。把维护稳定的预警责任落实到具体人身上,对预警工作成绩突出的,要给予表彰奖励,预警工作消极懈怠的造成不良影响和后果的,要依法依纪追究责任,切实做到功过分明,奖惩严明。

关于目前处置非法集资群体性事件的理性思考

——以 A 市政府化解非法集资群体性事件的行为策略为例*

魏 巍**

摘 要：2012 年 1 月 1 日，H 省 A 市爆发了震惊全国的万人游行抗争性事件。事件因非法集资而起，当地五分之一家庭参与其中，上百亿资金出逃，致使该市各行业严重受创。当地政府等相关部门及时出动，分工明确，使此次事件在最短时间内得到了妥善解决。从 A 市政府处置此次事件的过程中，可以总结出处置非法集资类群体性事件的应对措施，有效预防经济金融群体性事件的频发。

关键词：非法集资；群体性事件；危机管理

A 市位于 H 省最北部，与河北、山西两省毗邻，辖 1 个县级市，4 个县，4 个市辖区和 1 个省级高新技术开发区，44 个乡，48 个镇，43 个街道办事处，220 个社区、居委会和 3253 个行政区，总面积 7413 平方公里，全市总人口 517 万（截至 2010 年数据）。根据 2010 年官方数据显示，A 市城镇化率为 40.4%，全市三次产业结构比例为 12.1∶61.7∶26.2，二三产业比重约占 88%，处于工业化中期加速发展阶段。

2012 年 1 月 1 日上午，H 省 A 市火车站附近发生万人游行示威，抗议政府打击非法集资不力，导致该市多条道路不通。一些不法商人骗取了五分之一（也有说三分之一）当地家庭的血汗钱，总金额超过 300 亿，导致 A 市国民经济发展后退至少 5 年。为何 A 市会发生如此大规模的非法集资事件？当地政府又是如何处置这次群体性事件的？政府处的效果如何？带着这些疑问，笔者于 2012 年 7 月初走访了这座三线城市进行深入调研。

---

* 基金项目：本文受"2012 年上海地方高校大文科学术新人培育计划"资助（项目编号：HZ – S2012050）。

** 魏巍，法学学士，在读研究生，研究方向：公共安全及公共关系研究。

一、事件概要

（一）事件回放

2011年年初以来，A市出现一些涉嫌非法集资、集资诈骗等违法行为，并由此引发一系列问题。11月23日9时30分，紫薇大道超越集团门口路段被人恶意阻断，使过往车辆完全受阻。在民警的劝导下多数堵门堵路群众撤离，但李某、朱某两人拒不服从，执意堵路，并对民警进行谩骂和人身攻击。12月26日10时许，几十名群众受蛊惑围堵市政府南侧大门。经过多方努力，大部分群众纷纷离去，但仍有少数人员拒不听从规劝，公安机关果断采取措施，依法对蛊惑群众闹事的司某、尚某两人予以行政拘留。①

2012年1月1日上午9时许，该市火车站附近发生万人集体散步、百人"卧轨"抗议的民众聚集事件，导致该市解放大道等道路不通。游行人群一边高喊"政府打击非法集资不力"的口号，一边沿着解放大道向人民公园方向前进。随后，A市调集千名警力开赴现场，武警和交警及时封锁了火车站附近的道路。上午10时许，聚集群众高声向特警倒喝彩，现场陷入对峙状态。10时30分左右，人们高唱义勇军进行曲向文峰立交桥前进，此时立交桥桥头已被特警封堵。公安局副局长亲赴现场进行指挥，劝告聚集民众相信公安机关的警力和实力，相信政府能够解决好问题。通过运用多种手段和措施，政府及时、有效地控制了现场秩序，人群在当天下午逐渐散去。

据媒体报道，此次事件缘起于半年之前，一场从A市思麒汽车租赁有限责任公司实际控制人谢保国因涉嫌"非法集资"资金链条断裂、"跑路"等消息掀起的蝴蝶效应。② 一些不法商人以高利息（5分、6分甚至1毛的回报率）为诱饵骗取了五分之一当地家庭的血汗钱，总金额超过300亿。A市非法集资类型大致可分为三种："实业型"、"变异型"和"纯粹型"。三种类型的非法集资企业以实体经营规模大小为区分标准。此次集资事件涉及100家租赁公司和400家房地产公司。目前，共立案72起，逮捕480余人，由检察院提起诉讼的有200多人。

H省A市民间借贷始于20世纪90年代。早在2003年，该市就爆发了"华通案"，

---

① 早报讯：《河南安阳处置非法集资群体事件 将加大稳控力度》，载《东方早报》，2012年1月3日，第A05版。
② 王勇：《河南安阳"非法集资"黑洞》，资料来源：http://www.ceweekly.cn/html/Article/20120113535985894555.html（访问时间为2012年7月20日）。

主犯因非法融资2.8亿被判处死缓。然而,近年来,A市民间借贷不仅成功地"卷土重来",而且有愈演愈烈之势:据媒体报道,曾盘踞在A市高息集资的不止本地"企业",还有来自哈尔滨、海南、天津等地的多家公司,他们位于非法集资的"金字塔尖",多以PE、借壳上市等名义集资敛财;在A市各街道社区的公告栏上,贴满了政府关于集资问题的公告,以及要求参与集资群众到户口所在地登记备案的通知;某些房地产公司在市区设立了六七个接待处,像银行一样公开以3分高息收钱;据知情人透露,当地相关部门对这些涉及房产、能源、汽车、咨询、担保等多领域的企业只经过简单的审查即批准挂牌经营,一时间,这座三线城市成了非法集资的重灾地,全民参与到融资队伍之中。

(二) 引发事件可能的原因

20世纪90年代以来,随着市场经济的实质性启动,中国社会面临着日益突出的地方政治秩序问题。[①] 究竟是什么原因促使投资者和集资者铤而走险?为何A市这座城市没能及时逃出非法集资的圈套,反而成为重灾区?非法集资企业固然应当承担事件的主要责任,但民众和政府本身也难辞其咎。

1. 民众冒险投资:民间投资渠道过窄,投资信息不畅通。

事实上,许多当地民众明知一些企业的高额利润已经违反了国家法律的相关规定,投资存有风险和危险,但许多民众仍然愿意尝试,甚至卖房、卖车倾其全部家产"赌一把"。根据不完全统计计算得知,在此次非法集资案中,每位参与集资者至少投入了10—20万左右。民众冒险参与非法集资的行为一方面反映出社会存在强烈的投资欲望,另一方面,也暴露出民间投资渠道过窄、投资方式单一、投资信息不畅通等问题。目前,我国银行存款利率较低,存款收益较少,股票证券行业常常遭遇跌停盘的窘况,银行个人理财业务不仅门槛较高,近几年个人理财业务的实际收益也是差强人意。与此同时,部分企业资金短缺,加之从银行获得贷款的门槛过高,为解决资金短缺,就把吸纳社会闲散资金作为解决资金缺口的一种手段和途径,甚至公然非法吸收公众存款。[②]

2. 企业民间融资:企业发展的市场环境和政策环境欠佳。

自2008年世界性金融危机以来,世界经济步入了衰退期。据统计,金融危机导致全国有10万家中小企业破产。中国政府为了尽快摆脱此次危机而用行政手段投入了4

---

① 李阳华:《社会抗争与国家控制——基于群体性事件频发的分析》,载《江淮论坛》,2011年第1期。

② 胡锦武:《非法集资案频发,凸显民间投资渠道过窄》,资料来源:http://www.lcr88.com/Article/Class16/ffjz/200712/20908.html(访问时间为2012年7月21日)。

万亿元,在某种程度上说政府投资可以在短时间内有效地拉动经济增长,但是这种揠苗助长式的发展模式,已经被国内外一些学者诟病,称之为"国进民退"现象。国内外市场环境的恶化为企业发展设置了第一道深坎,中央实行紧缩性货币政策和财政政策对于企业发展而言无疑是另一种雪上加霜。中小企业融资渠道相对狭窄,是非法集资高发的一个重要原因。企业向银行贷款门槛提高,政府对企业的财政性支持力度也有所减小,一些有意于发展壮大的企业面临资金短缺、发展停滞、落后淘汰的艰难处境。于是,一部分企业将目标瞄准民间融资,把吸收社会闲散资金作为解决资金缺口的重要手段和途径。但是,这些号称高回报率的企业一旦发生资金链断裂,无法按时还本付息,就会造成投资者内心焦虑和恐慌,挤兑现象随之产生,最终引发场面失控的群体性事件。

3. **杀熟行为兴起:匿名权威至上,社会诚信缺失。**

亲情、友情这些美好的人类情感在以金钱、地位、名誉等匿名权威至上的病态社会显得越发软弱无力。在非法集资案件中抓获的不少犯罪分子都是从亲人、朋友那里筹集到一笔"巨款"再参与非法集资的。这些"二道贩子"有的靠承诺和信誉赢得了亲人、朋友的信任,用别人的钱赚得了自己的钱,然后携款离开;有的说服熟人朋友参与非法融资,结果损失惨重,关系破裂。另一种情况是,"有些投资者明知道是非法活动,但却寄希望于被查处的晚一些,后来者多一些,以便于个人赢利出局。在法不责众的心里诱导下,投资者赢则窃喜,赔则要求政府负责,进行大规模的上访、请愿活动。"① 事实上,国务院在1998年颁布的《非法金融机构和非法金融业务活动取缔办法》中已有明确规定:对因参与非法金融业务活动受到的损失,由参与者自行承担。

杀熟行为的频繁出现反映出社会诚信的缺失和社会责任的耗散,这不是社会工业化和现代化的目标,却不幸成为它们的阶段性产物。失信的成本是高昂的,市场经济的信用制度的缺失,对经济交往中的种种欺诈行为制裁不力,将导致各种经济违法犯罪活动猖獗。诚信是软实力,更是竞争力。"诚信问题的最终解决,根本上还是要靠制度约束。"② 因此,我们要加快推进社会信用体系建设,完善有关信用制度的法律法规,充分发挥各项制度的奖惩作用,打造"诚实、自律、守信、互信"的良好社会氛围。

4. **非法集资猖獗:行政管理部门监管不到位。**

非法集资案高发暴露了职能部门管理上的漏洞。金融监管、工商行政和公安机关等管理部门社会职能的缺失、不作为或乱作为致使受害者难以获得足够的事先警示和

---

① 曹红蕾:《非法集资大案屡发背后》,资料来源:http://cd.qq.com/a/20100428/003223.htm(访问时间为2012年8月10日)。

② 缪毅容:《诚信是软实力更是竞争力》,载《解放日报》,2012年8月30日,第01版。

事后救济，客观上是对这种犯罪的纵容。① A 市非法集资真相曝光后，曾有市民多次上诉、上访、堵路闹事，但是始终没有受到相关部门的重视。从 2011 年 11 月群众闹事到 2012 年 1 月 1 日，历时数月，问题却没能得到解决，暴露出部门间沟通协作机制的不健全。近几年，涉众经济犯罪活动的花样不断翻新，涉案资金规模越来越大，社会影响极其恶劣，这就要求各行政管理部门要通力合作，共同承担起打击经济犯罪活动的责任。一些行政执法部门为了避免打击犯罪影响社会稳定，对企业把关不严，眼看企业违法犯罪在进一步蔓延又不敢轻易采取行动，以致耽误了最佳时间，导致事态进一步恶化。另外，一些国家工作人员利用职权进行职务经济犯罪的情况也时有发生，"寻租""跑部钱进"为一些经济违法犯罪分子开启了方便之门，最终严重侵害了人民群众的利益，也损害了地方国民经济的发展。

过去 20 年，非法集资在 A 市犹如一颗毒瘤始终无法根治。原因可能是政府在打击非法集资方面的确存在"难处"：其一，部分领导和公务员利欲熏心，导致监管缺失或失效；其二，企业准入制度、监管制度存在漏洞，导致非法集资企业有机会钻法律的空子；其三，部分社会投资群众分辨是非能力较差、投机心理较强，政府相关部门难以在短时间内普遍提高社会公众的整体素质。因此，整治领导干部队伍，提高公务员队伍素质，对违法违纪的领导干部严惩不贷，同时，要加快完善相关制度，明确制度中的职责权属问题，对社会公众也要加强相关投资知识的教育指导，尽可能避免此类案件再次发生。

二、A 市政府等相关部门在处置非法集资群体性事件过程中的做法

此次发生在 H 省 A 市的民间融资事件被认为是全国三大非法集资案件之一。群体性事件发生后，该市政府等相关部门对此次事件高度重视，先后采取了一系列紧急措施和办法，有效地避免了事件的进一步扩大，在一定程度上降低了集资群众的利益损失，具体做法如下：

（一）局势控制：及时发现，迅速出动，快速展开

1. 领导干部靠前指挥，积极协调，科学调度。

民众群集事件发生后，A 市公安局副局长亲赴现场进行指挥，及时安排武警和交

---

① 曹红蕾：《非法集资大案屡发背后》，资料来源：http://cd.qq.com/a/20100428/003223.htm（访问时间为 2012 年 8 月 10 日）。

警封堵道路并调遣特警拦堵文峰立交桥桥头，有效防止人群向更大范围蔓延。此外，副局长借用高音喇叭劝告现场群众要相信政府能够解决好问题，从正面积极引导游行示威群众。领导干部勇于担当、敢于向百姓许下承诺的表现以及政府及时迅速的反应，对事件的平稳解决起到了良好的作用。

2. 召开紧急会议，研究处置方案。

1月1日下午，A市政府相关部门和各区主要负责人紧急召开了专题研究处置非法集资工作的会议。① 市委书记、副书记、市长对近期处置非法集资工作进行了总结，并就下一步的工作部署进行了安排：

（1）各级各部门要在稳定前提下最大限度为参与非法集资的群众追回损失；

（2）对于借机造谣、挑动闹事、煽动游行示威的犯罪嫌疑人，公安部门加快审讯，加大办案力度。采取各种形式加大宣传力度，教育参与群众从中吸取教训；

（3）严格落实责任追究制，细化工作责任，集中精力做好稳控工作；

（4）借助报纸、网络、电视、电台等平台做好宣传工作，加大对处置非法集资工作的宣传力度，加大对相关政策、法规的宣传力度，严防少数别有用心的非法分子借机炒作。

3. 推送政府紧急短信。

1月2日，A市有关部门向市民手机推送了政府紧急短信，通报对此次群体聚众事件中的违法犯罪人员进行刑事拘留或行政拘留的最新进展情况。②

（二）善后处理：直面问题，依法办事，妥善处置

1. 领导干部深入基层督导处置非法集资工作。

市委常委、组织部部长彭治安，市委常委、宣传部部长常保利及时前往龙安区督导处置非法集资工作，深入了解工作进展情况，指出存在的问题并做出相关部署：要把处置非法集资工作作为压倒一切的中心任务来抓，加快案件处置进度。严格落实"两打击、两保护、一稳定"的工作要求，依法严厉打击非法集资、集资诈骗等违法行为，全力保护人民群众合法权益。

---

① 王慧敏：《河南安阳发生参与非法集资民众聚集事件》，资料来源：http://finance.sina.com.cn/china/dfjj/20120102/124311114843.shtml（访问时间为2012年7月20日）。

② 网易新闻：《河南安阳21人因聚众堵路被拘》，资料来源：http://news.zjw.cn/html/2012/meitijiaodian_0103/104685.html（访问时间为2012年7月18日）。

2. 开展"雷霆行动"百日会战。[①]

为加大案件侦办力度，A 市政法委提出"雷霆行动"方案。要求全市政法干警必须集中精力，拿出命案攻坚的气势和力度，在法律政策规定的期限范围内，能有多快就要有多快，尽快实现"解脱一批、兑付一批、帮扶一批、严惩一批"的工作目标。整合一切资源，利用一切条件，采取明察暗访、异地互查、临时抽查、突击检查的方式，加大办案力度，对因动作迟缓、推诿扯皮造成严重问题发生的将严格按照规定追究责任。此外，"雷霆行动"要求认真做好对集资群众的疏导教育，使群众积极配合政法干警做好维稳工作。

3. 做好社区、街道参与非法集资群众的信息登记工作，建立"帮扶组"。

对于个人，参与非法集资群众可以到社区或街道指定场所登记个人信息，以便相关部门在追缴到部分非法集资款后，按照群众投资入股的比重还付本金。对于重点企业中无法立即偿还投资者资金的企业负责人需要签订相关协定，承诺在一定时间内退还投资人存款，政府相关部门将加强对这些企业的监管，帮助企业渡过难关。

（三）补救措施：信息公开，引导舆论，追究责任

1. 加大宣传力度，及时公开信息，正面引导舆论。

从 1 月 2 日起，A 市广播、电台、政府门户网站及报刊等多媒体连续数日发文通报处置非法集资工作的最近进展情况。此外，官方下发《处置非法集资工作通告》、市公安局先后在电视台发表电视讲话、在该市机关报上开辟答记者问栏目等举措都有助于积极引导舆论。市委书记、市长、市委常委、常务副市长等人先后多次组织召开非法集资专题会议，对下一阶段工作进行安排部署。市委、市政府采取多种方式加大宣传力度，公开信息，引导社会舆论，增加了社会民众对政府处置非法集资工作的信心。

2. 协商对话，利益沟通。

沟通与对话是应对群体性事件的重要方式。A 市非法集资案件侦办通报会特地邀请了 50 名集资户代表参加。副市长、市公安局局长与部分集资户代表进行对话，就集资户代表关心的问题——进行认真、详细的解答。此举有助于消除官民之间的对抗心理，反映出政府面对群体性事件时要学会"疏""赌"并举的方法才能有效化解群众心中的不满，防止事件恶化升级。

[①] 王慧敏：《全市加快处置非法集资进度维护社会稳定工作会召开》，载《安阳日报》，2012 年 1 月 6 日，第 01 版。

3. 采取强有力措施，尽快侦破案件。

A 市公安机关为尽快侦破非法集资案件，采取了一系列强有力的举措[①]：

（1）坚持"一案一组、一案一策、一案一包案领导、一案一办公地点、一案一联系电话"的"五个一"工作法，成立了专案组，集中食宿，封闭办案，扎实推进专案侦查工作。

（2）抽调 170 名警力充实到各专案组，并从全市 11 家银行抽调 43 名工作人员充实到各专案组，配合银行的查询工作。

（3）印发《关于处置非法集资案事件公安执法服务手册》，指导各办案单位规范办案。

（4）因案施策，追求效果。在处置非法集资工作中，针对不同案件的不同特点，因案施策。

（5）侦控结合，确保稳定。为加快案件的侦办、积极应对非法聚集、防止幕后操纵人员上访闹事，专门安排了 5 个局领导上案，统一协调全局警力，积极开展处置非法集资工作。

（6）积极召开政法联席协调会。在市委政法委的统一协调下，制定了公检法联席会议制度，对重大复杂案件进行会诊。

（7）多措并举，多警联动，积极抓捕嫌疑人。为进一步加大抓捕力度，梳理出目前所有专案组未抓获公司法人及捐客大户的信息，组织多名精干警力专门负责该类嫌疑人侦控抓捕。对于始终尚未侦破的案件，公安部门实行"案件招标"，动员全社会积极参与抓捕行动。

公安部门的一系列措施极大地提高了非法集资案件侦办的效率和质量。在多方协调配合下，截至 1 月 7 日，全市公安机关已立案查处了一批非法集资案件，抓获了一批犯罪嫌疑人，对占全部案件 80% 以上的公司法人代表进行了控制，并且有 4 起非法集资案件已移送起诉。[②]

三、经验总结

在 A 市政府相关部门处置非法集资群体性事件的实际操作过程中，可以总结出以

---

① 刘博：《河南安阳回应民众堵门堵路事件 4 人遭警方拘留》，资料来源：http://news.qq.com/a/20120102/000817.htm（访问时间为 2012 年 7 月 19 日）。

② 刘长青：《我市举行非法集资案件侦办情况通报会》，载《安阳日报》，2012 年 1 月 7 日，第 01 版。

下几条经验。

(一) 迅速出动，靠前指挥，分工明确

在事件发生后，A 市公安局副局长迅速赶到现场进行指挥。在人群刚到火车站聚集不久，武警、交警和特警等千名警力已在道路、桥头等区域进行了封堵。与此同时，专题会议讨论通过的应急预案明确分工，相关部门迅速出动，拘留了部分挑动聚众闹事人员，并设立了非法集资专案调查组，从 A 市 5 个局和 11 个银行吸收部分领导干部和工作人员，对涉案企业展开全面调查。上万人规模的群体性事件在政府有效的协调和控制下，于当天下午平稳结束，这与相关部门迅速出动、靠前指挥、分工明确的应急战略方法具有很大关系。

(二) 推进信息公开，加大宣传力度，促进利益沟通

群体性事件平息后，A 市政府加强信息公开，加大宣传力度，借助电视、电台、网络、报纸等多种形式和手段，向社会公众通告非法集资专题会议、公安案件侦办的最新进展以及公安、宣传部、组织部等相关部门的下一步安排部署。此外，政府也开始注重加强对社会群众非法集资法律知识的教育指导，连续近一个月在电台播放相关教育节目。与此同时，在 A 市机关报上开设答记者问专栏，相关部门领导在此对社会群众关心的问题作出回答。在 A 市非法集资案件侦办通报会上，主办方特地邀请了 50 名集资户代表参加。副市长、市公安局局长与部分集资户代表进行了真诚对话，并就集资户代表关心的问题进行了详细的解答。建立信息公开机制一方面有助于让民众及时获取政府发布的权威信息，充分满足人民群众的知情权；另一方面也有利于加强社会对政府的监督，规范政府自身的行为。利益沟通是缓解干群矛盾，解决群体性事件的关键环节。利益沟通是化解群体性事件的关键环节，拓宽协商沟通渠道，注重沟通方式和实际效果，力争在制度框架内妥善解决社会群体诉求，有效防止群体性事件发生。

(三) 采取有力措施严厉打击非法集资

打击非法集资活动要力求快、准、狠，要坚持依法办事，及时妥善处置。A 市公安机关在处置非法集资工作中先后采取了一系列行之有效的举措，如抽调银行工作人员充实公安专案组对涉案企业的注册资金、财务情况、贷款情况、资金来源等内容进行全面审查；坚持"一案一组、一案一策、一案一包案领导、一案一办公地点、一案一联系电话"的"五个一"工作法，要求专案组集中食宿，封闭办案，一来可以提高办案效率，使案件侦办人员保持高压戒备状态，二来有利于避免徇私枉法情况的发生；

在实际办案过程中,各办案单位一方面要按照统一的《关于处置非法集资案事件公安执法服务手册》规范办案,另一方面也采取了因案施策的思路,注重案件侦办的政治效果、经济效果、社会效果,灵活办案;积极召开政法联席协调会,在市委政法委的统一协调下,对重大复杂案件进行会诊。此外,为加快案件侦破速度,安阳市公安部门还采取了"案件招标"的形式,鼓励公众及时提供案件线索,积极参与抓捕行动,取得了良好的实际效果。

(四)建立帮扶组,帮助个人和企业渡过难关

此次非法集资案给 A 市造成了巨大的经济损失,涉及房地产、租赁、咨询、能源等多领域的"跑路企业"卷走了 300 多亿,一时间,一家企业资金链断裂引发了全社会的恐慌,最终,挤兑的人潮推倒了多米诺骨牌,全市多个行业领域"全面崩盘"。如何使这座城市最快地从这场悲痛的教训中走出来,是对政府能力和智慧最严峻的考验。事件发生后,相关部门迅速成立了"帮扶组",工作线路一直深入到各个社区和街道,参与集资的群众可以在社区和街道的指定场所登记个人信息及投资金额和入股比例,以便公安部门在案件侦破后向集资户退回投资款;另一条线路则是帮助"受灾"的重点企业弥补经济损失,稳定参与集资的企业职工心理,确保企业正常运作,避免因非法集资事件对全市重点企业造成持续性的负面影响。"帮扶组"的价值在于最大程度地减少个人和企业的经济损失,更重要的意义则是它给这座受伤的城市带去了一点希望和信心。

四、政策建议

A 市政府等相关部门在处置非法集资群体性事件中的确有很多可圈可点的地方,但也存在一些薄弱环节。因此,政府在处置非法集资群体性事件过程中需要注意以下几个方面的内容。

(一)加强社会风险预警,提高社会抗风险能力

群体性事件通过工作完全是可以预防的,而近年来,群体性事件不断增多的一个重要原因就是缺乏"早发现、早报告、早控制、早化解"的"四早"预警机制。[①] A 市非法集资群体性事件频发暴露出当地社会风险预警机制缺失,社会抗风险能力较差。

---

① 本书编写组:《预防与处置群体性事件党政干部读本》,人民日报出版社 2009 年版,第 132 页。

基于此，政府管理者在平时工作中要对小规模的群众闹事等社会冲突事件给予足够的重视，彻查事件发生的原因，及时与利益相关群体进行交流与沟通，避免小矛盾演变成大冲突，进而造成社会公众对政府的信任感受到严重挫伤；其次，完善政府情报信息网络，政府决策者和执行者要提高对社会舆论的敏感度，通过互联网、实地走访、暗访等多种形式及时了解民众需求和诉求，提高信息处理能力，果断作出正确的决策，最大限度把不稳定因素消除在萌芽状态。与此同时，加快推进法治型社会建设，坚持依法治国，坚决反对"权钱交易"等腐败行为，能够帮助社会公众在法律制度内寻找到有效的解决问题的办法，防止部分群体通过非法聚集等手段来引起相关部门的关注。此外，积极促进社会非营利组织的发展有助于社会自我化解矛盾冲突，提高社会抗风险能力。相关非营利组织可以向利益诉求群体提供更专业的服务，指导他们通过司法途径解决问题，防止矛盾激化、事态扩大。

（二）拓宽民间投融资渠道，促进投资信息公开化

当地五分之一家庭参与到此次非法集资的浪潮中，反映出民间投融资渠道过窄，投资信息不畅通。近几年来，市场经济领域乱象横生，因非法集资引起的经济纠纷或经济犯罪频频出现在沿海和内陆地区，涉案金额巨大，动辄上千万甚至上亿。面对社会民众高涨的投资热情，政府应当加快拓宽民间投资、融资渠道，丰富金融产品类型，引导公众选择正规的投资渠道，进行理性投资。充分发挥银行信用中介的职能，大力推广个人委托贷款，通过委托人提供更多的投资理财，促进民间借贷由地下操作逐步走上规范化轨道。① 此外，要促进投资信息公开化，让每一位投资者能够在做出判断前就投资项目、投资企业、投资回报率等事宜掌握全面的信息，避免陷入经济犯罪分子设下的陷阱。

（三）职能部门切实履行监督职责

非法集资群体性事件的发生与处置前后涉及工商、税务、财政、金融、司法等多个部门，因此，有效防止非法集资群体性事件的发生需要各职能部门切实履行监督职责。首要，要加强对企业注册、生产、验资等重点环节的监管力度。工商部门要加强企业注册资本管理，把好企业注册审查关，对存在虚假出资、抽逃注册资本等违法行为的企业要严格按照法律规定办事。企业落户后，税务、金融等部门要加大对企业融资、生产经营情况的监控力度，确保其生产经营真实合法。财政部门一来要认真审核

---

① 胡锦武：《非法集资案频发，凸显民间投资渠道过窄》，资料来源：http://www.lcr88.com/Article/Class16/ffjz/200712/20908.html（访问时间为2012年7月21日）。

会计师事务所为企业出具的验资报告,二来要按照相关标准严格审查企业的贡献率水平和可持续发展能力,避免政府给企业的配套资金被经济犯罪分子所利用。其次,媒体要把好宣传关,对企业的投融资广告要进行严格审查,坚决不予播发带有非法集资嫌疑的广告。第三,互联网监管部门要及时发现网络论坛、聊天软件平台上动员聚众闹事的信息,做到早发现、早处理,避免网络信息快速传播造成更恶劣的社会影响。此次 A 市特大非法集资群体性事件最初就是从互联网上发起的,因此,政府应当更加注重规范网络秩序,建立互联网情报信息机制,第一时间掌握有效的网络舆情信息,确保网络舆情安全。

(四)建立民间借贷登记制度,促进民间借贷规范化

民间借贷在我国有着坚实的社会基础,是民营经济发展的重要融资形式。但现阶段我国并没有制定专门性的法律。关于民间借贷的规定,散见于《民法通则》、《合同法》、《担保法》、《非法金融机构和非法金融业务活动取缔办法》、《关于人民法院审理借贷案件的若干意见》等法律法规及司法解释中。[1] 而且,这些法律规范之间内容相互冲突,缺乏协调性、统一性和逻辑性,导致对于同一行为可能因依据不同而评价结果大相径庭。[2] 由于相关法律法规的滞后性或不完善,导致民间借贷成为"地下交易"而未能阳光化。因此,建立民间借贷登记制度,加强民间资本的科学化管理,积极引导民间闲散资金流向国家基础设施建设、公益事业等领域,不仅能最大限度地提高民间资本的增值性价值,而且有助于有效防止非法集资等犯罪情况的发生。

(五)增强民众的法律意识,树立正确的金融投资理念

根治非法集资的"毒瘤"有赖于民众不断增强自身的法规意识,树立健康的金融投资理念。对于民众而言,提高自身的"免疫力"需要注意几方面:第一,面对"高额回报"、"快速致富"的投资项目要冷静分析,仔细辨别项目的合法性和真实性,避免因利益诱惑而上当受骗。二要注意正确识别非法集资行为,主要看主体资格是否合法、企业从事的集资活动是否获得相关部门批准、融资对象是否是面向不特定的社会群体,以及是否有实体经营,还是借助合法形式掩盖非法集资的目的。第三,要坚信"天上不会掉馅饼",看到身边的亲戚朋友因投资获得丰厚回报时,切不可因攀比心理盲目跟风,而应沉着冷静,谨慎行事。对于政府部门而言,加大对金融投资知识的

---

[1] 刘海应、蒲舟军、王含笑:《基于登记制度的民间借贷阳光化路径探析》,载《上海金融》,2012 年第 06 期。

[2] 同上。

宣传和教育是其应尽的责任。通过传统媒体和新媒体等多种途径，大力推广正确的、合法的金融投资知识和理念，积极引导社会公众选择正规的渠道进行规范投资。同时，媒体应有意识地加强对打击非法集资案件的宣传报道，及时揭露经济金融犯罪给家庭、社会和市场造成的恶劣影响，发挥媒体作为"警示器"的作用。

（六）完善信息沟通渠道，加强协商沟通

事实上，早在2011年11月和12月就已经发生过抗议政府打击非法集资不力的群众闹事行为。这些参与集资的群众之所以要多次发起群体聚众活动，最重要的原因是为了引起政府部门的关注，通过这种抗议政府打击非法集资不力的非暴力活动表达自己的利益诉求。"民意如水，宜疏不宜堵。"如果没有理性交往的渠道，群众没有发表不同意见的机会，积累到一定程度，便会引发突发性群体事件。[1] 通过理性化的沟通可让群众借助各种渠道及时充分地表达自己的利益要求，通过释放不满情绪，有效地起到社会减压的作用；政府也可以适时地根据群众意见做出政策调整，从而在政府与群众之间安装一个安全有效、双向互动的"缓冲阀"，使社会压力得以释放。[2] 因此，政府应当建立起同社会成员进行信息沟通的多种渠道，确保沟通渠道的畅通无阻，及时把握社会舆论风向，掌握民众利益诉求，通过协商沟通，尽可能在制度框架内妥善解决好群众利益问题。

---

[1] 刘莉：《社会转型期群体性突发事件成因及对策研究》，中国人民大学2008年硕士论文，第36页。

[2] 杨连专：《论突发性群体性事件的法制防范与控制机制》，载《昆明理工大学学报·社科（法学）版》，2008年第3期。

学术动态

论网络与群体性事件

陈良咨*

摘　要：网络全方位、宽领域地介入当代人的生活。人们对网络的评价、毁誉参半。综观网络在不同群体性事件中发挥的作用，它有可能扮演组织者、推动者、放大者或平息者的角色。网络对群体性事件的影响，是一个复杂的过程，网络推手起到至关重要的作用。当现实中的事件进入网络推手的视野，依托网络策划、组织群体性事件的运作正式启动。依托网络策划、组织的群体性事件，具有现实问题的普适性、组织者的虚拟性、组织者与利益主张联系的或然性、组织过程的低成本性、群体性事件结果的可操控性等特点。网络在增加政府有关部门处置工作难度的同时，也为妥善处置开辟了一个新天地。

关键词：网络；网络推手；群体性事件；影响过程

1994年，当互联网登录中国时，它是高级知识分子和有钱人的专用品，对普通老百姓来说，是一种难得一见的奢侈品。而如今，网络已经走进了寻常百姓家，网民已经成为中国社会的一个重要群体。据中国互联网络信息中心发布的《第30次中国互联网络发展状况调查统计报告》显示，截至2012年6月底，我国网民数量达到5.38亿，是15年前的867倍，互联网普及率为39.9%。其中手机网民达到3.88亿，手机首次超越台式电脑成为第一大上网终端。特别是随着互联网、广播电视网、电信网"三网合一"政策的推广实施，互联网与现实世界的沟通联系将更加紧密，对现实生活的影响越来越明显。有的学者惊叹：中国进入了网络时代。

互联网不仅仅是新技术、新产业的聚集地，而且是新媒体和新意识形态的重要阵地、国家竞争力的重要制高点，同时还是影响国家安全和社会稳定的重要因素。胡锦涛总书记曾强调："互联网已成为思想文化信息的集散地和社会舆论的放大器，我们要

---

* 陈良咨，法学硕士，公安部研究室情况综合处处长，主要研究民族宗教、社会治安等社会稳定相关问题。

充分认识以互联网为代表的新兴媒体的社会影响力";"通过互联网来了解民情、汇聚民智,是一个重要的渠道"。① 当我们把群体性事件放在网络社会的背景下来研究,就会清晰地发现,网络把我们带到了一个全新的领域。

一、网络是个什么东西?

网络全方位、宽领域地介入人的生活,不仅拓展了人们现实社会生活的空间,而且也对当代中国社会带来了前所未有的深度冲击:它不仅强烈地冲击着人们的传统观念和思维方式,而且还逐步改变着人们的生活方式和工作方式;不仅强烈地冲击着政府的治理模式和执政党的执政方式,而且还改变着传统国际政治的格局。人们对网络的评价,毁誉参半。

网络是个坏东西。互联网的发展加快了传统犯罪与现代高科技的结合,网络正日益成为违法犯罪的重灾区:网上淫秽色情活动屡打不绝,大量淫秽色情信息通过手机网站、点对点服务发布传播,一些懵懂的青少年在不知不觉中深受其害,而年轻父母只能在传统的广播、电视上哭诉;网络赌博活动屡禁不止,涉案金额动辄上千万甚至上亿,很多赌徒在瞬间倾家荡产,而赌资大部分流向了海外;网络诈骗手段不断翻新,网上拍卖、贩卖违禁品等实施诈骗已经成了老手法,手机短信诈骗及彩票中奖号码连环诈骗呈多发趋势,很多急于发财的老年人在一夜间将毕生的积蓄付之东流;黑客病毒技术、网络钓鱼技术、木马间谍程序等被大量用于违法犯罪活动,一些犯罪团伙形成了专业化的犯罪链条。

网络是个坏东西。互联网具有高度的开放性、共享性、交互性,这一特点强化了网络的聚焦、发酵、放大、扩散功能。互联网的发展使网络谣言几乎渗透到日常生活的每个角落,人们不胜其扰。世界上任何地点发生的任何事情,任何国家的任何信息,只要进入网络,瞬间就能够传遍地球;只要信息的吸引力足够大,身处世界各地的互联网用户就会立即蜂拥而至。在网上人人都可以当记者,上网发布信息;人人都可以当评论员,对网上信息评头论足;人人都可以在网上开博客、办"报纸"、设"电视台",有可能制造比传统媒体更强大的舆论影响力和煽动力。也正因为如此,谣言似乎找到了最佳的孵化器和生存地,在网络上像幽灵一样无处不在。比如"杞人忧钴",让本来平静生活的杞人不得不疯狂地逃离家园;又如"山西大地震",让很多民众有家不能归。假若说上面两个谣言在某种意义上还具有善意的成分,那么,有些人、有些组织为了自身特殊的利益和目的,故意制造的谣言,其煽动力之大、破坏力之强,让人

---

① 胡锦涛:《在人民日报社考察工作时的讲话》,载《人民日报》,2008 年 06 月 21 日。

叹为观止。

网络是个坏东西。互联网的发展改变了中国几千年官场的许多习惯，一些官员深受其苦。媒体出身的云南省委宣传部副部长伍皓的总结比较形象："在互联网时代，官员和百姓台上台下的位置换了个儿，老百姓坐主席台讲述自己的苦与忧，官员需要在台下站起来解释政策、表态怎么解决。"① 尤其让政府官员受不了的是，网民们动辄就把政府官员的一举一动、一言一行全方位地展现在大众面前。比如说，南京的天价烟事件，该官员因房子问题说了一句雷人的话，被网民放到了网上，在众网民的关注下，最终把他送入了监狱；至于钓鱼执法、温州招录干部子弟专场、广州咆哮哥、我爸是李刚、"我们不拆迁你们知识分子吃什么"② 等，在网上也是风生水起，在网下波澜起伏。如果牵涉的官员应对稍有差池，就有可能演变成宣泄极端情绪的网上声讨、网上审判、网上追责等，甚至诱发现实中的群体性事件。2010年网上的一项调查显示，③ 县级及以下官员们最怕网络舆论的监督，至于地市级官员说欢迎网络监督，应该属于应景性的不得不如此说出来的表态。

网络是个坏东西。互联网的发展突破了传统社会中以地域为界限的"国门"，让维护国家安全进入一个个全新的领域，损耗国家大量的资源。在网络社会，国家传统地理屏障的优势基本消失，各种组织甚至个体都能够借助互联网隐身为"看不见的敌人"，对国家的所有中心发动强大的直接攻击。美国的尼古拉·尼葛洛庞蒂预言，明天的国境线将不得不与千百万条电子通道以及通过它们传播信息的千百万个方式进行竞争。④ 而美国的曼纽尔·卡斯特则预言了结局："我打赌这是一个必输的战场。"⑤ 更值得关注的是，全球化大背景下的信息技术变革，赋予技术发达和领先的国家以更大的力量对那些发展中国家的内部事务进行全方位的渗透和干涉。中国现代国际关系研究院信息与社会发展研究所副所长唐岚在接受《环球时报》记者采访时指出，目前，美国在网络空间竞争中拥有绝对优，控制着国际互联网的13台域名根服务器全部被美国把持，尽管世界多国强烈反对和多次要求，美国商务部仍宣布将无限期保留对其的监控权。这意味着美国掌握着国际互联网的生杀大权。2004年4月，"ly"的域名瘫痪导致利比亚从国际互联网上消失了3天。2009年5月，微软公司根据美国禁令切断了古巴、朝

---

① 祝华新：《网络时代官民关系七大特点》，载《中国青年报》，2010年11月5日。
② 褚朝新、涂重航、孔璞、刘刚、朱柳笛：《调查称县级官员被指最怕网络监督 恐舆论毁仕途》，载《新京报》，2010年11月12日。
③ 同上。
④ [美]尼古拉·尼葛洛庞蒂：《数字化生存》，胡泳等译，海南出版社1997年版，第290页。
⑤ [美]曼纽尔·卡斯特：《认同的力量》，曹荣湘译，社会科学文献出版社2006年版，第313页。

鲜、叙利亚、苏丹和伊朗 5 国的 MSN 接入服务[①]。《网络世界的国家化与大较量》的作者则明确指出[②]，当前某些西方国家已明确主张将互联网纳入"和平演变"策略的公共外交，侧重通过"直接"与他国网民对话以影响其价值观、行动方式，号召利用 Facebook、Twitter 等网络工具推动政治运动、交流思想，以危害别国来谋求达成自己的战略意图。近几年，许多网站还发展成为异见人士组织串联的重要平台，成为西方对发展中国家渗透颠覆的重要工具。美国共和党资深参议员发表文章，鼓吹利用网络技术为美国全球的"自由"推广运动而战，用"推特"打赢观念战争，美其名曰"赢心运动"。对于中国，这个问题显得尤其严峻。互联网引入中国不久，美国国务卿奥尔布赖特就声称："有了互联网，对付中国就有办法。"2011 年 2 月 14 日，美国国务卿希拉里·克林顿在乔治·华盛顿大学演讲中提出，美国政府将以一种"风险投资的方式"，即投资 2500 万美元以撬动更多私人资本的方式，"开发技术工具，使'压制性国家'的网上活跃分子、持不同政见者和一般公众能够绕过网络检查"。希拉里公开点名中国、古巴、伊朗、缅甸、叙利亚和越南是"实行书报检查、限制网络自由、逮捕批评政府的博客人的国家"。她说，美国政府将支持"网上言论、集会和结社自由"，继续向处于"压制网络环境"的人民提供可以绕开网络检查的技术，继启动阿拉伯文和波斯文"推特"（社交网络及微博客服务）之后，宣布启动中文、俄文、印度文的"推特"计划，等等。[③]

网络是个坏东西，我们还可以列举许多例子。但网络不是洪水猛兽，当大家习以为常地敲打键盘在网络上抒发情怀时，当看到普通网民可以海阔天空地纵论国际国内大事时，我们可以深切地感受到网络给中国带来的翻天覆地的变化。

网络是中国经济社会发展的加速器。当今世界，信息网络技术已成为提升国家竞争力的重要手段，谁控制了互联网，谁就控制了世界；谁赢得了网络空间，谁就赢得了未来。以美国为首的西方发达国家正在积极推进"云战略"，在很大程度上是为了占领未来经济社会发展的制高点。回顾历史，一向以老大自居的中国在世界上几次大的科技革命来临之际，选择的是闭关自守和逃避拒绝，给我们的回报当然是被动挨打直至丧权辱国。对上世纪 80 年代有清晰记忆的人应该记得，当时年轻人振兴中华、赶超世界的热情用现在的语言来说可谓前所未有，经济发展的速度也比较快，但在工业化时代也只能处处受制于人，当时有的学者曾做过测算，中国与发达国家的距离只能越

[①] 卢长银、陈一、谷阳、甄翔：《美图谋为全球网络定规矩 若遇网络攻击可以动武》，载《环球时报》，2011 年 05 月 18 日。

[②] 东鸟：《网络世界的国家化与大较量》，载《中国党政干部论坛》，2011 年第 4 期。

[③] 周弘：《网络自由化成为希拉里·克林顿对外政策的"新教条"》，载《红旗文稿》，2011 年第 8 期。

拉越大。进入 90 年代，互联网为我国实现跨越式大发展、赶超世界发达国家、实现中华民族复兴的伟大梦想提供了千载难逢的好机会，中国在高科技领域终于有了与世界强国平起平坐的平台。应该说，中国政府没有再次错过这次机会。今天我国经济社会发展终于走上了快车道，网络功不可没。有的学者断言，任何在信息时代被剥夺网络使用权的个人或者团体都将是孤立的，而且在这样的国家中也会因为缺乏凝聚力和创造性而使发展的动力减弱，而每一个成功地确保全体公民能够连接上互联网的国家将为社会的创新注入新的活力。①

网络是中国社会的稳定器。任何社会都难免因为各种原因而形成不满情绪，有话有处可说，不仅能保证公众的不满情绪及时地被发现，还能给社会加上一道安全阀，是社会良性运转的重要表现。对不满情绪一味压制，只能酿成激愤和暴力。中国改革开放已经有 30 多年了，社会一直处于快速发展和不断转型过程中，根据世界各国的经验，在社会急剧变迁的过程中，社会都会进入不协调因素的活跃期、社会矛盾多发和易激化的高风险期。特别是我们用几十年时间走过了西方发达国家一二百年走过的历程，这就意味着西方国家在不同历史发展阶段渐次出现的各种社会问题，在我国几乎可能同时出现。我们在发展进程中遇到的矛盾和问题，无论是规模还是复杂性，都是世所罕见的。我们能够平安渡过，互联网功不可没。民间流传这样一个故事，是对这个问题最好的诠释：甲炒股亏了 10 万，郁闷，在网上大骂证券委不是东西；乙看到这个帖子，找到了知音，马上回帖说自己亏了 20 万，真是吃人不吐骨头的东西，咱们去把证券大楼给炸了。正当两人热烈讨论怎么办时，丙进来说：两个大傻帽！我亏了 100 万还没有说去炸楼呢，去炸也轮不到你们！快帮我想办法怎样把钱再赚回来吧。甲乙二人看到这个帖子，心情大爽：呵，还有亏 100 万的。马上安慰他不要着急，并出起主意来。当天，甲乙二人睡了一个好觉，第二天高高兴兴地去上班了。

网络是中国民主的推进器。中国是一个地域辽阔的国家，政府的层级众多，当一介草民想把自己的意见让最高领导人知道，从理论上推论，必须越过官僚体系的万水千山，用万里长征来形容并不过分。网络彻底突破了各种社会、政治、经济、地理和生理的障碍，让政府最高官员和普通民众进行平等地交流与沟通。2008 年 6 月 20 日，胡锦涛总书记与"强国论坛"网友聊天 20 多分钟。由于中央和地方政府对网络舆情的高度重视、积极回应，互联网也成为政府治国理政、了解社情民意的新平台。中国网民表现出一贯强烈的社会关怀，他们关注新闻时事，直面抨击中国社会发展的不健康现象，维护国家的根本利益。特别是从奥运火炬传递、汶川大地震、民间反日风潮等事件中，我们看到的不仅是激情四射、直抒胸臆的网民，而且是一群理性、爱国的网

---

① 袁峰、顾铮铮、孙珏：《网络社会的政府与政治》，北京大学出版社 2006 年版，第 3 页。

民。他们参政议政的意识显著增强,参政议政的水平显著提高。

网络是个好东西,还有许多证据加以证明,如网络降低了政府服务的成本,给民众更快捷、高效的服务;网络作为文化交流的平台,给中国文化的传播发展提供了便利;网络给个人发展提供了前所未有的巨大空间,创造了一个个致富神话等。但互联网在我国是一个"早产儿",由于法制建设相对滞后,部门监管不到位,网络道德规范缺失,无论是民众还是政府官员都很不适应网络时代的到来,经常会引发许多意想不到的问题。我们不能等所有的东西都到位了,再去发展互联网。如果那样,机会早已经离我们远去。我们只能在水中学会游泳,在发展过程中不断规范和完善。

打开网络,我们打开的是天堂还是地狱之门,答案在我们自己的手中。

二、网络在群体性事件中扮演什么样的角色

2009年,香港《亚洲周刊》刊登了一篇名为《手机网播革命:从伊朗到中国的沸腾》的文章,[①] 介绍了新兴媒体的威力:从伊朗总统选举引发的伊朗群众抗议事件到湖北石首事件等,都是利用手机发布文字、图片和视频,通过推特(Twitter)、饭否等微博客以及QQ群、脸谱网等网络平台,迅速在互联网和手机上传播。网络在群体性事件中发挥着汇集舆论和通讯联络的作用。综观网络在不同群体性事件中发挥的作用,它有可能扮演组织者、推动者、放大者或平息者的角色。

网络是群体性事件的组织者。或者说,利用网络媒介,可以组织和发动群体性事件。其中最为典型的是具有"快闪族"行动性质的群体性事件。所谓的"快闪族",霍华德·莱茵戈德在其《聪明的暴民——下一轮社会革命》中定义为一群会用网络、手机等互相沟通、串联,参与特定族群活动并做出实际行动的人。"快闪族"行动原是一种网民游戏,指互不相识的网民通过网络联系,在同一时间、同一地点快速聚集并实施同一行为,而后迅速解散。"快闪族"行动2003年下半年在美国出现后,迅速传播到英国伦敦,进而波及欧洲大陆并迅速风靡亚洲。今天在我国也经常会出现"快闪族"的身影。具有"快闪族"行动性质的群体性事件是指时下的一些群体性事件借鉴或者套用了"快闪族"的行动方式,即当某些群体在受到某些普遍关注的社会问题的刺激时,在相对自发的、无组织的情况下,利用网络大规模发布、传播某一方面的信息,互相反复沟通,发泄不满,鼓动民众参与群体性活动,最终演变为带有特定诉求的群体性事件。其中最为典型的近年来发生的"涉日游行",以及为反对某一问题在某一特定地点的散步等,这类群体性事件最典型的特点是组织者不是现实社会的实体组

---

① 李永峰:《手机网播革命:从伊朗到中国的沸腾》,载《亚洲周刊》,2009年6月21日。

织，而是身份和姓名都是虚拟的网民，他们通过聊天网站、电子邮件、电子公告、网站论坛、手机短信等形式，传递活动的时间、地点、路线、口号等方面的信息。参与者也是一个混合的群体，职业、社团、地域、年龄等社会因素失去了聚类分群的意义，维系临时族群存在的只是网络上相关信息约定。①

网络是群体性事件的推动者。或者说因网络媒介推波助澜，致使群体性事件失控或恶化，增加处置的难度。广东外语外贸大学新闻传播学院院长郭光华在分析四川广安事件、大竹事件时曾说："如果没有网络这个关键推手，这两个事件不可能在短时间里迅速演变成骚乱。"② 网络作为群体性事件的推手，在很大程度上与其作为新兴媒体的特性有关。网络信息传播不受时间、空间等条件的限制，具有开放性、广泛性、多样性等特点，公众的参与度比较高，每个网民都可借助虚拟身份畅所欲言。在群体性事件的现场，人们通过手机可以比较便利地把现场情况通过文字、照片或视频在网上进行"直播"。由于网络缺乏传统媒体"把关人"的角色，很多信息的真实性有待核实，即使是通过照片、视频等方式传播的"真实"信息，由于拍摄者所选择的角度不同，对同一照片的解读也可能出现截然相反的答案。作为群体性事件处置主体的政府及有关部门，从目前处置方式来看，对现场一般选择封锁消息或沉默，这样就为网络提供了更大的空间，所谓的"谣言"就会找到快速生长、快速蔓延的土壤。一些网民将道听途说的消息编发上网，或转发、引用虚假新信息，造成各种小道消息、流言和谣言在网络蔓延。特别是加上一些人出于某种利益的考量，故意对事件作歪曲的评论或者发布通过精心策划的虚假信息，一般人很难在短时间内辨别真伪。

网络是群体性事件的放大者。网络可以将一个十分偏远的地方发生的事件放大为全国性的事件，其中最为典型的案例当属瓮安事件，这也是当今社会各界分析最为透彻的一个案例。在网上有人从这个案例中得出了这样耸人听闻的结论："中国已到了群体暴力反抗的高峰期"，③ 政权到了崩溃的边缘等。就事件本身来说，自杀作为一种社会现象，必须引起政府和社会各界的高度关注，但就个案来说，能够引起全社会普遍关注的并不多，能够制造这样大的事件的，却是少之又少。网络在瓮安事件中，不仅是一个重要推手，也是一个放大器。假若没有网络，即使瓮安事件客观存在，但它并不会演变成为一个全国性的事件，仅仅是地方政府必须认真处置的一个群体性事件。还有一些群体性事件，可能造成甲地发生、乙地声援、丙地联动的情况，有人称之为

---

① 李苏鸣：《"快闪族"行动与群体性突发事件》，载《公安研究》，2005年第6期。
② 杨清林：《群体事件频发考验政府智能》，载《大公报》，2007年3月4日。
③ 田忠国：《中国到了群体暴力反抗的高峰期》，中华思想网，http://portal.sinoth.com/tianzhongguo/1000020034.html。

"蝴蝶效应",网络的放大作用是一个重要方面。比如广东 2009 年"6·26"事件,这是一起典型的因地域歧视问题导致的新疆工人与内地工人冲突的事件,客观地说,广东地方政府对"6·26"事件的处置是非常到位的。但正如有网民称:6 月 26 日广东韶关旭日玩具厂一名汉族女工的尖叫,成了 10 天后几千里之外乌鲁木齐发生大规模骚乱的导火索。[①] 究其原因,一个重要方面是忽略了以互联网为代表的新兴媒体的放大效应。

网络在群体性事件中能够承担起这三个角色,一般来说,与群体心理有关,与网络作为新兴媒体的传播规律有关,同时也与当前社会的大背景有关。

从心理角度来说,群体心理学创始人古斯塔夫·勒庞曾经指出,在群集情况下,个体放弃独立批判的思考能力,而让群体的精神代替自己的精神,进而放弃了责任意识乃至各种约束,最有理性的人也会像动物一样行动。在网络环境下,网民借助网络的平台对某些问题有了共同的看法,使大家不自觉地走到了一起,并不断地以群内同质化、群际异质化的特点聚集,促进群体的广泛的去个性化心理的形成。特别是我国网民的真实生理年龄都比较年轻,思想不成熟,偏激而冲动,很容易对同一个问题达成共识,并且实施行动,这就为群体性事件从网络走向现实架起了桥梁。

从媒体传播规律的角度来说,由于群体性事件的信息大部分首先出现在网络上,很容易产生首因效应。首因效应是指不同的信息结合在一起的时候,人们总是倾向于重视前面的信息。在网络信息传播中也存在"先入为主"的规律,在群体性事件发生之后,公众对于事件的真相会有很多的疑问,政府及有关部门的权威解释一般要"千呼万唤始出来",这样就会造成小道消息占上风的局面,网民在第一时间得到的信息不准确,在猜疑和偏激心态的作用下,那些最早接受的错误信息会左右网民对事件真相的判断,在网络信息的同步交流、密集互动过程中,迅速产生"规模效应"。事件参与者感觉得到了媒体的支持,受到鼓舞,诱发群体性的过激行为,导致事态的扩大恶化。

三、网络如何将小事件放大成大事件?

网络对群体性事件的影响,是一个复杂的过程。为了分析的方便,我们用简单的图示如下:

[①] 《蝴蝶效应:19 岁韶关女工的一声尖叫,引发了乌市的大暴乱》,载商都 bbs,http://bbs.shangdu.com/t/20090710/01001001123195/123195-1.htm

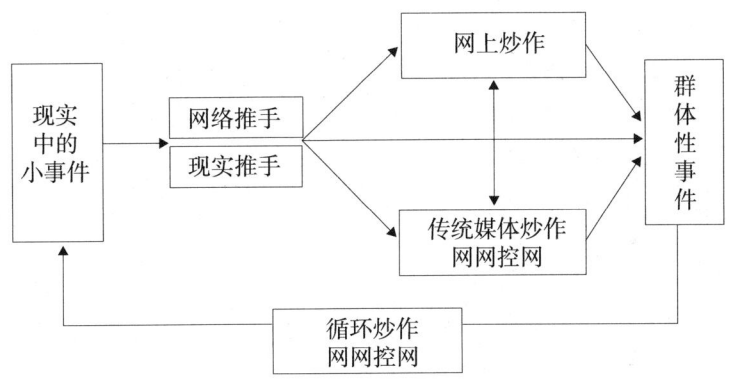

网络影响群体性事件的过程

从上面的图示可以看到,在网络影响群体性事件的过程中,关键是要将"小事"炒作成"大事",或者说赋予初始事件以全新的特殊意义,让之成为社会舆论关注的一个焦点。

一是现实中存在吸引人注意力的事件包括小规模的群体性事件。在下一节中将对这个问题进行分析。

二是在现实与网络中都有希望将其做大的推手。在网络上有的事件即使吸引了大家的眼球,但网络热点的转换是非常快的,当新的能够吸引眼球的网络热点出现时,对原来的热点案件持续关注就容易降低,甚至快速消失,被新的网络热点所代替。可以说热得快冷得也快。要改变这种状况,需要在网络和现实中有希望将其做大的推手。对于推手来说,一方面应与事件本身没有显性的直接利害关系。对于任何一个与事件本身有利害关系、而且是利益受损的人来说,都希望将其做大,为自己争取多一点的权益。在实际运作过程中,这类人会让网民一眼就看出,很难成为真正的推手。另一方面是部分网民所接受的意见领袖。网上舆论遵循的是"权威性法则规律",很多意见领袖掌控着网上的话语权,很多网民作为他们的忠实粉丝跟随。

三是有激发网民情绪的深层次社会矛盾。网络舆论呈现出典型的"标签化看世界"的大众思维习惯,有一些事件只要贴上"警察"、"衙门"、"开发商"、"豪华轿车"等身份标签符号,就会在网上引起严重不满和对立情绪。这与我国社会矛盾的多样性和社会心态的复杂性有关。当前,我国正处于改革发展的关键阶段,社会利益格局加快调整,统筹各方面利益关系难度加大,人民群众共享改革发展成果的要求明显增强,维护自身权益的意识日趋强烈。特别是社会分配不公,城乡、区域差距持续拉大,腐败现象滋生蔓延，使一些社会群体增加了不公平感和"被剥夺感"，不满情绪潜滋暗长，"仇官"、"仇富"、"仇警"的心态不断蔓延。正是社会心态的这些变化，致使一些普通的案件、事件，只要牵扯到党政机关和官员，就很容易被归结为"腐败问题"；只要涉及富商，就很容易归结为"为富不仁"；只要与公安民警有些微的联系，就很容易归结为"警匪一家"，从而导致事件迅速升温，成为社会舆论的焦点。杭州"飙车"撞人事件并不复杂，类似的交通事故在每个城市都时有发生，但在此次事件中，跑车、"富二代"、高官背景等词汇一次次拨动了公众敏感的神经。当地公安机关对肇事车时速"70码"的草率认定，又衍生出"警方不公"的质疑。于是，有关权力庇护的传言，在公众开始扩散开来，导致事态的不断升级。

四是大型商业网站转载和传统媒体介入。按照一般的思维逻辑，大型商业网站的可信度比小型商业网站高，传统的主流媒体的可信度比新兴的媒体高。特别是传统的主流新闻媒体，尽管在民众心目中的地位大不如从前，但民众对它们的信任度仍是新兴媒体所无法比拟的。要把小事炒成大事，没有传统的主流新闻媒体的介入，一般成功率不高。无论是偏远地区发生的如瓮安事件，还是在国际化大都市发生的如杭州"飙车"撞人事件，他们被不断推高的历程都证明了这一点。在炒作的过程中，传统媒体与新兴媒体相互借力，互相转载，把社会的情绪推向高峰。

五是政府或有关部门应对不及时、错失良机。正面声音缺失，或有关部门应对失误，是网络等媒体能够在群体性事件中发挥作用的关键因素。客观地说，由于政务公开的推行，目前政府有关部门对群体性事件消息进行封锁相对少了，大部分敢于公开。但同时也出现了另一个现象，应对失误频频发生。比如，瓮安事件，让"俯卧撑"成为网络热词；杭州"飙车"撞人事件，成就了一个新词"欺实马"。这是应对失误的典型。不过，应对失误与封锁消息比起来，是非常大的一个进步。在游泳中呛口水，是十分正常的现象。

四、依托网络组织的群体性事件有哪些特点？

当前，针对一些社会热点问题，一些人依托互联网络进行策划、组织的群体性事件，在数量上呈上升趋势，参与人数也越来越多，参与主体日益多元，扩散传播速度加快，涉及地域越来越广。依托网络策划、组织群体性事件，其过程相对比较复杂。为了分析方便，可以简单地图示如下：

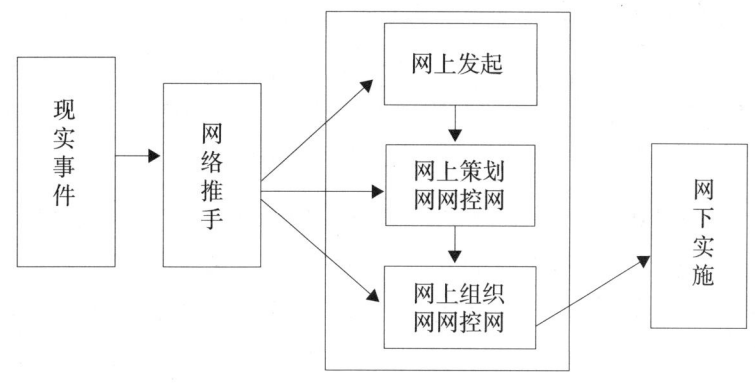

依托网络组织群体性事件的过程

从上面的图示中可以看出来，要依托网络策划组织群体性事件，有两个必备的元素：一是现实中的事件，尽管现在有的"快闪族"宣称快闪行为的原因是即兴的，或者说属于虚拟的，与现实无关，但作为群体性事件，其诱因必然与现实中存在的某些问题有关，或者说现实中存在一些在虚拟社会能够吸引网民眼球的事件。二是网络推手。它在依托网络策划、组织的群体性事件中发挥着关键作用，缺乏网络推手，所谓的依托网络组织的群体性事件将不复存在。

当现实中的事件进入网络推手的视野，依托网络策划、组织群体性事件的运作正式启动。客观地说，这个阶段实际上进入了一个黑箱，不同的个案有不同的运作方式。从理论上依次可以划分为发动、策划和组织，在实际运作中三者可能是交叉进行的，或者是反复进行的。无论是发动、策划，还是组织，网络推手都起到至关重要的作用。从黑箱里输出的，就是现实中的具体行动，或者说是群体性事件。

依托网络策划、组织的群体性事件，一般来说具有以下几个特点：

一是现实问题的普适性。网络上各种各样的信息多如牛毛，能够吸引人注意力的并不多。有的人总结了近几年的网络热点问题，发现在网络上只有本身具有新闻价值的事件，才能形成热点和舆论。一般来说有四类事件具有新闻价值：灾难性事件，如地震、车祸等；具有戏剧性冲突的事件，如山西警察打死北京警察；变化与反差比较大的事件，如富家子飙车撞死穷大学生、女服务员手刃流氓官员、贵州习水官员强奸幼女等；涉及敏感人物与地点的事件，如云南晋宁县看守所玩"躲猫猫"、唐永明鼓楼刺杀外国人案等。比较容易引起网民的关注的问题主要有这样几类：涉腐、涉富、涉黄、涉黑、涉纪、涉恶、涉法、涉权等。这些问题从本质来说具有普适性，即对所有的观众来说都具有吸引力，每个网民也都有能力对之发表看法。当有些事件能将两类或者两类以上的问题叠加在一起时，对网民的冲击力、震撼力相对较大，由此引起的刺激和反应也较为强烈。

二是组织者的虚拟性。网络是一个虚拟的社会空间，网民的身份和姓名也是虚拟的，许多网络空间中的组织实际上并无实体。虚拟组织的参与者属于混合群体，联系松散。他们遵循网络规则，从不表明自己的真实身份和所属单位，一旦在网上约定好行动信息，就会在同一时间、同一地点突然聚集并实施同一行动。

三是组织者与利益主张联系的或然性。对于传统的群体性事件来说，组织者往往带有明确的利益诉求，都是试图通过群体性事件来主张某种利益，而在一些由互联网酝酿产生的群体性事件中，组织者与群体性事件的利益主张之间却没有必然的联系，也就是说并不是自身利益受到了侵害，很多情况下是出于"打抱不平"、"激于义愤"的目的发起群体性事件，这种行为也更容易引起一般网民的同情和支持。

四是组织过程的低成本性。在群体性事件发生前，通过网络传递活动的地点、时间、路线、口号等方面的信息，特别是利用网络向手机群发短信功能，能够在最短时间内让更多的人知悉，传播效果极佳，经济成本、时间成本大大降低。同时，网络的匿名性使得很多网民认为互联网上的行为无从追查，风险成本比较低，因而肆无忌惮地利用网络组织发起现实行动。

五是群体性事件结果的可操控性。西方学者对这个问题的研究比我国要深刻得多。霍华德·莱茵戈德曾警告说"所有快闪暴走活动都可能演变为政治活动"。他在接受CNN记者采访时谈到："快闪暴走活动原是无害的游戏，即是一种使用新技术使许多人聚集在一起参与的游戏。但是，正是互联网和手机的应用，才使菲律宾民众聚集起来推翻前总统埃斯特拉达的统治，才使卢武铉登上韩国总统的宝座。所有的快闪暴走活动都存在危险可能。"①

五、把网络变成妥善处置群体性事件的工具

从上面的分析中可以看出，网络为群体性事件开辟了一个新领域，增加了政府有关部门工作的难度。要防止网络在群体性事件中推波助澜，一个最便捷的方式是一关了之，很显然，不到万不得已，这不是解决问题的办法。加强对网络公开管理，这也是提出来的比较常规的方法，但有关部门有时显得理不直气不壮，关键是没有理解网络在现实社会中的真正意义。在任何社会，只要出现了管理上的空白，就意味着政府及其有关部门的失职。网络绝不能成为法外之地。对网络影响群体性事件的过程有针对性地进行应对，是我们处置群体性事件的一个重要方面，其中有许多技巧性问题，过程分析本身也提供了解决问题的思路，这里不再多述。

---

① 转引自百度百科：快闪，http://baike.baidu.com/view/133831.htm

网络为我们妥善处置群体性事件开辟了一个新天地。在看到网络是个坏东西的同时，我们必须转变观念，认识到网络是个好东西，把网络作为积极预防和妥善处置群体性事件的一个重要工具。从目前群体性事件的案例来分析，应该说处于提倡阶段，利用网络成功处置的案例不多，而这正是政府及其有关部门必须努力的方向。

要把网络作为预防群体性事件的工具。网络是当前沟通政府与民众的一个重要渠道，只要政府利用网络平台，搜集民意，为民众排忧解难，很多矛盾就能够及时化解，有些群体性事件就会消除在萌芽状态。

要把网络作为疏导群体性事件参与者情绪的工具。网络作为一种新兴舆论，在疏导群众情绪方面具有其他媒体无法比拟的优势。网络既然能够在群体性事件发展过程中推波助澜，同样也可以对群众的不满情绪进行疏导。

要把网络作为群体性事件善后的一个重要工具。善后是处置群体性事件的一个重要方面，很多群体性事件反复发作，一个重要原因是善后没有做好，网络为群体性事件的善后提供了一个重要的工作平台。

市场化进程中的社会风险及秩序重建*

许远旺　卢　璐**

摘　要：市场化是改革以来我国经济社会发展的一个基本趋势和重要事件。改革开放 30 余年的实践证明，市场取向的改革给我国带来了前所未有的发展机遇，不仅创造了经济增长的中国模式和中国经验，而且推动了政治社会文化各项事业的发展进步。不过，市场化大转型作为一项整体性社会变迁，对中国社会及民众生活的影响冲击也是全方位和史无先例的。当前，在历史发展新的十字路口，只有科学准确地理解所处时代及其阶段性特征，积极防范和应对市场化转型所衍生的一系列社会风险，才能更好地把握和规划市场化改革的方向及未来选择。

关键词：市场化；社会风险；秩序重建

改革 30 年是我国经济社会快速发展的阶段，同时也是我国社会经历急剧变革的时期，整个社会日益从封闭走向开放，从静止走向流动，从传统迈向现代。改革以来经济社会发展的深刻变化与国家总体上推行一种市场取向的改革息息相关。从学界相关研究来看，中国的市场化改革自一开始就受到国内外学者的高度关注。例如，上世纪 80 年代末就有西方学者提出"市场转型理论"，认为中国的改革启动了社会资源及权力配置方式从再分配向市场机制的转型（倪志伟，1989）。市场转型理论虽然打开了一扇观察中国改革及社会变迁的新的视窗，但在理论界也引起激烈的争议和质疑。[①] 从国

---

* 基金项目：教育部人文社科青年项目"社会管理体制创新背景下农村社区组织再造研究"（12YJC810029）；湖北社科基金课题"中国农村社区建设的路径与机制"（2011LS010）；华中师范大学桂子学者项目"中国城乡社区建设研究"（2008002）。

** 许远旺，华中农业大学马克思主义学院讲师，政治学博士、公共管理博士后，主要研究领域：政治学及农村问题。卢璐，华中师范大学公共管理学院行政管理专业博士生，主要研究领域：政府治理与公共服务。

① 陈那波：《海外关于中国市场转型论争十五年文献述评》，载《社会学研究》，2006 年 5 期，第 189—207 页。

内学者的研究来看，主要围绕社会分层、精英再生产与循环等问题展开（李路路等，2002）。此外，还有学者倡导对市场转型的实践过程进行具体分析（孙立平，2002）。已有研究主要是从资源分配、社会结构角度阐述市场化改革对中国社会带来的深远影响，从社会风险的视角考察市场化转型的学术成果目前仍非常有限。当前，我国经济社会发展处于一个新的十字路口。深刻认识和理解当前我国经济社会发展的阶段性特征，客观评估与理性审视市场化转型的历史进程，不仅关系对市场化改革深远影响及基本经验的科学判断与总结，而且是决定我国市场化改革的走向及中国向何处去的重大问题。

一、当前我国市场化发展的新阶段及其特点

如果从1978年算起，我国的市场化改革至今已走过30多个年头。经过30余年的市场化改革，我国成功地实现了由高度集中的计划经济体制向充满活力的市场经济体制的转变，实现了由封闭半封闭到全方位开放的历史性转变，社会主义市场经济体制已经初步建立，我国迈入了全面建设小康社会的历史新阶段。不过，在经济取得快速增长的同时，我国经济社会领域也暴露出一些深层次的矛盾和问题。党的十七大以来对当前我国经济社会发展的阶段性特征进行了深刻阐述和科学分析，认为我国在经济建设取得显著成就、经济实力显著增强的同时，经济社会领域仍存在一系列亟待解决的紧迫性现实课题，集中体现在民生问题、分配问题、公共服务、城乡关系、区域关系等方面。由于民生投入和社会建设历史欠账太多，医疗、教育、住房等社会事业发展领域矛盾突出，社会分配关系、城乡关系、区域关系不协调问题日益凸显，引发了各社会阶层的利益冲突及部分群体的心理失衡。只有对当前我国经济社会发展的阶段性特征进行科学认识和正确判断，才能系统概括和总结我国市场化改革的基本经验，并在新的起点和基础上进一步推动经济社会改革朝着正确的方向前进。

首先，从"转轨"到"并轨"，建立更加完善成熟的市场经济体制。改革开放30余年来，我国已经初步建立起社会主义市场经济体制。适应社会主义市场经济要求的基本经济制度已经初步形成，股份制初步成为企业治理的主要形式，各类企业已经基本进入市场，成为市场主体；统一开放的市场体系也初步形成，各类商品总额的市场化程度超过95%，生产要素的市场化程度正在稳步提高；计划、财税、投资、价格等宏观管理已初步转入面向市场经济的管理调节。[①] 市场化改革是一个不断进行思想解放

---

① 国家发展改革委经济体制综合改革司：《在三十年改革开放基础上继往开来》，《改革开放三十年：从历史走向未来》专题摘编之八。http://www.ndrc.gov.cn/tzgg/zhdt/t20081231_254411.htm

的过程,同时也是一个思想认识不断深化的过程。由于没有成熟的经验可供借鉴,因此我国走的是一条渐进式的改革道路,先农村后城市、先沿海后内地、由易到难、由浅入深、由外围而核心、由局部到整体。市场化改革30年的实践证明,这种渐进式的改革策略取得了极大成功。不过,需要指出的是,渐进式改革首先是在计划经济体制较为薄弱的环节开始突破,然后一步一步逐渐深入核心和关键区域。在新旧体制的转轨期,我国长期处于"双轨制"的发展阶段。在体制转轨和过渡期,也存在权钱交易、政府腐败、市场分割、利益失衡等一系列矛盾和问题。因此,进入新世纪新阶段,改革任务仍然艰巨。从微观机制到宏观体制,从商品市场到要素市场,从经济领域到公共服务领域,从国内体制到涉外体制,市场化改革任重道远,必须坚定不移地坚持市场取向的改革,加快完善社会主义市场经济体制,为中国特色社会主义建设提供强有力的体制保障。

其次,从经济单向度的改革到经济、政治、社会、文化"四位一体"的改革转变。尽管在改革开放初期,我们在推动经济体制改革的同时,也相应开启了政治体制改革的序幕,但改革的重点主要集中于经济领域。市场化改革带来我国政治、思想观念、文化和社会结构的深刻变化。随着经济体制改革的深入,经济体制与政治体制、社会文化体制不够协调配套的问题日益突出,政治、社会、文化体制改革滞后也成为新时期进一步推进经济体制改革的障碍和阻力。当前,我国已进入改革发展的关键时期,经济体制的深刻变革,必然会带动社会结构深刻变动,利益格局深刻调整,思想观念深刻变化。这种空前的社会变革,给我国发展进步带来巨大活力,也必然带来这样那样的矛盾和问题。进一步深化改革,必然要求经济、政治、社会、文化"四位一体"协调配套推进。

再次,从生存型社会到发展型社会转变,要求转变经济增长方式,促进产业结构优化升级。经过30年的改革开放,我国已经从总体上摆脱贫困、解决温饱,步入全面建设小康社会的历史阶段。传统的追求GDP至上的经济增长方式日益难以适应经济社会发展的要求。在新的时期,人们的需求日益丰富和多样化,实现了从以前的追求吃饱穿暖到现实中追求消费发展的转变,更加注重和讲究环境的舒适和生活质量。城乡居民恩格尔系数从2000年的39.4%、49.1%降至2007年的36.3%、43.1%,分别下降了3.1、6.0个百分点。城乡居民生活消费支出中,交通通讯、文教娱乐、医疗保健等发展型和享受型支出大幅度增加,所占比重稳步提高。适应经济社会发展要求及居民需求的变化,要求进一步转变经济增长方式,促进产业结构优化升级。坚持扩大国内需求特别是消费需求的方针,促进经济增长由主要依靠投资、出口拉动向依靠消费、投资、出口协调拉动转变。加强能源资源节约和生态环境保护,增强可持续发展能力。完善有利于节约能源资源和保护生态环境的法律和政策,加快形成可持续发展的体制机制。

第四，由封闭到开放，区域一体化和经济全球化进程明显加快。20 世纪 80 年代以来，世界区域经济一体化进程明显加快，推动经济全球化向更广和更宽的领域扩展。改革开放使我国成功实现了由封闭半封闭状态到全方位对外开放的伟大历史转折，对外开放进入了一个新的历史阶段。经济全球化使我国的生产和消费与世界联系日益紧密。1980—2008 年，世界平均外贸依存度由 34.87% 提高到 53.3%。同期，我国外贸依存度也从 12.5% 提高到 59.2%，与国际发展趋势基本一致。特别是加入 WTO 后，我国加速融入全球经济，参与国际竞争能力进一步增强。2001—2008 年，我国外贸年均增速比世界贸易年均增速高 11.1 个百分点，外贸依存度相应上升了 20.7 个百分点。[①] 随着区域一体化和经济全球化进程的推进，生产要素日益在全球范围内进行优化配置，生产的国际化分工与竞争日趋激烈，要求我们坚持对外开放的基本国策，把"引进来"和"走出去"更好结合起来，扩大开放领域，优化开放结构，提高开放质量，完善内外联动、互利共赢、安全高效的开放型经济体系，形成经济全球化条件下参与国际经济合作和竞争新优势。深化沿海开放，加快内地开放，提升沿边开放，实现对内对外开放相互促进。

这一切表明，市场化改革给我国带来了前所未有的发展机遇，一举成功地解决了占世界 1/5 人口的吃饭问题，并使我国与发达国家的经济实力和社会发展差距不断缩小。在看到成绩和进步的同时，我们也不能忽视一个基本事实，即市场化改革是一项机遇与挑战并存的事业，它在提高资源配置效率、创造国民财富和增加居民收入的同时，也可能带来社会分化加剧、阶层利益失衡及地区发展失序等一系列社会矛盾和风险。因此，在继续发挥市场在资源配置中起基础性作用的过程中，必须充分考虑并积极应对市场化改革带来的各种挑战和社会风险。

二、市场化社会风险的表现与成因

市场化改革是一次整体性社会变迁，改革以来 30 余年的发展变化，对中国社会及民众生活的影响是全方位和史无前例的。市场取向的改革取得了举世瞩目的成就，我国经济发展取得了年均近 10% 的增长速度，创造了引领世界经济增长的"中国奇迹"、"中国模式"、"中国经验"。不过，我们也要看到，改革 30 多年来也是我国经济社会经历激烈变革的时期，经济市场化在创造经济增长奇迹的同时也带来阶层分化、贫富差距、发展失衡等一系列现实问题。只有对市场化条件下的社会风险有着更为充分和深

---

① 钟山：《理性地看待我国外贸依存度问题》，载《人民日报》，2010 年 2 月 5 日。

刻的认识，才能防患于未然，以不变应万变，从而推动市场经济沿着正确的轨道继续前进。

首先，从政治层面来看，伴随市场化转型所进行的充分社会动员带来社会成员的参与意愿和预期扩大，极易引起转型期的参与危机和政治冲突。在传统时期，由于人们从事生产生活的范围和半径有限，社会教育和科学文化知识不发达，因此这一时期人们的政治参与范围十分有限，政治参与的对象仅限于一部分特殊的社会群体。例如，古希腊的城邦政治局限于"城邦"领域，只有成年男性公民才有选举和参与权，奴隶、妇女和外邦移民则被排斥于政治参与过程之外。市场化转型打破了传统社会的静止、封闭和相对稳定，随着现代化、工业化、城市化的推进，人们的社会流动加剧，社会成员之间的交往和联系日益紧密，大家愈益共同置身于一个广阔的"市场社会"。随着生产力水平的增长、大众传播的普及与教育水平的提高，扩大了社会成员的政治参与预期和愿望。如果政治体系不能及时提高自身的适应和应变能力，将扩大的政治参与意愿和行为纳入有序化和制度化轨道，极易引发政治参与爆炸及转型国家的政治危机和社会动荡。美国当代著名政治学者亨廷顿在研究发展中国家的政治现代化和政治发展问题时，发现那些极端贫穷和落后的国家及地区往往并不是暴力冲突与政治动荡严重泛滥的地区，政治动荡最容易发生而且频率最高的往往是已经开始步入现代化进程、经济上已有一定程度发展的国家和地区。经济现代化与增长引起人们日益暴涨的欲望与社会满足欲望和需求的能力之间产生落差，导致社会挫折感和不满增加，从而引发和加剧了转型国家的政治冲突及社会风险。"社会的动员和政治参与的扩大日新月异，而政治上的组织化和制度化却步履姗姗。结果，必然发生政治动荡和骚乱。"正是在此意义上，他认为，"现代性孕育着稳定，而现代化过程却滋生着动乱。"①

其次，从经济层面看，市场化改革在创造经济增长奇迹的同时，也带来社会分化及贫富差距加剧，引起社会的利益冲突和发展失衡矛盾。在计划经济时期，国家实行生产资料公有制，强调"一大二公"，在分配方式上奉行"一平二调"的平均主义，严重抑制了劳动者的生产积极性。改革后我国在农村实行家庭联产承包责任制改革，并在城市推行工资制度，打破过去"大锅饭"、"铁饭碗"的体制诟病和思想观念，倡导和鼓励一部分人、一部分地区先富起来，通过先富带动后富的方式，最终达到整个社会的共同富裕。市场化改革带来社会分配方式的转变，在改革过程中逐步形成了"效率优先、兼顾公平"的收入分配原则。随着社会主义市场经济的发展，客观上要求确立劳动、资本、技术、管理等生产要素按贡献参与分配的制度。这些引入竞争机制

---

① [美] 塞缪尔·P. 亨廷顿：《变化社会中的政治秩序》，王冠华等译，生活·读书·新知三联书店1989年版，第38页。

的改革措施，对于打破计划经济时期普遍存在的平均主义，激发各类微观主体的活力，具有十分重要的意义。不过，由于多种因素的影响，当前收入分配领域也出现了一些突出问题，如劳动者收入增长较慢，城乡、区域、行业和社会成员之间收入差距不断拉大等，引起人们强烈关注。从国内情况来看，当前我国社会贫富差距呈扩大趋势。据 2007 年国家统计局的城乡住户调查，20% 高收入与 20% 低收入的城乡居民平均收入差距为 6.5 倍，比 1978 年的 2.7 倍扩大了 3.8 倍。另据中国社会科学院的一项调查，中国的基尼系数已达 0.5 的水平，比 1984 年的 0.26 扩大了近一倍，不仅超过了 0.4 的警戒线，而且也超过了美、法、日、英、德、韩等国 0.3～0.4 的水平。

再次，从社会层面来看，市场化在促进社会流动并激发社会活力的同时，也导致阶层分化及社会关系失序，引发转型期的社会冲突和整合危机。计划经济是一种高度集中和封闭的组织与管理体制，整个社会由工人、农民、知识分子（一般被称为"两阶级一阶层"）组成相对简单而稳定的社会结构，并通过单位制来动员、组织居民以及实现社会资源的分配。在计划经济体制下，人们的身份、职业相对固定，个人离开单位不仅寸步难行，而且有可能丧失其相应的福利和待遇。在城乡二元户籍制度、粮油供应制度及社会结构下，农村居民只能通过上学、招工、入伍等几种有限的途径转为城市户口，向上流动的空间和机会十分有限。市场化改革打破了传统封闭和僵化的组织体制及社会结构。随着工业化、城市化和市场化进程的推进，经济体制改革的不断深化，所有制结构逐渐由原来的单一的公有制转变为以公有制为主体多种所有制并存，产业结构发生了深刻变化。经济结构的变化带来社会就业、阶层结构的深刻变化，社会分化和流动加剧。以职业为基础的新的社会阶层分化机制逐渐取代过去的以政治身份、户口身份和行政身份为依据的分化机制，新的社会分层结构渐趋形成。根据职业分化及对组织资源、经济资源、文化资源的占有状况，有学者曾将中国社会分为十大社会阶层，包括国家与社会管理者、经理人员、私营企业主、专业技术人员、办事人员、个体工商户、商业服务业员工、产业工人、农业劳动者以及城乡无业、失业、半失业者。[①]

改革开放以来，我国奉行的是以经济建设为中心的发展战略，随着经济总量的增长和社会财富的增加，城乡居民生活水平总体得到大幅提高，居民食品消费支出占日常生活总支出的比重不断降低，消费需求日益多元化、多样化。但与此同时，社会财富占有不均及利益分化现象也日益突出。改革是一个利益再分配和重组的过程，在市场化改革中出现下岗失业职工、低收入群体、丧失竞争能力的劳动者等弱势群体，城乡分化不断加大，地区发展不平衡加剧。尽管市场化改革极大促进了社会流动、城乡

---

① 陆学艺：《当代中国社会十大阶层分析》，载《学习与实践》，2002 年第 3 期，第 55—60 页。

融合及人们求职和生活方式的改变,但进入改革的攻坚和转型期,社会结构重新出现固化的现象,社会给人们提供向上流动的空间和机会越来越"拥挤"、"稀缺",城乡、地区、区域、行业及不同群体之间的差距在拉大,一部分弱势群体的权益得不到社会正常的关爱和照顾,渐被抛离于社会体制之外,整个社会呈现"碎片化"和"断裂"的特征。①"社会断裂"不仅是指长期存在于我国社会之中的城乡二元结构,而且旨在表明当前我国社会中广泛存在的阶层分化、贫富不均及发展失衡的现象和问题。

最后,从文化和价值层面来看,市场化转型带来人们价值观念和行为方式的嬗变,在开放社会的条件下,多元文化的交错与各种观点、思潮的激烈碰撞造成转型期社会的思想观念冲突与价值信仰危机。在传统时期,我国主要是一种伦理社会,以各种伦理规范调节人们之间的相互关系。"人类在情感中皆以对方为主(在欲望中则自己为主),故伦理关系彼此以对方为重;一个人似不为自己而存在,乃仿佛互为他人而存在着。这种社会,可称伦理本位的社会。"②市场化改革带来社会结构的巨大变迁,使我国实现从农业社会到工业社会、从乡村社会到都市社会、从封闭社会到开放社会的转型。社会结构的转型带来社会文化、社会心理及人们思想观念和行为方式的急剧转变。与传统时期注重伦理调节的"熟人社会"行事逻辑不同,在市场经济条件下,遵循的是一种"陌生人社会"的逻辑,效率和金钱成为衡量社会价值及人际关系的重要准则。"我们生活的一个主要的趋势——把质化约为量——在货币中达到其最高和最独一无二完美地呈现。在这里,货币又一次成为发展进程中的一种文化历史序列的顶峰,而这一点无疑决定了金钱的方向。"③社会价值和生活的"货币化"无疑对传统伦理规范和思想观念形成巨大挑战和冲击。

三、超越市场化风险的理性思维与改革路径

三十余年市场化改革成果是在改革开放的历史条件和背景下所取得,面对当前社会发展的阶段性转型及市场化条件下的各种风险和挑战,要求我们继续坚持改革,进一步扩大开放,树立全新的理念思维并用发展的手段和办法来破解经济社会发展过程中涌现出的新问题、新挑战、新风险。

第一,进一步推进政治民主化进程,引导并扩大公民有序的政治参与。经济市场

---

① 孙立平:《断裂——20世纪90年代以来的中国社会》,社会科学文献出版社2003年版,第1—19页。
② 梁漱溟:《乡村建设理论》,上海人民出版社2006年版,第25页。
③ [德]西美尔:《货币哲学》,陈戎女等译,华夏出版社2002年版,第208页。

化与政治民主化不仅是改革以来社会发展的一个鲜明特征，而且也是市场化改革的重要努力方向。改革以来，我国公民政治参与意识不断增强，政治参与规模不断扩大，政治参与的形式、途径和方式日益多样化、丰富化。从实践来看，人们不仅通过城乡社区组织、基层厂矿企业、各级人民代表大会机关等形式广泛参与社会公共事务及企业的日常生产经营决策，而且越来越重视通过广播、电视、报纸、互联网等手段实现政治参与，讨论社会公共话题，影响政府公共政策。以互联网为例，截至2009年12月30日，中国网民规模达到3.84亿人。其中，70.9%的网民使用即时通信，规模达到2.7亿人；博客用户规模达到2.21亿，使用率为57.7%；使用社交网站的网民数达到1.76亿，规模达45.8%；参与论坛BBS的网民规模达1.17亿，使用率30.5%。伴随互联网技术的发展及我国网民规模的扩大，网络舆论的影响日渐扩大，网络公民社会开始在中国崛起。[①] 与群众日益高涨的政治参与需求比较，当前我国政治参与渠道仍有待拓展，政治参与的制度化和法治化水平有待提升。一些地区在"政治正确"指挥棒作用下，片面强调"稳定压倒一切"，对群众的利益和呼声置若罔闻，对上访群众进行"堵、截、打、压"，极大地伤害了上访群众对政府的信任和感情。由于参与渠道不畅、居民意愿和需求得不到倾诉和满足，在我国形成了"信访洪峰"的现象，一系列群体性事件频发。在现代社会，政治参与是法律赋予公民的一项神圣权利，不仅关乎和涉及公民的政治权利及切身利益，而且在相当程度上影响和决定民众对政府的信任及政府合法性基础。因此，必须健全与公共参与扩大相适应的政府治理体制与机制，进一步拓宽公民有序政治参与的渠道。

第二，建立利益协调机制，促进社会各阶层的利益均衡，维护社会"底线公平"。在任何社会中，一定的社会分化和利益差距是一种客观存在，它是社会正常运行和发展的前提和基础。但是，在市场经济条件下，由于社会分化及贫富差距的扩大，导致利益主体的多元化、利益冲突的显性化。当前，我国正处于社会转型期，社会结构深刻变化，利益格局深刻调整和变动，各类社会矛盾围绕经济和社会问题相互交织和渗透。可以说，我国正进入利益分化、利益博弈和利益冲突的时代。由社会分配不公和资源配置失衡引发的社会冲突和群体性事件大量涌现。在急剧的社会分化和利益博弈中，一部分社会群体由于在市场和社会竞争中失利而产生强烈的"被剥夺感"，这种被剥夺感有可能进一步转化成为一种复杂的社会心态，形成负面情绪和社会心理失衡，从而激发非理性的越轨行为和社会报复现象。近年来因飙车事件引发了人们对"富二代"现象的广泛关注与讨论。飙车事件的讨论已经超越作为一般交通肇事的范畴，而

---

① 刘学民：《网络公民社会的崛起——中国公民社会发展的新生力量》，载《政治学研究》，2010年第4期，第85页。

成为一个"社会镜像",透过飙车事件折射出的是人们对社会资源日益固化、社会两极分化以及富人傲慢的不满和愤懑心态。尽管我们不能完全用"仇富"、"仇官"的话语来指涉社会现实,但该事件在一定意义上表明由于市场化改革引发的阶层分化、贫富差距拉大、利益失衡正在造成社会的断裂和"板结化"。因此,在继续促进发展的同时,必须把维护社会公平正义摆在更加突出和重要的位置,调整和完善收入分配机制,提高劳动报酬在初次分配中的比重,再分配更加注重公平。加快推进以民生为重点的社会建设,促进基本公共服务的均等化,构建社会和谐有序运行的"安全网"、"减震器",让发展的成果更多地惠及城乡居民。

第三,加强和创新社会管理,防范和化解社会矛盾及风险,促进社会和谐稳定。在计划经济年代,国家对经济社会生活实行事无巨细的统一控制和管理,政企不分、政社合一,政府几乎承担所有社会职能,并通过单位制实现社会资源的计划配置及组织化调控。市场化改革冲破了计划经济高度集中和整齐划一的组织与管理体制,随着社会经济成分、组织形式、就业方式、利益格局和分配方式日趋多样化,"单位人"逐渐向"社会人"过渡,原有的行政吸纳社会的组织与整合机制日益难以为继。在体制转轨和社会转型期,由于社会管理理念、机制、方式的滞后,导致社会秩序紊乱,社会越轨行为和失范现象丛生,严重威胁社会安全及政治稳定。正如恩格斯所说:"政治统治到处都是以执行某种社会职能为基础,而且政治统治只有在它执行了它的这种社会职能时才能持续下去。"① 在新的时期,必须改变过去经济和社会建设"一条腿长、一条腿短"的状况,加强政府社会管理和公共服务职能,更新社会管理理念,实现政府职责和功能定位从管理到服务的根本性转变,并通过服务来体现和促进管理。在发挥政府主导作用的同时,充分调动城乡社区组织、社会团体、行业协会、志愿组织在反映民众呼声、倾听群众意愿、化解社会矛盾、维护公民权益等方面的积极性,形成科学有效的利益协调机制、诉求表达机制、矛盾调处机制、权益保障机制,寻求政府与社会的合作善治及协同治理,从而维护社会稳定并实现社会公共利益的最大化。

最后,奉行包容性发展理念,在多元思想文化观念共存、各种异质性思潮相互激荡中重塑社会核心价值信仰体系及文化认同。在市场经济条件下,由于交通、通讯技术手段的进步,人们活动的范围逐渐超越时空的界限并摆脱在场的支配,即使生活在不同地区的人们也能同步共享世界任何地区发生的各种事件和信息。这种"现场感"在密切人们之间的经济和社会联系的同时,也带来一种大众社会的生活方式和消费主义文化。社会生活的趋利化、物质化及消费的"麦当劳化",使人们在获取物质感官刺激的同时,也引发了人们对个体存在的价值与意义的追寻。社会关系的原子化、精神

---

① 《马克思恩格斯选集》第 3 卷,人民出版社 1995 年,第 523 页。

生活的荒漠化造成现代社会的整体性认同危机。卡尔·波兰尼认为，完全自由的市场只是一个神话。在人类社会的早期，人类的经济活动是作为互惠、分配的形式存在的，自由市场将这种关系颠倒了过来，经济"脱嵌"导致传统伦理社会的终结。① 他告诫和启示我们：在经济繁荣的背后，必须高度重视由市场化改革引发社会精神伦理、文化及人们思想观念的变化，尊崇开放和包容的理念，在多元化、多样性的价值和文化中重建社会的核心价值和主流文化，从而在相互竞争和冲突的各种思想观念中寻求社会共识，直面现代性条件下人们的价值迷失与社会认同危机。

---

① ［英］卡尔·波兰尼：《大转型：我们时代的政治与经济起源》，冯钢等译，浙江人民出版社2007年版。

非政府组织参与公共危机管理：
功能转换及其实现[*]

王金叶 解 蕾[**]

摘 要：政府是公共危机管理的核心主体。作为弥补政府失灵和市场失灵的机制，非政府组织参与公共危机管理需要恰当的功能定位。在经验的层面，非政府组织参与公共危机管理并非是替代政府组织，而是要同政府达成有效合作，并创新合作机制。

关键词：公共危机管理；政府；非政府组织；合作

一、公共危机管理的困境：不确定的非预期结果

美国学者罗森塔尔认为，所谓危机就是对一个社会系统的基本价值和行为准则架构产生严重威胁，并且在时间压力和不确定性极高的情况下，必须做出关键性决策的事件。根据危机出现的领域，按照危机对社会秩序破坏的程度分为两类，一类是私人领域的危机事件，一类是公共领域的危机事件。公共领域的危机事件以"公共"为其本质属性，是在公共领域内发生的危机，一般影响范围较大，社会秩序破坏严重，影响到公共利益。[①] 公共危机管理则是为了避免或减少危机所造成的损害而采取的危机预防、事件识别、紧急反应、应急决策、处理以及应对评估等管理行为与过程，是一种有组织、有计划、持续的动态过程，政府和其他社会组织采取措施防止可能发生的危

---

[*] 基金项目：本文为国家社科基金项目《非营利组织参与公共文化建设的政策激励研究》（12BGL13）；上海市教委社科创新项目《大都市社会管理中的社会组织参与研究》（BR518365）的阶段性成果。

[**] 王金叶，华东政法大学行政管理专业硕士研究生。主要研究领域：基层公共管理；解蕾，上海交通大学国际与公共事务学院博士研究生，主要研究领域：非营利组织管理、社区治理。

[①] 薛澜、张强、钟开斌：《危机管理——转型期中国面临的调整》，清华大学出版社2003年版，第25页。

机，处理已经发生的危机，以达到减轻损失，甚至将危险转化为机遇，维护公共安全，保护公民的人身权和财产权的管理活动。① 简而言之，公共危机管理就是对公共危机的管理，是对公共危机所呈现出的特点、类型与生命周期进行控制的过程。

公共危机具有比较明显的非预期性特征，即危害性、不确定性、突发性、社会性和决策的非程序化等。② 其中社会性是指危机的"涟漪反应"，危机的出现不是孤立的，而是多种因素共同作用的结果；反过来，危机一旦发生，其影响就不局限于危机本身，而且会促使其他危机的生成，至少有诱导并发危机的趋势。正是由于公共危机事件所带来的突发性、不确定性和危害性，导致公共危机事件的应急管理与正常时期的日常管理之间有着较大的差别。国内有学者以"非传统安全"（non-traditional security，简称NTS）概念指称公共危机管理的非常规性，③ 其广泛的因果关联使这种非预期性体现得尤为突出：

首先，公共危机的诱发因子具有非预期性特征。公共危机的管理客体、管理环境以及危机诱因等方面涵盖多个领域，甚至同一种类别的公共危机中又包含着各不相同的危机类别，比如自然灾害中的危机形态千差万别，突发公共卫生事件中有些事件是能够确定危机诱因的，而有些则有可能是首次出现且无法明确诱因的公共卫生事件。因此公共危机管理不仅具有时间敏感性，还是一项需要针对不同类别的公共危机采取不同管理方式与应对措施的管理过程，因此也是一种具有知识敏感性的管理过程。一旦知识不足，则会加剧危机应对结果的不确定性。

其次，公共危机管理的过程无法预期。危机的特发性与紧急性决定了公共危机管理是一种应急管理：与常规管理不同，危机管理要在人、财、物等资源的非充分条件下做出快速决策，必须在信息缺失、时间紧迫、无章可循的情况下做出非常规和非程序化的决策。一旦公共危机蔓延到严重地步，其破坏性决定了公共危机管理不仅仅是针对某一危机事件的管理，而且是一个长期的持续性管理过程。当然，公共危机管理过程的非预期性是相对的，不断积累的经验能够对类似的公共危机事件提供管理案例参考。

最后，应对危机的管理要素充满非预期的变数。联合国国际减灾署在总结世界危机管理的经验基础上，提出有效应对公共危机需要四大要素：风险知识、监测和警示服务、宣传沟通、应急能力。但是公共危机的不确定性决定公共危机管理带有明显的

---

① 胡税根、余潇枫：《公共危机管理通论》，浙江大学出版社2009年版，第16页。
② 王冬芳：《非政府组织与政府的合作机制：公共危机的应对之道》，中国社会出版社2009年版，第25页。
③ 余潇枫、李佳冰：《冻雨雪灾害折射我国危机管理之痛》，载《观察与思考》，2008年第5期。

非常规管理特征,公共危机根据不同维度可以划分为不同类型,危机形态千差万别,相应的风险知识也极其复杂。监测和警示服务与危机的生命周期直接相关,全球化背景下各方面因素相互交织,宣传沟通与应急能力虽有所提升,但是公共危机的影响规模与程度也随之扩展,可控性也随之降低。因此,应对公共危机的管理要素也充满不确定性。

二、弥补"政府失灵":非政府组织参与公共危机管理的功能定位

政府是公共危机管理的核心主体,政府产生的根由即在于促进社会秩序和安全,包括对各种公共危机必须采取果断、可行的应对措施,否则就将从根本上损害政府存在的合法性根基。身为公共危机管理主体的政府在公共危机管理中扮演着科学决策者、信息发布者、主动作为者、常态管理者和系统思考者等重要角色。但是,这并不意味着政府能够包揽公共危机管理的所有事务,因为政府也存在失灵的可能与无奈。

(一) 非政府组织参与危机管理的理论基础

理论上,这是因为政府在公共危机管理中存在着自身难以克服的弊端和缺陷,主要表现为:

1. 政治动员与行政动员"难以为继"。公共危机管理往往需要运用组织的集权与政府的强权,因此政治动员与行政动员是政府公共危机管理运用的主要方式。政治动员是当危机事态已经超出了行政系统的控制能力并危机到公众利益甚至国家秩序的情况下,在政治主体的号召、宣传与鼓动下,运用整个政治系统在各个领域范围内的能量来说服、劝导,甚至强制政治团体成员或其他社会成员的认同、服从、配合与支持,从而实现危机管理目标。而行政动员则是政府行政机关凭借其科层等级机构,运用行政体系资源而进行的宣传、号召、发动与组织,以实现危机管理目标的一种方式。这种依靠政府权力资源,通过科层制的权力结构,通过自上而下方式所展开的动员方式也存在一定的缺陷与弊端。一是政治动员与行政动员是依靠全民动员和全社会动员来应对危机。这种高度一致的行动方式只能在有限的事件内,在公共危机管理的特殊阶段所采取,无法长时间持续运用。如果长时间运用,打破社会的整体结构,必将引起结构性失效问题。二是政治动员与行政动员的手段激烈,受到合法性挑战。政治与行政动员的根本目的是通过控制达到社会行动的一致性。其手段与方法往往采取强制性的控制手段,而不会针对具体的、个别情况作出任何妥协或让步。在强大的政治压力下甚至有些时候会采取一些不合法律规定和法定程序的极端手段。

2. 官僚制的效率悖论与"有组织地不负责任"。官僚制的规则至上、层级节制以及职能分工都是政府在危机管理中所具有的优势与资源。但这也成为导致政府危机管理中无效率和责任缺失的主要因素。依据层级节制原则，官僚制内部的组织结构是一个金字塔形的结构，各个层级按照权责体系形成统一指挥的命令线条。但是随着管理层级的增加，命令线条的拉长，以及决策层的不断上移，加之各职能部门的专业化分工，使组织内的信息流动以及整合出现滞缓、不充分的现象。信息的滞缓以及不充分直接影响到决策的质量，尤其在公共危机的应对中，会直接影响到应对危机的速度与处置能力。同时，公共危机还呈现出由单一性危机转为复合型危机的特点，每一种危机事件同时都可能引发其他的衍生灾害或是危机，公共危机管理是一个需要中央与地方、横向职能部门之间进行合作与协商的过程。但是，政府的"条块"分割却阻碍了管理效率，成为效率壁垒，与官僚制的效率初衷完全相悖。面对公共危机，政府内部纵向层级与横向部门之间的关系顺畅与否成为政府应对危机的关键性要素。

3. "全能政府"的消极影响。公共危机的预防、应对处置与恢复重建等诸阶段都需要强有力的物质支撑系统，需要大量的人力、物力、财力资源的调动与支持，以快速应对危机，恢复正常的社会生活秩序。但是在恢复重建的过程中，不仅涉及物质资料的恢复与重建、社会秩序的恢复与重建，还包括受危机影响人员的安置与支持，以及心理健康的恢复等，是一个需要长期投入多样化服务的阶段。因此，虽然政府在人力、物力和财力方面具有明显优势，而且在危机管理中承担着义不容辞的责任，但是"全能政府"理念下的公共危机管理，势必在给政府带来强大的财政负担的同时，会影响到危机管理中各项公共服务提供的效率与质量，无法满足社会所需要的多样化、具体化、高质量的服务需求。

4. 公共危机管理中的多样化需求凸显出政府的局限性。公共危机管理可以看做是对危机的管理，其管理客体是对社会系统的基本价值和行为准则架构造成了严重威胁的危机事件。但仅仅是单一、静止不变的管理客体也是一个含有多种影响、多种变化、涉及众多方面的系统化、复合型的危机事件。虽然公共危机管理是针对危机客体的管理，但由于其对于人生命安全与正常生活的潜在破坏力以及其所具有的多变性、复杂性和系统性，使得政府原有的官僚制、依靠强制力运行的动员方式与干预方式，以及政府管制与命令的合法化要求，都无法适应危机事件中弹性化、多样化的需求。尤其是面对众多不同的受到危机事件影响的个体而言，这些个体需求不同、情况不同，因此政府固化的组织结构、制式化的规则规定以及统一化的行动方式都无法适应危机客体的现实需要。政府在公共危机管理中只能针对普遍情况采取标准化和统一化的管理方式，提供基本服务。而无法根据地区差异、受危机影响的差异、危机衍生性差异，以及受危机影响个体的差异提供差别化、个性化的服务。

（二）合作：非政府组织参与公共危机管理的理性选择

填补政府在公共危机管理中的功能缺位是非政府组织的定位，而合作则是非政府组织参与的理性选择。[①] 这是因为，非政府组织以社会信任为基础，以公益性和志愿性为保障，以自下而上的民间性动员方式来提供产品与服务。总体而言，非政府组织具有四种基本的社会功能，即资源动员、公共服务、社会治理和政策倡导[②]。资源动员功能体现为其所具有的慈善动员能力以及志愿服务动员能力；公共服务功能是不同于政府与市场的解决社会问题和满足社会公共服务需求的治理机制；社会治理功能体现为公民通过自主形式结社权而共同表达利益诉求与权利意识；政策倡导功能是通过媒体与舆论对政策过程施加影响，以及直接参与立法与政策制定过程等方式影响政治过程的能力。但是在全球化背景下，跨区域跨领域的公共危机管理极其复杂，而NGO的这些功能尚不能满足危机管理的需要。

政府组织具有强制性公共权力的资源优势，以及自上而下的行政官僚体系的组织资源优势，特别是在公共危机管理中，政府组织以法律政策等合法性权威作为基础，以强制力为保障，以自上而下的行动命令和政治动员为方式，决定其在公共危机管理中发挥着不可替代的作用。再基于危机管理的新特性，使得公共危机管理带有明显的不确定性和风险性，因此非政府组织要加强与政府的联系，也是应对公共危机的理性选择。通过这种沟通与互动，双方能够较好地抑制各自内在的弊病，使政府维护的普遍利益和非政府组织维护的特殊利益得到符合总体发展趋势的平衡。

三、国外公共危机管理中政府与非政府组织的合作模式

（一）英国的整合型公共危机管理模式

以英国为代表的政府与非政府组织的合作机制并没有通过公共危机管理的法律制度、计划以及建立专职机构对其实行制度化保障和组织性保障，并没有指定公共危机的专项制度对政府与非政府组织之间的合作范围、合作基础与合作支持等方面做出针对性规定，政府与非政府组织的合作融合在双方日常的合作关系之中。所以将其称为

[①] 吴新叶：《灾害管理中的非营利组织参与：政府规制的限度与取向——以美国为对象的比较研究》，载《社团管理研究》，2011年第4期。

[②] 王名、刘求实：《中国非政府组织发展的制度分析》，见《中国非营利评论》（第一卷），社会科学文献出版社2007年版，第107页。

"框架式"的合作模式。虽然缺乏制定化的规定，但是非政府组织通过其他参与方式与路径来发挥相应作用。英国框架式合作模式的特点主要表现为：

首先，雄厚的非政府组织资源是框架式合作模式的保障。

非政府组织的资源基础是政府与非政府组织开展合作的根本保障，即使不存在两者合作的制度化规定，但是广泛存在的、雄厚的非政府组织资源以及由此形成的社会资本，也会成为政府公共危机管理中重要的社会支撑系统。非政府组织自由结社过程中所形成的公民精神、自治精神、社会信任以及平等开放语境下的协商与沟通都是政府在公共危机管理中的先天性资源，会成为政府应对危机的强有力的支柱。

其次，政府与非政府组织形成的良好合作互动关系是框架式合作的基础。

英国的危机管理体系较为注重中央、地区与地方层级之间的合作与协调，以及政府各部门之间的合作关系，在其重要的《国内紧急状态法》中并没有对非政府组织参与公共危机管理以及与政府的合作机制做出相应的规定。但在英国 2005 年发生的伦敦地铁爆炸案中，很多与应急救援方面相关的志愿组织快速行动，还有类似于紧急事件计划协会这样参与任何形式的危机、紧急事件或灾难规划和管理人员的专业性志愿团队。虽然英国并没有对公共危机管理领域中政府与非政府组织之间的合作制定专项性合作框架或合作协议，但是《政府与志愿及社团组织合作框架协议》（The Compact on Relations between Government and Voluntary and Community Sector）以及政府与非政府组织在其他公共服务领域的合作关系却成为公共危机领域中双方展开合作的基础，构建基本的制度保障和平台。

再次，框架式合作模式中的政府与非政府组织关系是相互独立下的共同发展，是"共赢"的理性选择。

英国政府与非政府组织的关系经历了从相互独立到相对依赖，再到合作伙伴的变化。非政府组织的独立以及公民社会相对于国家的独立性是英国一直坚持的理念，因此在英国非政府组织的管理体制中以及在《政府与志愿及社团组织合作框架协议》中，都极力强调非政府组织的独立原则，弱化政府对于非政府组织的干预与控制。从英国政府的经费支持比例来看，政府支持比例较大的是教育领域，而在文体休闲组织和专业团体活动等方面主要依赖于会费收入，而大部分与危机管理相关的非政府组织都属于依靠会费收入的文体休闲组织和专业团体。可见在框架式的公共危机合作模式中，政府与非政府组织之间相互较为独立，政府的主导性以及干预性较小，是一种基于平等基础上的合作伙伴关系。[①]

[①] 王冬芳：《非政府组织与政府的合作机制：公共危机的应对之道》，中国社会出版社 2009 年版，第 62 页。

（二）美国的动态型公共危机管理体系

美国公共危机管理价值理念的变化可以分为三个阶段：突发事件的分散管理、重大灾害国家干预时期；突发事件的集中有序管理时期；以国家安全保障为重点的整合协调发展阶段。"9·11"事件之后的公共危机管理体系更加注重整合协调，并从侧重与事后应急救援转变为侧重事前的预防管理；从重点为自然灾害救助转变为为国家的安全提供保障。在长期的实践中，美国建立了以法律体系完备、组织结构完善和应对网络完整为特点的公共危机管理体系。

美国公共危机管理的组织体系主要包括联邦政府与州、地方政府之间的关系，以及公共危机管理专职机构与辅助机构之间的关系两方面。美国公共危机管理体系的基本特点是：统一管理、属地为主、分级响应、标准运行。这集中体现了美国公共危机管理中的组织运行特点。从纵向层面上看，美国联邦政府与州政府、地方政府遵循金字塔原则，强调地方政府的基础性作用，同时强调个人和社区在公共危机管理中的特出作用。除此之外，美国公共危机管理中能够保障纵向各级政府之间的协调运行以及各政府职能部门之间有效运转的关键是美国专门应急管理机构的设立，包括国土安全部、联邦紧急事务管理署、国家安全委员会以及联邦调查局和中央情报局等机构。

在美国公共危机管理的全面应对网络中，政府一直不是唯一的主体。公共危机应对网络不仅包括美国政府通过法律建设以及组织机构建设所协调整合的政府纵向层级与横向部门之间的关系网络，还包括了志愿者组织、私人机构、国际资源等主体在内的网络化管理。建立包括政府、非政府组织、私人部门以及国家组织之间的协调机制也是美国公共危机管理体系的重要内容。[①] 美国通过制定各项法律规范和响应计划，不断提高社会的应对能力，提高民众的心理与实际应对能力，加强民众的自救与互救能力，强化其公共危机的应对网络建设。

（三）日本的综合型公共危机管理体制

日本是一个灾难多发的国家，因此很重视防灾减灾体系的建设，逐步形成了综合性的国家危机管理体系。一是完善危机管理的法律规范。日本阪神地震显示出《灾害对策基本法》，在应急处置的决策机制、危机应对的合作机制、志愿者的参与应对机制以及信息收集与传播等方面还存在问题。日本不仅修改了基本法，还制定了《地震防灾对策特别措施法》、《受灾街区恢复特别措施法》、《关于对应阪神淡路大地震的特别

---

① ［美］萨拉蒙：《公共服务中的伙伴》，田凯译，商务印书馆2008年版，第154—168页。

财政援助资助的法律》的等法律文件，设立内阁信息中心，加强内阁的危机管理功能[①]。二是强化内阁危机管理体制。阪神地震后，日本加强了首相的危机管理指挥权和内阁官方的综合协调权，提高了危机管理机构和中央防灾减灾机构的地位及功能，形成了"防灾减灾——危机管理——国家安全保障"三位一体的系统，形成了以内阁行政为主导的危机管理体制，在防灾减灾与国家安全保障之间起着综合协调作用。

日本政府认为防止灾害与减少灾害损失的根本就是必须要建立抵御灾害能力强的社会与社区，因此日本政府大力提倡建立地区或是社区组织和居民自主结成的防灾市民组织。都政府负责给予市民防灾组织必要支持，区市町为市民防灾主体的培育主体，为这些组织提供互动场所与设备器材方面的支持。日本政府鼓励各种志愿者组织的发展，主要从宣传、提供训练场所和练习条件等方面提供支持。除此之外，还成立了许多群众自发组织的防灾赈灾团体，如消防团、妇女防火俱乐部、少年防火俱乐部等。日本面对灾难应对，在公私合作以及地方城市之间的协作方面均采取了灾前合同制的形式。通过与有关企业、事业、行会、地方兄弟省市、志愿者签订灾害救援合作协定，来形成法制化的公私灾害救援合作关系和与地方政府之间的相互救援合作协定[②]。

四、非政府组织参与公共危机管理的机制：合作的方式与实现

（一）合作前景取决于社会转型的进度

我国是一个由"权力中心决定制度安排的基本架构，并遵循着自上而下制度变迁"的国家[③]，因此我国政府与非政府组织的关系是不对等的，政府对于非政府组织是抱着鼓励发展却又强化行政管理与政治限制的谨慎态度，二者的关系既有合作，又有冲突。政府与非政府组织是社会治理的两大主体，公共危机管理中政府与非政府组织的合作基础是非政府组织的发展规模和政府的合作意愿与支持；而政府与非政府组织的合作空间与结构划分以政府与非政府组织的关系定位为主要依据。政府与非政府组织合作策略的选择，决定了政府与非政府组织之间的互动与张力，公共危机管理中二者的合作机制将是一个复杂、动态、具体的过程。

我国社会结构的转变过程可以以改革开放为分割点分为"总体性社会"与"后总

[①] 王冬芳：《非政府组织与政府的合作机制：公共危机的应对之道》，中国社会出版社2009年版，第70页。
[②] 赵成根：《国外大城市危机管理模式研究》，北京大学出版社2006年版，第22页。
[③] 刘祖云：《政府与非政府组织关系：博弈、冲突及其治理》，载《江海学刊》，2008年第1期。

体性社会"两个阶段。目前社会结构处于由总体性社会向后总体性社会转型的过渡阶段，政府虽然开始了"放权让利"的过程，但是国家权力仍然具有强势的影响力，对资源配置发挥着主导作用，对非政府组织的管理仍然采取的是以控制和一体化倾向为特点的双重管理体制，受到总体性社会发育不良的限制和政府双重管理体制的影响，我国非政府组织表现出"官民二重性"的普遍特征，国家性和行政化严重，而独立性、民间性和自主性较差，并在总体上呈现出发展规模受限、经费不足、组织绩效低下的问题。理论上，政府与非政府组织在相互独立的基础上，以平等的身份，源于资源优势与功能互补而开展的一种组织互动方式。具体而言二者的合作关系应该建立在目标一致、相互信任、资源与功能互补、相互的独立与对等。由于我国政府与非政府组织之间合作关系在很大程度上取决于政府所让渡的空间，以及政府进行合作的愿望与能力，因此公共危机管理中政府与非政府组织合作的可能空间要依据危机类型与危机管理阶段而具体分析。

（二）从"拾遗补缺"到"合作伙伴"：非政府组织参与公共危机管理的功能转化

政府与非政府组织作为在组织资源、运行规则、提供服务方式等方面都明显不同的两种组织，各自在一定范围内展现出不同的功能优势，同样也在其他方面表现出某种功能劣势，比如政府失灵与志愿失灵，因此两者有深厚的合作基础。从功能优势来看，非政府组织具有公共服务功能与政策倡导功能，其优势源于其本身所具有的组织性、民间性、非营利性、自治性和自愿性。我国政府在公共危机管理过程中是一种"全过程的划桨者"和"全过程的行政化"的包揽型政府，政府承担了公共危机管理从预防到恢复重建各个阶段的全部需求与责任，所以出现应接不暇与一种无力满足的现象。而在公共危机管理领域，非政府组织的功能优势则主要体现在贴合社会、获得信任以及服务提供弹性化方面的优势，所以在保障受灾人群的基本权利、信息交流与协调、按实际提供援助、筹备资源以及志愿者参与、持久性服务、培训、提出政策倡议等方面发挥了重要的功能和作用。

公共危机管理中政府与非政府组织合作机制构建的理想状态是能够依据政府与非政府组织所具有的不同功能优势来界定二者的功能边界，并以此为基础相互作用，展开合作。但目前我国政府与非政府组织在功能范围和功能界定中的关系是补充关系，这种"拾遗补缺"关系是为了弥补政府失灵并补充政府无法触及或是不能满足的领域，这种功能定位中所隐含的假设便是除了拾遗补缺之外，在现有的政府职能范围之内或者说在政府没有让渡与许可的空间范围内排除了合作的可能。因此在这种功能定位下，政府与非政府组织这种的合作范围非常有限，合作的广度与深度明显不足，非政府组织所发挥的功能仅停留在危机的应对与处置以及恢复和重建阶段。而非政府组织在合作伙伴关系定位下的功能界定中，不仅可以在政府不能或无力的职能领域展开合作，更为关键的是可以采取各种合作方式在政府"有力"的职能领域也展开合作。从国外的经验来看，全民危机意识的培养、专业志愿者队伍的培训与建设、危机知识与应对危机能力的培训、信息的收集与协调、应急物资的储备与使用、救援物资的发放与监督等很多具体方面，非政府组织都发挥着重要作用，并以各种具体方式与政府展开广泛的合作。因此，要建立这种合作伙伴关系的功能界定与合作，就必须转变政府的危机管理职能，减少"划桨"过程，增加"掌舵"职能。

（三）创新非政府组织参与公共危机管理的合作方式

1. 购买服务

目前，公共服务领域政府与非政府组织合作方式的一种形式便是购买模式。政府与非政府组织通过契约关系，由非政府组织提供公共服务，政府支付资金。贾西津认为政府与非政府组织之间服务购买的合作方式最为重要的因素有两项：一是协议双方的主体独立性；二是协议达成过程的竞争性，并以此为基础可以将我国政府向民间组织购买公共服务的模式分为三种：形式化购买模式、非竞争性购买模式和竞争性购买模式。① 公共危机管理过程中需要大量的公共服务，除了在危机应对与处置阶段所需要的各项资源服务、特殊群体服务、医疗服务、救援服务、心理救助等方面的公共服务需求之外，在公共危机管理的预防阶段还需要教育、培训等方面的服务，在恢复重建中也需要残疾人与弱势群体的服务、社区建设的服务、长久性心理恢复服务等。因此公共危机管理与公共服务有很大的交叉空间，政府与非政府组织在公共服务领域所形成的购买式合作方式完全可以适用于公共危机管理领域中公共服务合作需求。

2. 规范的项目管理

从国外的合作经验来看，以美国为代表的很多国家在公共危机管理的基本法律法规中都积极肯定了非政府组织在公共危机管理中的功能与作用，并对非政府组织在公共危机管理中基本职责与义务做出了具体规定，为非政府组织在公共危机管理中的参与提供了基本的法律保障。我国在《突发事件应对法》中也对社会参与机制做出了相应的规定，为非政府组织的参与提供了法律依据。除此之外，建立日常的合作机制更为关键，在日常的合作计划之中不断提升各自的危机应对能力以及合作能力，并且通过具体的危机合作计划来不断提升全民的危机意识以及危机应对能力。制定日常的专

---

① 贾西津：《民间组织与政府的关系》，见王名主编：《中国民间组织30年——走向公民社会》，社会科学文献出版社2008年版，第205页。

项合作计划是提升危机应对能力,保障有序合作的重要方式。对于社会而言,专项合作计划的开展以及实施可以有效提升全社会的危机意识,普及危机知识,提升危机应对能力;对于非政府组织而言,一方面可以提升非政府组织应对危机的专业能力与知识,另一方面通过专项计划可以预演政府与非政府组织的合作过程,从而保证公共危机应对中的有序参与、有序合作;对于政府而言,通过专项计划可以培养非政府组织承接政府所转让职能或是委托事务的能力,为政府的职能转变奠定基础。

3. 制度化的组织安排

建立正式的组织渠道是保证合作有序开展的制度化载体。综合分析起来,政府与非政府组织合作中产生的问题,究其根源在于我国应急管理体制中缺乏专门联结政府与非政府组织合作的机构设置与组织安排。从国外经验看,政府会在应急管理组织体系中设置专门的主责机构,旨在强化政府与非政府组织合作的专项计划与合作指导,并与非政府组织的协调机构保持日常的紧密联系,就公共危机管理中政府与非政府组织的具体合作事项开展各项活动与工作。保证合作渠道畅通的组织设置不仅局限于政府的机构设置,还可以将一些公信力较高、危机管理职能较为突出的非政府组织作为政府与非政府组织功能联结以及非政府组织力量整合的联结点。如果要加强政府与非政府组织危机应对中的整体合力,就必须理顺二者的合作渠道,提供正式的组织渠道与合作平台,保证合作的有序开展。

(四) 建立综合协调的合作沟通机制

公共危机事件往往是一个复杂的社会问题,它往往涉及政治、经济、社会生活等多个领域,或者可能涉及多个相对独立的行政区域甚至整个社会。公共危机管理通常不是一个政府部门或某一个地方政府就能够有效完成的,它需要各个部门、各级政府的共同努力,需要政府内部各种资源的协调与整合。而在我国全能政府模式下政府作为唯一危机应对主体面临诸多现实困境,在应急管理的组织体系和制度架构上也缺乏高效的协调性。因此建立一套合理的公共危机管理综合协调机制,有助于把各级各类机构组织起来,形成一个有机的公共危机管理系统,使各部门机构相互协调,保证公共危机管理活动高效有序地进行。

由于各种危机事件往往都始发与地方,因此,应对公共危机事件的关键之一就是要求中央、省、市、县、乡等各级政府之间信息畅通与协同配合。在政府内部有效协调的基础上,加强与非政府组织等在危机管理和应对中的协同运作机制。因为非政府组织具有与民间社会结合紧密、公益性强等特点,直接接触公民,有时也直接接触公共危机相关信息,加上其特有的功能和使命,在国家与社会之间、国家与个人之间、社会转型的稳定和发展间起到良好的缓冲作用。但在扩大其权力的同时,要加强监管,避免其偏离公共目标，提高政府体系在公共危机管理中的协调性。唯有政府与非政府组织通过互动、补充来达到危机合作治理，才能推动两者在联动战略导向上的发展，以便更有效地发挥各自的优势，从而实现社会公共效应最大化的治理效果。

校车安全事故与政策过程：多源流理论的视角*

刘伟伟　潘晨骊**

摘　要：本文以多源流理论为视角，探讨校车安全事故及引发的校车安全政策的制定过程。以甘肃庆阳重大校车事故为标志，多地、多起重大校车事故接连发生，构成了问题源流。社会各界特别是媒体人士和智库专家提供了多方面的政策意见，构成了政策源流。维稳"大局"、官员晋升压力和国民情绪，构成了政治源流。温家宝总理要求国务院法制办迅速制定出安全条例的要求，促使《校车安全条例（草案）》被提上议程。在此过程中，外部推动者为媒体；动员者为人大和政府；内部推动者为智库、校车生产企业和先行先试的地方政府。三方合力推动了《校车安全管理条例》的出台。

关键词：校车安全事故；政策过程；多源流理论

一、引言

校车安全问题的产生有多方面的背景。在城市地区，由于城市化进程的加快，城区一扩再扩，许多居民的居住地距学校集聚的中心城区越来越远，越来越多的学生面临上下学交通难的问题[①]。考虑到学生年龄偏小，许多家长无法保证每天按时接送，校车无疑是学生交通安全的重要保障。在农村地区，大量农村劳动力携子女涌向城市，导致农村学校生源不断减少。为了避免教育资源的浪费，政府运用撤点并校的方法集

---

* 基金项目：上海市教委"上海高校选拔培养优秀青年教师科研专项基金"项目（SZ110007）；上海市教委科研创新项目（12YS177）；上海政法学院青年科研项目（QZ20121002）。

** 刘伟伟，南开大学政治学博士，上海政法学院国际事务与公共管理学院讲师，复旦大学公共管理博士后，主要研究领域：政治传播、社会运动。潘晨骊，上海政法学院政治学学士。

① 丁芝华：《发展我国校车市场的关键路径：立法先行》，载《中国公共安全·学术版》，2010年第1期。

中优化农村的教育资源。1998 年至 2007 年，总共有 28.965 万所学校被撤点①。教育资源虽然集中了，但也间接导致了安全隐患。2011 年发生重大校车事故的湖南省衡南县、甘肃省正宁县、江苏省丰县等均为教育条件相对落后的地区，也是实行"撤点并校"政策的地点。

在校车安全事故引发社会和决策层重视之前，安全隐患一直存在。首先，对校车安全均缺乏足够的重视。在 2011 年之前，为了应对校车安全危机，政府有关部门也曾出台《中小学幼儿园安全管理办法》②、《机动车运行安全技术条件》③ 等相关法规，试图对校车管理做出初步规范。然而这些《中小学幼儿园安全管理办法》或《机动车运行安全技术条件》只规定了最基础的安全技术标准，且未得到有效的执行。其次，多头监管与管理存在盲区。校车管理涉及教育、公安、安监等诸多部门④，造成了多头平行管理的局面。由于各个部门权责交叉、缺乏配合，必然产生管理盲区⑤，甚至相互推诿。如何建立符合我国国情、切实可行的校车管理制度，保证广大学子的乘车安全，成为当务之急。

根据政策科学的多源流理论，（政策）系统中存在着三种源流：问题、政策和政治。每一个概念具有自身的动力和规则，三者的结合使一个问题获得政策制定者高度关注的可能性大大提高。⑥ 本文即以多源流理论为视角，探讨校车安全事故及引发的校车安全政策的制定过程。

二、多源流理论的分析框架

多源流理论试图解释为什么某些问题的议程受到决策者的注意，另一些却被忽略了。该理论把政策过程看成是由行为者和过程的三个源流组成的：由各种问题的数据以及各种问题界定内容所形成的问题源流；涉及政策问题解决方案内容的政策源流；由各种选举活动和被选举官员组成的政治源流。各种源流通常相互独立运作，只有当

---

① 数据来自教育部公布的 1998 年至 2007 年的《教育事业发展统计公报》。
② 《中小学幼儿园安全管理办法》，2006 年 6 月 30 日由教育部、公安部等联合颁布，第 26 条对校车问题进行了初步规范。
③ 《机动车运行安全技术条件》，是我国颁布的首部有关校车的国家标准。
④ 丁芝华：《我国校车安全管理的现状、问题与完善对策》，载《中国公共安全·学术版》，2010 年第 4 期。
⑤ 王颖懿、陈翠萍：《堵上校车安全管理漏洞》，载《交通企业管理》，2008 年第 5 期，第 6—7 页。
⑥ ［美］保罗·萨巴蒂尔：《政策过程理论》，彭宗超译，生活·读书·新知三联书店 2004 年版，第 97 页。

特定的"政策之窗"允许政策主导者将各种源流汇集时,才有可能发生重大的政策变迁。"政策之窗"常常出现在突发事件、政府换届、预算编制等时间点。①

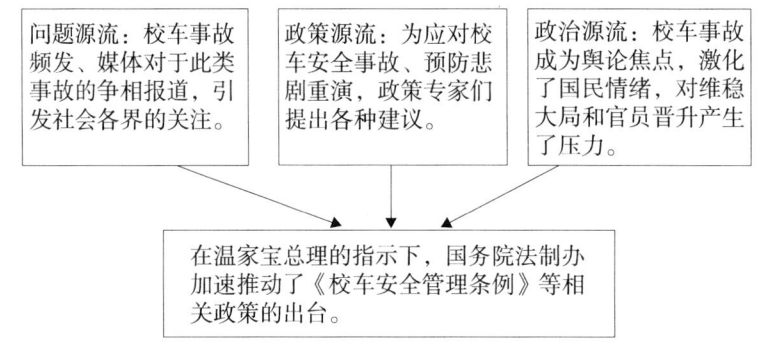

图 1　多源流框架下的校车安全事故及政策制定流程

借鉴多源流分析框架,可将校车安全事故及其引发的政策制定以流程图(见图1)呈现。2011年末,甘肃庆阳校车安全事故频发开启了"政策之窗",在温家宝总理的指示下,国务院法制办加速推动了《校车安全管理条例》等相关政策的出台。

三、问题源流

其实,2011年以前,也曾发生多起校车事故,但并未引起广泛关注。直到2011年甘肃庆阳等地连续发生多起重大校车事故,才激起社会舆论的高度关注。

表 1　2009—2011 年校车安全事故情况统计

事故发生时间		事故发生地点	死亡人数	重伤人数	事故原因	
					超载(可载/实载)	其他原因
2009 年	6月4日	重庆市万州区	1	10	—	—
	6月4日	重庆市璧山县	1	13	严重超载(数字不确)	—
	10月19日	湖南省娄底市	4	26	—	翻入池塘

---

① [美]保罗·A. 萨巴蒂尔:《政策过程理论》,生活·读书·新知三联书店2004年版,第12、97—100页。

(续表)

事故发生时间		事故发生地点	死亡人数	重伤人数	事故原因	
					超载（可载/实载）	其他原因
2010年一季度	1月17日	重庆市沙坪坝区	1	16	—	校车与货车相撞
	2月26日	江苏省如皋市郭园镇	1	0	7/26（超载19人）	—
	3月2日	浙江省台州市黄岩区	—	—	19/62（超载43人）	—
	3月4日	南京市江宁区	0	2	17/30（超载13人）	翻入池塘
2010年二季度	4月6日	广东省汕头市	10	14	—	与散装水泥罐车和小轿车发生连环碰撞
	4月13日	杭州市	—	8	—	与砂石车相撞，被埋
	4月19日	湖北省襄樊市	2	16	8/20（超载12人）	翻入阴沟
	5月19日	广东省潮州市潮安县磷溪镇	1	0	—	校车内窒息死亡
	5月21日	甘肃境内连霍高速公路	8	3	—	连环相撞
	6月24日	辽宁省锦州市黑山县胡家镇东岔村	2	7	—	校车被撞
2010年三季度	7月1日	广东省茂名市	1	—	—	校车内窒息死亡
	7月19日	广东省江门市	1	—	—	校车内窒息死亡
	7月31日	西安市	1	—	—	校车内窒息死亡
2010年四季度	10月28日	湖北省潜江市老新镇	0	13	7/23（超载16人）	与一辆卡车迎面相撞
	12月27日	湖南省衡南县松江镇东塘村	14	6	3/20（超载17人）	冲至桥下
2011年一季度	3月14日	北京市门头沟区	2	3	49/81（超载32人）	撞上施工围挡（司机十年吸毒史）
2011年二季度	4月14日	新疆维吾尔自治区	2	6	—	滑出公路

（续表）

事故发生时间		事故发生地点	死亡人数	重伤人数	事故原因	
					超载（可载/实载）	其他原因
2011年三季度	7月20日	大连市开金州新区金石滩凉水湾	0	17	—	与奔驰车相撞，两辆车均属违规行驶
	8月29日	海南省三亚市	1	0	—	校车内窒息死亡
	9月7日	山东省淄博市周村	2	20	8/26（超载18人）	遭大货车追尾
	9月13日	湖北省荆州市	2	0	—	校车内窒息死亡、校车非法改造
	9月26日	山西省介休市灵石县冷泉村	7	5	—	连环相撞
2011年四季度	11月16日	甘肃省庆阳市榆林子镇	21	43	9/64（超载55人）	与运煤车相撞
	11月26日	辽宁省凤城市宝山县	0	35	9/41（超载32人）	气温低、路面因降雨结冰，司机操作不当等引起的校车侧翻
	11月29日	河南省濮阳县八公桥镇	0	4	9/15（超载4人）	因雨雪天气道路湿滑，与一辆货车碰撞
	12月12日	广东省佛山市顺德乐从镇黎湖工业区	0	37	69/61（未超载）	与一辆货车拦腰相撞
	12月12日	江苏省徐州市丰县首羡镇	15	11	52/47（未超载）	为躲避三轮车发生侧翻滑入路边泥潭
	12月21日	云南省文山州丘北县	2	23	—	与一辆货车相撞
	12月24日	云南省广南县	7	7	8/14（超载6人）	司机操作不当、冲下山崖

根据表1的统计，校车事故的三大原因是：

（1）超载。表1所列32起校车事故中，共有13起涉及超载问题，其中，有4起超载30人以上，属于严重超载：2010年3月2日发生于浙江省台州市黄岩区的事故超载43人；2011年3月14日发生于北京市门头沟区的事故超载32人；2011年11月16日发生于甘肃省庆阳市的事故超载55人；2011年11月26日发生于辽宁省凤城市宝山县的事故超载32人。

（2）司机肇事。先前政府部门出台的关于校车安全的条例中，几乎没有对校车驾驶司机需要具备何种资质做出要求，以致校车司机从驾驶水准到人格素质皆参差不齐。有的校车司机持有的驾驶执照与其所驾驶校车并非同种型号。有的司机将自己的小客车乃至报废车非法改装，甚至有校车司机有吸毒史。如：2011年3月，在北京市门头沟区，一辆核定载客49人的客车，载着81名幼儿园师生，以98公里的时速撞上路边的施工围挡，造成一名男童死亡。此客车系某汽车租赁公司所有，而34岁的肇事司机竟有10年的吸毒史。

（3）教职员工失职。有6起是由于教职员工将学生遗忘在车内导致后者窒息而亡：2010年5月19日发生于广东省潮州市潮安县磷溪镇，2010年7月1日发生于广东省茂名市，2010年7月19日发生于广东省江门市，2010年7月31日发生于西安市，2011年8月29日发生于海南省三亚市，2011年9月13日发生于湖北省荆州市。这6起事故的遇难者多为3至4岁的学童，缺乏独立行为能力。只要教职员工加强责任心，履行好职业操守，悲剧本不该发生。

四、政策源流

校车安全事故发生后，社会各界特别是媒体人士和智库专家提供了多方面的政策意见。

（一）媒体建言

媒体对突发公共事件的议题传播分为四个阶段：（1）触发议题。曝光突发公共事件，使公众广泛知情。（2）强化议题。突发公共事件进入公众议程后，公众通过网络传播、人际传播等手段进行广泛讨论。媒体则在这一讨论过程中对议题层层推进。（3）提升议题。突发公共事件议题在经过充分讨论后，媒体对这些议题进行过滤和提升，在社会上形成一定的公众舆论压力。（4）议程转化。政府最终在公众舆论的施压下，将权衡后的突发公共事件议题纳入政策议程。① 在此次校车安全政策的出台过程中，媒体的上述角色得到了充分的展现：它们曝光了校车安全事故，通过持续不断的报道使之成为社会热点，与此同时，还提出了不少对于校车安全政策的建言，最终进入了政策议程。

多起校车安全事故，经由《南方周末》等媒体的广泛报道，迅速成为舆论关注的焦点。据不完全统计，2010年12月—2012年4月，《南方周末》首发（非转载）的涉

---

① 郎倩雯：《突发公共事件媒体议题传播与公共领域建构》，载《青年记者》，2010年第5期。

及校车安全事故的报道有14篇（如表2所示）。在传播消息之外，《南方周末》的报道侧重于：（1）追问校车安全事故的原因？（2）探讨校车安全运营的成功经验——既有美国的经验，又有中国本土的实践，如浙江德清和山东无棣。（3）对校车安全条例提出政策建议和期望。报道的作者既有《南方周末》的记者和评论员，也有教育专家，乃至学校学生（读者来信）。在《南方周末》等纸媒与电视、网络等多媒体合力，使校车安全事故成为2011年末、2012年初的社会热点问题，给政府部门施加了巨大的压力，推动了《校车安全管理条例》的出台。

表2 《南方周末》对校车安全事故的报道

报道时间	报道标题	报道主题
2010年12月28日	湖南松江镇校车坠河，14人死亡6人受伤	揭露了我国部分地区三流车作为校车接送学生的事实。
2011年9月15日	校车闷死两女童，为何悲剧一再发生在民办幼儿园	校车上缺乏教职人员监护，两名留守儿童由于司机忽略被留置校车内直至窒息身亡。
2011年11月21日	校车夺命后	在校车安全频频出现红灯的情况下，"停运"成了唯一治标不治本的方法，然而在"校规校车"停运后，学生上学难这一问题不可避免地显现出来。
2011年11月25日	浙江德清：一个县长推动的校车改革	如何在中国建立起"橘黄色特权"，在引进美式校车之后，建立并完善中国特色的校车安全管理制度。
2011年11月25日	山东无棣：企业买校车	与德清并作校车试点无棣县，承担两千多万购车费用的不是政府，而是无棣县民营企业——校通公共交通服务有限公司。
2011年11月29日	历史中驶来的橘黄色校车	美国校车发展史造就了美国校车成为最安全、最具特权的公车，安全作为其唯一考量始终是美国校车发展的首要要素。
2011年12月7日	安全校车怎么造？要法，也要钱	制造安全的校车不仅需要法律给予其相关技术标准，也需要投入资金，而目前，愿意以财政经费补贴校车费用的地方政府却寥寥无几。
2011年12月13日	美国校车，皇帝轿子般的服务	美国校车拥有健全的设计标准和规章，其安全系数是火车的4倍、飞机的6倍、其他公路车辆的9倍，更享有很多总统专车都没有的特权。
2011年12月15日	童年只有一次：江苏丰县校车侧翻事故	江苏丰县发生的车祸由于司机超车引起，但由于路窄湿滑、路基疏松，校车整个栽向水沟，车内的孩子们被挤压在一起、最终溺水窒息死亡。
2011年12月16日	不如"抄袭"成熟的校车条例吧	《校车安全条例（草案）》不妨先使用国际上已有的考虑周详的现成条例；
2011年12月24日	正宁覆辙里的丰县校车治理	甘肃正宁校车事故后，丰县采取新的"地毯式安全排查"，并叫停县里一切"接送学生车辆"，却未能避免事故再度发生。

(续表)

报道时间	报道标题	报道主题
2012年1月5日	【2012中国人最关心的十大问题】学童非正常死亡会直线下降吗	校车安全事故频频发生、一时间学童非正常死亡人数不断升高、《校车安全管理条例》的出台能否在根本上使学童非正常死亡直线下降成为了中国人最关心的十大问题之一。
2012年4月11日	校车条例颁布,专家呼吁明确投入	《校车安全管理条例》的出台,提高了校车运营的安全要求、意味着成本的增加。然而,运营校车的钱从哪儿来?校车的经费中央地方各承担多少,至今没有答案。
2012年4月18日	校车有力,就看你了	作者为徐州市一中学生,表达了当下不安全校车造成的人心惶惶,诸多师生宁可乘坐公交去学校,表达了早日能坐上安全校车的强烈意愿。

(二) 智库研讨

在媒体之外,为降低校车安全事故发生几率,制定出能预防校车事故的有针对性的对策,来自高校、企业和智库的专家们提出了诸多建言。

2011年12月19日,民间智库21世纪教育研究院召开《校车安全条例(草案)》(以下简称《草案》)意见征求研讨会。国务院研究室、全国人大教科文卫教育办公室,还有教育界的各位专家学者,以及来自汽车公司的代表和教育部校车试点地区之一的山东省滨州市无棣县教育局的有关同志,参加了条例的意见研讨。与会各位专家指出:第一,校车安全涉及源头治理的问题,即按照《义务教育法》的精神,保障学生就近入学。需要制定一个关于学生安全的总体草案,不仅仅包括交通安全。第二,《草案》要突出农村学生的交通安全问题。由于中国各地差异较大,还要因地制宜。鼓励各地根据自己的实际情况,探讨不同的校车管理和运营模式。第三,关于政府责任。最重要的是财政责任。其次,就是管理责任。但究竟应该由哪一级政府、政府的哪个部门来主导,还需要逐渐澄清。山东无棣县教育局副局长杨文治建议,《草案》一定要明确政府主导。因为校园安全是社会安全的问题,不单单是教育主管部门,也不单单是学校的问题。校车作为保证学生安全的新兴事业,应该给予极大的扶持。比如在财力方面要有明确的优惠政策,包括燃油补贴、财政扶持、购买一辆校车给多少的优惠政策等等。还有一点就是不能把责任都推给教育主管部门,更主要的责任在于交通部门。在考虑安全的同时还要考虑经济性,不浪费。黄海客车任薇建议,第一,解决专业校车采购问题。第二,解决校车监管问题。第三,解决政府投入问题。第四,解决运营成本问题。[①]

---

① 《〈校车安全条例(草案)〉意见征求研讨会》,21世纪教育研究院,2011年12月21日。

（三）共同意见

综合各方意见，大家都同意如下三点：

1. 研发和推广符合安全标准的校车

在中国尚未有完备的校车制度的背景下，首先可以借鉴美国的经验。根据美国交通部联邦机动车运营安全署网站（www.fmcsa.dot.gov）的公开资料，美国共有3项专门针对校车安全的联邦标准：联邦汽车运输安全管理第131项标准：《校车行人安全装置》规定，在校车停止、学生上下车时，需有明显的安全标志，以此提高校车附近学生的安全性；联邦汽车运输安全管理第231项标准：《儿童约束系统》规定了学生安全带的标准，旨在保护学生以免其在校车紧急制动时受伤；联邦汽车运输安全管理第222项标准：《校车乘员座椅和碰撞保护》对校车乘员座椅系统、并提出了诸如碰撞区域和约束栅栏等做出了规定，旨在减少在事故中和在突然加减速中学生撞击车内结构而造成的伤亡。除此以上三条外，第108项标准要求当校车停止、即将停止或学生上下车时，车灯需发出红色和琥珀色的警示光；第217项标准规定了校车紧急出口的数量和位置，要求每辆校车应有锁止系统以及在紧急出口没有关闭的情况下发出报警声的报警装置；标准还对校车的车身坚固程度及校车在事故中的抗翻滚程度做出了一定的规定。

其实，早在2009年9月30日，国家标准委员会与国家质量监督检验检疫局曾联合颁布了我国首部强制性国家标准《专用小学生校车安全技术条件》（以下简称《条件》），《条件》参考了美国联邦机动车安全标准，并根据我国的国情进行补充修改，2010年7月1日起《条件》的正式施行开启了中国校车标准的先河。

2010年，有70年客车生产经验的重庆恒通客车有限公司在《条件》的基础上，设计了中国自己的校车：（a）半长头车头设计，大幅度降低了由于意外撞击对学生造成的影响。（b）手动解锁的两道应急出口，分别为侧车门与尾门，降低事故发生引起的伤亡率。（c）逃生窗、安全锤双重安全保障，如遇紧急情况，学生可在教职人员的指导下实施自救。（d）车头及车身侧均有明显的"校车"字样配以通体高，同时整体车身采用识别度较高的黄色车身。即便在阴雨天、夜晚行车时等光线不明的情况下，都能提醒周围的车辆附近"有校车出没"。（e）根据学生体型为学生量身打造适合其的座椅，以便学生乘车舒适。（f）前置护板、防滑扶手，大大降低由紧急刹车、道路颠簸等导致学生跌倒或撞上车内设施的可能性。（g）为教职员工特地准备了一个靠近通道的座位，方便看护学生。（h）安装了行驶记录仪，对诸如行驶速度、时间、车况等等进行监管，保障了校车安全行驶的有效追踪。①

遗憾的是，虽然恒通新一代校车已经研发出来，但由于不少学校和学生家长无力负担费用，政府主管部门对校车不够重视，这种安全性能比较高的国产校车未能得到推广。直到2011年末校车事故频发之后，此类专用校车才重新受到关注。2012年，购买专用校车掀起一股热潮，订单大增。（见表3）

表3 部分地方购买校车情况

地方	斥资（万元）	购买校车数量（辆）	资金组成
甘肃省庆阳市②	1000	40	市政府出资以及挪用购买、更新公车的资金。由庆阳市原本2012年更新公车的资金加上市政府出资筹集而得。
南京市六合区③	2700	100	采取"政府全力扶持、公司节约成本、家长适当负担"的原则平衡接送费用，每名乘坐校车的学生每学期只要缴纳350元，差额部分全部由政府补贴。由政府和企业筹集。
上海市崇明县④	600	17	政府购买校车并统筹管理，车辆运营委托公交公司，教育局协调学校做好服务，三方合力建立"崇明式"的校车体系。学生每次乘车支付3-5元乘车费。由上海市崇明县政府出资。
安徽省天长市⑤	2160	90	采取"政府主导，企业市场化运作"。由企业出资。
福建省晋江市⑥	500	50	市政府出台《晋江市学校购买符合国家标准专用校车经费补助方案》。由政府出资。

近期，诸如此类的地方购买专用校车的新闻一时间不绝于耳。对于公众所关心的校车经费问题，《校车安全管理条例》中第一章第三条就指出：国家建立多渠道筹措校

---

① 周晶：《恒通校车：学生出行的守护神》，载《人民公交》，2010年6月。
② 《甘肃庆阳用公车款为幼儿园配40辆"大鼻子"校车》，中国青年网，http://www.youth.cn/mscj/bwrs/tp/201201/t20120107_1911364.htm，2012年1月7日。
③ 《南京六合区斥资2700万购买100辆新校车》，载《东方早报》，2012年1月17日。
④ 《上海崇明县出资600万购买17辆大鼻子校车启用》，http://news.sina.com.cn/c/2012-02-08/210523902706.shtml，2012年2月8日。
⑤ 《安徽天长市斥资2160万元购买高标准校车》，http://edu.ifeng.com/gundong/detail_2012_02/04/12290822_0.shtml，2012年2月4日。
⑥ 《晋江政府今年拨款500万元补贴学校购买专用校车》，http://www.caigou.com.cn/News/Detail/92832.shtml，2012年3月29日。

车经费的机制，并通过财政资助、税收优惠、鼓励社会捐赠等多种方式，按照规定支持使用校车接送学生的服务。支持校车服务所需的财政资金由中央财政和地方财政分担，具体办法由国务院财政部门制定。支持校车服务的税收优惠办法，依照法律、行政法规规定的税收管理权限制定①。而就中央政府与地方政府的校车经费分配比例而言，人大代表周洪宇曾提议，按照东部发达地区，中央承担30%，地方承担70%；中部一般发达地区，中央与地方各自承担50%，西部欠发达地区，中央承担70%，地方承担30%，来予以分配。不过就目前的情况而言，国家仍未出台具体的经费相关方法，地方政府也就只能根据《校车安全管理条例》中提到的部分条例，结合本地区的地情，先将购买校车落实起来。专家们呼吁校车经费相关办法应尽早出台②。

2. 严格规定校车司机的资质

在校车运营中，校车司机起着举足轻重的作用。但2011年之前的校车相关条例，其对校车司机要求的松懈，间接导致了我国校车司机的驾驶技能与人格素质参差不齐。在这方面，美国的经验同样值得借鉴。《联邦行政法典》第49卷第392部分详细规定了商用机动车的检查、运行与维护内容和程序，属于商用机动车的校车的驾驶员必须遵守这些规定。《公路安全方案第17号方针》也对校车驾驶员的部分工作进行了规范。联邦在校车司机的选用方面的规定多具有原则性和指导性的特点。校车驾驶员的工作内容与程序多通过本州的交通法、教育法、行政法典或综合性法典等加以规范③：

（a）大部分州采纳联邦有关商用机动车辆驾驶员的最低年龄限制，即21岁。（b）多数州规定，申请人在拥有机动车驾驶证的同时还需附带校车驾驶许可证才有资格成为校车司机的候选人。（c）必须通过在指定医院完成的体检，才有资格担任校车司机。此外，聘用期间还需要进行定期体检（每2年1次）。（d）必须通过规定的药物与酒精检测，才能担任校车司机。还需接受定期（每年1次）或续聘前的药物与酒精检测。（e）校车司机的应聘者或者校车驾驶许可证书的申领者需要通过犯罪和交通违章记录审查。（f）校车司机在上岗或被聘用前须参加并通过当地教育主管部门主办的培训，内容涵盖校车的安全运行、道路交通法规、紧急事件处理、学生管理、残障学生护理等方面，理论培训与实践培训结合。以上六点充分说明了美国对校车司机的标准之高、要求之严。

2009年，有中国专家提出了一种"双环扣"的校车司机培训模式——强调校车司机的职业道德素质和专业技能与其个人品质和人格特征的有机结合，提高校车司机的

---

① 《校车安全管理条例》，http://www.gov.cn/zwgk/2012-04/10/content_2109706.htm，2012年4月10日。
② 《周洪宇代表：建议校车经费相关办法尽快出台》，载《长江日报》，2012年4月11日。
③ 丁芝华：《美国校车驾驶员立法研究》，载《交通企业管理》，2009年第4期。

职业技能和职业道德素质的同时，培训校车司机个人素质并要求其掌握基本的青少年儿童心理学知识。① 首先，校车司机的职业道德素质水平和专业技能的高低与学生的生命安全直接挂钩。由此，需要对校车司机所进行的最首要的培训即是通过讲授交通法规、驾驶技能、车辆保养与车辆检修等知识来增强校车驾驶员的安全责任意识和业务技能。其次，由于国家"集中资源办学"政策化实施，校车司机在接送学生的途中，与学生的接触时间和机会将日益增多，如果校车司机能再掌握一些青少年儿童心理学的知识，那么其在潜移默化中产生的对于学生的人格成长的正面影响将是不容小觑的。专家们提出，要"双环扣"模式运行起来需要政府、教育部门、交通部门、学校的共同支持。由于校车司机的培训工作属于公益性为主导的事业，因此政府是培训最主要的投资主体②。校车司机的培训需由政府教育行政管理部门统一管理，交通管理部门和学校组织实施的管理体制；教管部门、交管部门和学校三方共同履行监督考核的责任。只有将"双环扣"模式运用到校车司机的考核制度之中去，才能从根本上提高中国校车司机的整体水平。

3. 落实教职员工的监护责任

六起由教职员工失职引起的学童窒息的案例，警示了落实教职员工监护责任的重要性。如果校车中无教职员工监护，那么在校车运行的过程中万一出现事故，学生无法做出自救的合理判断。教职员工不仅要落实监护责任，也急需合适的行为管理技能培训。③ 首先，教职人员需谨记每次乘坐校车的学童人数，防止将学生遗留在车内导致窒息事件；其次，教职员工应配合校车司机监护好车内学生；最后，教职员工应具备应对火灾、车祸等突发状况的应急处理能力和急救知识。

五、政治源流

在校车事故发生后，维稳大局、官员晋升压力和国民情绪构成了政治源流。

（一）维稳大局

"稳定压倒一切"是执政党的重要纲领。校车安全事故频发，伤及孩童，造成家长和社会舆论极大的不满，不利于稳定的大局。在这样的情形下，温家宝总理于 2011 年

---

① 杨挺、习勇生：《"双环扣"：中小学校车驾驶员培训模式初探》，载《继续教育研究》，2009年第 3 期。
② 赵丽：《政府主导是规范校车安全管理首要前提》，载《法制日报》，2011 年 12 月 5 日，第 4 版。
③ 兰继军、焦武萍、许渭生：《"隔离"现象与幼儿园校车安全事故》，载《中国公共安全·学术版》，2010 年第 3 期。

11月27日第五次全国妇女儿童工作会议上要求"一个月内制定出《校车安全条例》"①，12月11日，国务院法制办就公布《校车安全条例（草案）》，公开征求意见。2012年3月28日，国务院第197次常务会议通过《校车安全管理条例》。13日之后，这份关乎全国中小学生上下学人身安全的校车条例，正式对外发布并实施。纵观整个立法过程，一部全国高度关注的法规，耗时如此之短，令人惊叹。国务院法制办负责人是如此形容这种急迫感的："一段时期多次发生的校车安全事故，造成未成年人重大伤亡，教训惨痛。党中央、国务院对此非常关切，全社会高度关注。制定校车安全条例作为一项重要而紧迫的民生保障立法任务，因此迅速启动。"②

（二）官员晋升考核的压力

校车安全事故一出，广东、甘肃、江苏这几个特大事故高发地的官员也采取了不少举措：广东省2012年两会的聚焦点就在校车安全问题之上③，甘肃庆阳校车安全事故中暴露出的教育、交警等相关部门监管不力使得正宁县委常委、常务副县长刘光润，副县长戴彩燕，教育局局长雷会宁，交警队队长苟邵波等四名官员被停职调查④；江苏丰县校车事故后，分管副县长张斌、教育局局长孙光华、公安局分管副局长陈立坤等官员也被停职调查⑤。在不久的将来，校车问题将成为地方官员考核标准⑥。在《校车安全条例（草案）》征求意见稿中，明确县级以上地方政府对校车安全管理负"总责"。尤其是第五十六条规定县级以上地方人民政府不依法履行校车安全管理职责，致使本行政区域出现重大校车安全事故，造成严重社会影响的，对直接负责的主管人员和其他直接责任人员依法给予记大过、降级、撤职或者开除的处分。⑦ 在晋升考核的压力下，地方官员必须得采取措施预防类似事故发生。

---

① 周宇、张灵：《总理温家宝要求一个月内制定出校车安全条例》，新华网，http：//www.cq.xinhuanet.com/edu/2011-11/28/content_24215727.htm，2011年11月28日。
② 陈锦：《耗时短暂，详解校车安全条例迅速出台始末》，搜狐网，http：//shanghai.auto.sohu.com/20120411/n340271503.shtml，2012年4月11日。
③ 王健：《广东省两会聚焦校车安全问题，官员建议政府补助》，中国网络电视台，http：//news.cntv.cn/china/20120106/106734.shtml，2012年1月6日。
④ 《甘肃正宁四名官员因校车事故停职，包括两位副县长》，中国新闻网，http：//www.chinanews.com/gn/2011/11-17/3467895.shtml，2011年11月17日。
⑤ 《江苏丰县校车事故问责程序启动，相关官员被停职》，中国新闻网，http：//www.chinanews.com/gn/2011/12-16/3538833.shtml，2011年12月16日。
⑥ 《校车安全问题将成为考核官员标准》，网易新闻，http：//news.163.com/11/1212/10/7L2NLMCT00014AED.html，2011年12月12日。
⑦ 《校车安全条例（草案）》，新浪网，http：//news.sina.com.cn/c/2011-12-11/081623612719.shtml，2012年12月11日。

(三) 国民情绪

由于校车安全事故中伤亡的多为年龄偏小的学生，他们本来就缺乏自我保护能力，校车本应保障学生的安全，可接二连三、全国各地频发的校车事故造成了国民情绪极大的不满乃至愤怒。在国务院法制办公布《校车安全条例（草案征求意见稿）》后，截至 2012 年 1 月 11 日（向社会征求意见日结束），共有 2818 名民众通过网络、信函提出 7030 条意见。民众参与度之高，直接表达了民众希望政府尽快出台保障校车安全行驶的方针政策以扭转现状的强烈情绪。

六、三流汇合与"政策之窗"开启

接连发生的多起重大校车安全事故促成了三源流交汇的契机，但要说真正打开"政策之窗"的应当是，2011 年 11 月 16 日发生于甘肃省庆阳市榆林子镇的校车安全事故。此次事故暴露了诸多严重问题：学校使用非法改装的黑车，放任严重的超载现象，原本 9 座的改造后"校车"竟然能硬生生地挤进了 64 名学生，事故最终造成 21 死 43 伤。一石激起千层浪，各路教育家、交通学家等等纷纷提出谏言要求政府重新审视校车运营。事故发生的 11 日后温家宝总理要求国务院法制办在 1 个月内制定出安全条例的要求，直接促使《校车安全管理条例》被提前提上议程。

政策过程的议程设定有三种模式：（1）外部推动模式。问题由非政府组织提出（表达不满），接着充分扩展，首先成为系统性／公共议程，进而对决策者施加足够大的压力，引起重视，最终进入制度性／正式议程。（2）动员模式。政府领导创建一个政策，但要求广大公众对政策的事实给予支持。（3）内部推动模式。有影响力的团体（如思想库）拥有影响决策的专门通道，议案的扩展范围仅限于特定的了解相关信息或有利益关系的团体或机构。① 就此次《校车安全管理条例》出台经过而言，外部推动者为媒体（如《南方周末》）；政策的动员者为人大（立法）和政府主管部门（政府法制办、教育、公安等部门）；内部推动者为民间智库（如 21 世纪教育研究院）、校车生产企业和安全校车先行先试的地方政府部门。三方力量的合力推动了《校车安全管理条例》的出台。

《校车安全管理条例》从草案出台到正式颁布，历经以下 6 个阶段：（1）2011 年 11 月 27 日，温家宝总理在第五次全国妇女儿童工作会议上要求，"（国务院）法制办要在一个月内制定出《校车安全条例》"。（2）2011 年 12 月 11 日，国务院法制办公布

---

① 迈克尔·豪利特、M. 拉米什：《公共政策研究》，庞诗等译，生活·读书·新知三联书店 2006 年版，第 193—196 页。

《校车安全条例（草案）》征求意见稿，向全社会征求民意，截止期为2012年1月11日[①]。（3）2012年1月13日，《专用校车安全技术条件》、《专用校车座椅系统及其车辆固定件的强度》两项国家强制性标准通过审查[②]。（4）2012年1月17日，国务院法制办表示，共有2818人次提出7030条意见，主要围绕十大热点：就近入学还是发展校车？幼儿和高中生是否应当使用校车？校车高标准是否可行？教育部门牵头还是其他部门牵头？校车运营是否应当市场化？驾驶人资格条件是否应该更加严格？校车是否应该享有优先权？学校是否应派随车照管人员？是否应该加重法律责任？3年过渡期长还是短？[③]（5）2012年3月5日，"加强校车安全管理，确保孩子们的人身安全。"校车安全问题首次写进政府工作报告[④]。（6）2012年4月10日，国务院正式发布《校车安全管理条例》[⑤]。根据条例，高中学生上下学不纳入校车服务范围，幼儿入园也以保障幼儿就近入园和由家长接送为原则。

对比2011年出台的《校车安全条例（草案）》，2012年正式颁布的《校车安全管理条例》[⑥]采纳各方意见，进行了详细的修订（见表4）：

表4 《校车安全管理条例》对《校车安全条例（草案）》的修订

《校车安全条例（草案）》共八章五十九条（2011年）	《校车安全管理条例》共八章六十二条（2012年）	修订之处
总则（九条）	总则（八条）	突出了接送小学生的校车应当是按照专用校车国家标准设计和制造的。提出实施义务教育的学校及教学点的设置、调整应听取学生家长的意见。

---

① 《法制办公布〈校车安全条例（草案征求意见稿）〉》，中央人民政府网，http://www.gov.cn/gzdt/2011-12/11/content_2017064.htm，2011年12月11日。

② 《〈专用校车安全技术条件〉等两项标准通过审查》，新华网，http://news.xinhuanet.com/2012-01/13/c_111435000.htm，2012年1月13日。

③ 《校车管理草案赋予校车通行特权，强调就近入学》，中国政府法制信息网，http://www.ce.cn/xwzx/gnsz/gdxw/201203/30/t20120330_23201519.shtml，2012年3月30日。

④ 《2012年政府工作报告聚焦：校车安全首次写进报告》，和讯新闻网，http://news.hexun.com/2012-03-06/138994008.html，2012年3月6日。

⑤ 《国务院公布〈校车安全管理条例〉》，新华网，http://news.sina.com.cn/c/2012-04-10/100524247215.shtml，2012年4月11日。

⑥ 《校车安全管理条例》，凤凰网，http://www.gov.cn/zwgk/2012-04/10/content_2109706.htm，2012年4月10日。

(续表)

《校车安全条例（草案）》共八章五十九条（2011年）	《校车安全管理条例》共八章六十二条（2012年）	修订之处
学校和校车服务提供单位（四条）	学校和校车服务提供单位（五条）	增加县级以上人民政府教育行政部门应指导、监督学校建立健全校车安全管理制度。公安机关交通管理部门配合其组织学校开展交通安全教育。
校车使用许可（八条）	校车使用许可（九条）	就取得校车使用许可的条件，增加了对校车驾驶人、行驶路线等校车运行方案及健全安全管理制度的要求；缩短教育行政部门对学校申请校车许可证的审批时间，增加其工作效率；增加车辆一旦不再作为校车使用，学校或校车服务提供者应将校车标牌交回公安机关交通管理部门；增加校车应当配备具有行驶记录的卫星定位装置。
校车驾驶人（四条）	校车驾驶人（五条）	增加了对校车驾驶人需在25周岁以上的年龄限制；点明了县级或市级人民政府公安机关交通管理部门为审核驾驶人是否合格的部门；明令禁止聘用未取得校车驾驶资格的驾驶人驾驶校车；增加校车驾驶人应当在每年接受公安机关交通管理部门的审验。
校车通行安全（十条）	校车通行安全（十条）	禁止学校、校车服务部门要求校车驾驶人超员、超速驾驶校车；点明校车在高速公路上行驶的最高时速不得超过80公里；如遇异常天气现象则不得过20公里。
校车乘车安全（五条）	校车乘车安全（五条）	基本不变。
法律责任（十八条）	法律责任（十七条）	提高了对于使用拼装车、报废车作为校车的罚款；加重了对于聘用未取得校车驾驶资格的驾驶人、伪造校车标牌、不按照标准配备校车的处罚。
附则（一条）	附则（三条）	增加了县级以上人民政府应合理规划幼儿园布局、方便幼儿就近入学的条例；增加了省、自治区、直辖市人民政府结合地区实际情况，制定《校车安全管理条例》的实习办法。

先前专家对《校车安全条例（草案）》可行性的质疑得到了解决，如全国人大代表张承芬曾提出的《校车安全条例（草案）》中所指的校车运行的优先权在缺乏法律

的保障下很难被界定,而对于未保障校车运行优先权所处以的500元以下罚款过于轻描淡写;又如《校车安全条例(草案)》中规定的"学校或者校车服务提供单位在聘用校车司机时,应当持其驾驶证和健康证明等材料向教育行政部门提出申请",实则教育部门是没有审核驾驶证的职能的,所以更确切的做法是提交交警部门,或交警部门联合教育部门提出审核申请等等问题都在《校车安全管理条例》正式出台后得以解决。①

公众的意见也得到了一定程度上的采纳。国务院法制办负责人就《校车安全管理条例》答记者问中提到,此次《校车安全管理条例》在制定的过程中采取了以下几点由公众提出的建议:对确实难以保障就近入学且公共交通不能满足学生上下学需要的农村地区,县级以上地方政府应当采取措施,保障接受义务教育的学生获得校车服务增加规定;针对实际中有的地方不适当地撤点并校问题增加规定:实施义务教育的学校及其教学点的设置、调整,应当充分听取学生家长等有关方面的意见;根据公众提出的应保证校车安全技术状况和校车驾驶人持续符合相关要求的意见,增加了校车应当每半年进行一次安全技术检验,校车驾驶人应当每年接受公安交管部门审验的规定;根据一些地方和公众的意见,增加了省级政府应当结合本地实际情况制定本条例实施办法的规定。②

《校车安全管理条例》的出台意味着中国校车运营迈向一个新的发展阶段,其不仅对校车的具体规格、校车司机的驾驶资格做出了规定,规范了教育部、交通部、学校、家长等等在校车运营中的责任,还赋予校车通行优先权、并对不合《校车安全管理条例》非法行使校车的具体情况制定了其相应该承担的法律责任。这些在方方面面立下的新规定对中国校车运营机制可谓意义非凡。不过,显然《校车安全管理条例》还未完全成熟,其中最突出的即为:省市级地方政府如何尽快结合其地方特殊性制定《校车安全管理条例》的实施办法;以及幼儿园学童在没有《校车安全管理条例》的保驾护航下,其就近入学问题是否能真正落实。

七、结论与余论

2011年频繁发生的校车安全事故推动了政府通过加强监管、制定校车安全条例等

---

① 张承芬:《〈校车安全条例(草案)〉五点欠妥》,和讯网,http://auto.hexun.com/2012-03-08/139088887.html,2012年3月8日。
② 《为了校车的平安抵达——国务院法制办负责人就〈校车安全管理条例〉答记者问》,新华网,http://news.xinhuanet.com/legal/2012-04-10/c_111758681.htm,2012年4月10日。

一系列措施应对此次危机。运用多源流理论的分析框架，我们能够观察整个校车安全事故及其政策制定过程。从校车安全事故发生，媒体争相报道、社会各界对中国校车安全性的质疑引发了问题源流；诸多教育学家、交通安全学家就校车事故提出各种建言汇成了政策源流；由公众呼吁对中国校车安全加强监管的迫切愿望对政府和官员产生了巨大的政治压力，形成了政治源流；2011年11月16日，甘肃省庆阳市重大校车事故开启了"政策之窗"，三源交汇，一个月内新的《校车安全条例（草案）》出台，四个月后《校车安全管理条例》正式出台。随着新《校车安全管理条例》出台，各地正式开始推广使用符合标准的校车。

如前所述，在此次校车安全事故与《校车安全管理条例》的出台过程中，整个政策过程的参与者包括从国务院到县级地方的各级政府部门，人大、政府法制办、公安、交通、教育等不同部门，体制内和体制外的不同机构和团体。值得注意的是，温家宝总理在此次《校车安全管理条例》的出台过程中扮演了"政策企业家"的角色，他的大力推动是《校车安全管理条例》能够迅速进入政策议程的关键。媒体、智库和校车生产企业的参与也值得关注。媒体发挥的是使事件成为舆论焦点的作用，并与智库共同向政府部门提出建言，而校车生产企业作为利益相关方自然也不会放过一举两得的机会——既能增加校车销售额，又能提高公众知名度。先行先试的地方政府，无论是《校车安全管理条例》出台之前还是之后，其主政的政府官员自然会因为对于校车安全的重视受到上级部门和舆论的好评，从而在政绩考核上加分。

校车安全事故是检视政府政策过程的典型案例，至于条例制定和政府监管措施未来效果如何，还有待继续观察。在《校车安全管理条例》之外，校车安全政策还需要推出"组合拳"——多项政策的捆绑实施，比如是否反思"撤点并校"政策，以及处理好不同主管部门的政策协调。此次条例出台过程中，发挥最大作用的仍是政府主管部门。但是，媒体、智库的作用开始显现，这也是近些年来突发公共事件应对中的常见现象——媒体、智库推动公共政策议程设置与政策变迁。此外，政府的及时回应、公开征求民意的创新做法，也扭转了以往多起突发公共事件应对不力的民怨，体现了政府危机管理能力和依法行政意识的提升。